クリティカル・オーディエンス

オーディエンス

メディア批判の社会心理学

Critical Audience: A Social Psychology of Media Criticism

Critical Audience: A Social Psychology of Media Criticism
Critical Audience: A Social Psychology of Media Criticism

李　津娥 | 編著

李　光鎬
大坪寛子
川端美樹
鈴木万希枝　著
山本　明
渋谷明子
志岐裕子
正木誠子

新曜社

まえがき

　本書は、オーディエンスのメディア批判について、社会心理学の視点から探究したものである。近年、メディア環境の変化に伴い、オーディエンスはメディアコンテンツの消費において、より批判的に、よりインタラクティブに関わるようになった。このような傾向は、メディアに対する問題提起がより可視化され、広く共有されるようになったためである。今日のオーディエンスのメディア批判を検討することは、オーディエンスのエンパワーメント、メディアリテラシーの向上、そしてメディアのあり方を再考する機会につながるという点で大きな意義がある。これまで、ジャーナリズムをはじめとする報道メディアの研究分野では、メディアの送り手や報道内容に批判的な視点からアプローチした研究成果が数多く報告されてきた。しかし、メディア・エンターテインメントや広告など、多様なメディアコンテンツにおけるオーディエンスのメディア批判を実証的かつ多角的に取り上げる試みは少なかったように思われる。

　このような状況に対する問題意識を共有したメディア心理学を専門とする研究者たちと 2020 年度に慶應義塾大学メディア・コミュニケーション研究所の共同研究プロジェクトを立ち上げ、3 年間研究を重ねてきた。本書は、このプロジェクトの研究成果を一冊の本にまとめたものである。本プロジェクトを通じて、著者たちが行ってきた実証的研究は付録の関連調査一覧の通りである。慶應義塾大学「学事振興資金」による研究（8, 14, 15）、KGRI（Keio University Global Research Institute）「基軸 PJ 研究推進プログラム〈安全〉リスク社会とメディア」（7）による研究以外は、慶應義塾大学メディア・コミュニケーション研究所「研究・教育基金」の助成によって行われた。各研究の具体的な研究方法については、本書の各章とその元になった論文を参照していただきたい。

　研究成果は、慶應義塾大学メディア・コミュニケーション研究所和文紀要『メディア・コミュニケーション』、同研究所英文紀要 *Keio Communication Review*、同大学院社会学研究科紀要『人間と社会の探究』の 3 誌に計 13 編の論文として公刊している。各論文の題目と掲載誌は、付録の関連論文一覧の通りである。さらに、本書には収録できなかったが、新たな視点からの分析や関連研究のレビューを行った 5 編の特集論文が『メディア・コミュニケーション』（No.73,

2023 年 3 月）に掲載される予定であるので、合わせてご参照いただきたい。

　本書の各章（第 1 章〜第 4 章、第 6 章、第 7 章、第 10 章〜第 12 章）は、2021 年と 2022 年に公刊された論文に、新たな分析を加え、加筆修正したものである。紙幅の関係で省略した図表や詳しい分析結果については、元となった各論文を参照していただきたい。本書の 5 つの章（序章、第 5 章、第 8 章、第 9 章、第 13 章）は新たに書き下ろしたものである。

　本書は序章と 5 部 13 章から構成されている。「報道メディアを批判する」（第 I 部）、「リスク社会と揺らぐ情報への信頼」（第 II 部）、「メディア・エンターテインメントの受容と批判——ゲーム・ドラマ・バラエティ」（第 III 部）、「広告を避ける・批判する」（第 IV 部）と題した 4 つの部は、メディアコンテンツのジャンルを軸に構成した。「トランスナショナルなメディアの受容と批判」（第 V 部）は、メディアコンテンツのトランスナショナルな消費という新たな研究動向に注目したものである。各章の概要については、序章を参照していただきたい。

　本書の刊行は、慶應義塾大学メディア・コミュニケーション研究所「研究・教育基金」の助成によって実現した。関係者各位に改めて謝意を表したい。今回も新曜社の田中由美子氏には大変お世話になった。著者一同、心より感謝している。そして、回答者として調査にご協力いただいたすべての方々にも御礼申し上げたい。

　本研究プロジェクトの期間と重なった 3 年間のコロナ禍は、種々の情報行動やメディア利用行動に関する社会心理学的研究の重要性を再認識する契機となった。今後も新たな問題意識に基づいた研究プロジェクトを通じて、「メディア・オーディエンスの社会心理学」を拡大し、さらに深めていける研究成果を積極的に発信していきたい。

　末筆ながら、著者たちをこの研究分野に導いてくださり、長年ご指導くださった慶應義塾大学名誉教授の故青池愼一先生、同名誉教授の故岩男壽美子先生と萩原滋先生に、この紙面を借りて感謝の意を表したい。

2023 年 2 月

編者

執筆者紹介（執筆順、【　】内は担当章、＊は編者）

＊李　　津娥（イー　ジーナ）【序章、第10章、第11章、第12章、第13章】

現職　慶應義塾大学メディア・コミュニケーション研究所教授

主要業績　『メディア・オーディエンスの社会心理学　改訂版』（共著、新曜社、2021）、*Routledge Handbook of Political Advertising*（共著、Routledge, 2017）、『政治広告の研究』（新曜社、2011）

李　　光鎬（イー　ゴアンホ）【第1章、第12章、第13章】

現職　慶應義塾大学文学部教授

主要業績　*The COVID-19 Pandemic and Risks in East Asia*（共著、Routledge, 2022）、『メディア・オーディエンスの社会心理学　改訂版』（共編著、新曜社、2021）、『「領土」としてのメディア』（慶應義塾大学出版会、2016）

大坪寛子（おおつぼ　ひろこ）【第2章、第5章】

現職　慶應義塾大学文学部非常勤講師

主要業績　『テレビという記憶』（共著、新曜社、2013）、『テレビニュースの世界像』（共著、勁草書房、2007）、『テレビと外国イメージ』（共著、勁草書房、2004）

川端美樹（かわばた　みき）【第3章】

現職　目白大学メディア学部教授

主要業績　『フィクションが現実となるとき―日常生活にひそむメディアの影響と心理』（単訳、誠信書房、2019）、「科学的問題の報道に対する受け手の批判的態度」（『メディア・コミュニケーション』71、2021）、「日本人の自然観と環境問題報道」（『目白大学総合科学研究』13、2017）

鈴木万希枝（すずき　まきえ）【第4章】

現職　東京工科大学教養学環教授

主要業績　『メディア・オーディエンスの社会心理学　改訂版』（共著、新曜社、2021）、「先端科学技術情報に関するメディア利用の分析」（『メディア・コミュニケーション』72、2022）、「先端科学技術エンゲージメントの涵養における情報行動の役割」（『情報文化学会誌』27、2020）

山本　　明（やまもと　あかし）【第6章】

現職　中部大学人文学部コミュニケーション学科教授

主要業績　「公共広告の描く世界」（『中部大学人文学部研究論集』44、2020）、「批判的思考の観点から見たメディア・リテラシー」（『心理学評論』60、2017）、「インターネット掲示板においてテレビ番組はどのように語られるのか」（『マス・コミュニケーション研究』78、2011）

渋谷明子（しぶや　あきこ）【第7章】

現職　成城大学文芸学部マスコミュニケーション学科教授
主要業績　『メディア・オーディエンスの社会心理学　改訂版』（共編著、新曜社、2021）、『テレビニュースの世界像』（共著、勁草書房、2007）、『メディアと人間の発達』（共著、学文社、2003）

志岐裕子（しき　ゆうこ）【第8章】

現職　慶應義塾大学メディア・コミュニケーション研究所研究員
主要業績　『メディア・オーディエンスの社会心理学　改訂版』（共著、新曜社、2021）、『テレビという記憶』（共著、新曜社、2013）、「テレビ番組を話題とした2ちゃんねる上のコミュニケーションに関する検討」（『メディア・コミュニケーション』67、2017）

正木誠子（まさき　のぶこ）【第9章】

現職　日本大学文理学部社会学科助手
主要業績　「政治的有効性感覚がテレビコミュニケーション意図に与える影響」（『社会学論叢』204、2023）、「テレビ番組に対する批判的な行動意図の生起とその規定因に関する検討」（『マス・コミュニケーション研究』97、2020）、「テレビ視聴に関する諸要因がテレビ番組に対する批判的な態度に与える影響」（『マス・コミュニケーション研究』96、2020）

目　次

まえがき　i

序章　クリティカル・オーディエンスとメディア批判　1 ………… 李 津娥
1. クリティカル・オーディエンスの概念的検討　2
2. オーディエンスのメディア批判　4
3. メディア批判の影響　7
4. 本書の構成　11

第Ⅰ部　報道メディアを批判する

第1章　報道メディアを敵視し、
軽蔑するオーディエンス　18 …………………………………… 李 光鎬
1. 敵対的メディア認知　19
2. メディアシニシズム　20
3. 日本における敵対的メディア認知とメディアシニシズムの現状　24

第2章　政治報道に対する批判　33 ……………………………… 大坪寛子
1. 近年の政治報道に対する批判の動向　33
2. マスメディア報道に対するオーディエンスの規範意識と
　政治報道への批判　36
3. メディア報道に対するオーディエンスの認知的バイアスと
　政治報道への批判　39
4. 政治報道への批判と関係のある要因間についての検討　42
5. 政治報道に態度を明示しない人々との比較　44
6. まとめと考察　45

第Ⅱ部　リスク社会と揺らぐ情報への信頼

第３章　新型コロナウイルス報道に対する受け手の批判的態度
　　　　——コロナ禍における変化とその構造　50 ························ 川端美樹
1. 新型コロナウイルス感染拡大とメディア　50
2. 科学コミュニケーションとジャーナリズム　51
3. 科学コミュニケーションと受け取る側の評価　52
4. 科学コミュニケーションと受け手の批判的思考・態度　53
5. 新型コロナウイルス報道に対する受け手の批判的態度に関する調査　54
6. 調査結果と考察　55
7. 新型コロナウイルス報道への批判的態度に関する総合考察　67
8. おわりに　68

第４章　先端科学技術をめぐる
　　　　　メディアへの信頼と懐疑　70 ···························· 鈴木万希枝
1. 人々はメディアを信頼しているのか　70
2. メディア信頼性研究　72
3. メディア信頼性とメディア利用　75
4. 何がメディアへの信頼を高めるのか　80

第５章　市民が求める科学的専門家　86 ····················· 大坪寛子
1. リスク・コミュニケーションの考え方　87
2. 福島の人々の取り組み事例と成功のポイント　88
3. 市民の取り組みを支えた専門家　95
4. 市民の求める専門家とリスク・コミュニケーション　98

第６章　オンライン情報とメディアリテラシー　101 ·················· 山本 明
1. インターネットの利用状況とメディアとしての性質　102
2. ソーシャルメディアを通じた情報収集　103
3. インターネット利用とメディアリテラシー　105
4. 誤った情報の拡散とメディアリテラシー：2021 年の調査から　108
5. 考察　110

第Ⅲ部　メディア・エンターテインメントの受容と批判
――ゲーム・ドラマ・バラエティ

第7章　ゲームキャラクターの多様性と
クリティカルな視点　116 ………………………………… 渋谷明子

1. メディア研究におけるゲーム研究の位置づけとジェンダー　116

2. メディアとジェンダーに関する理論　118

3. ゲームとジェンダーについての研究　118

4. ジェンダー化しつつも、個性的に発展した日本のゲーム　120

5. 人気ゲームキャラクターの多様性　121

6. 男性的な要素にも注目：
   女性ゲームキャラクターへのクリティカルな視点　122

7. ライバルや弱さにも注目：
   男性ゲームキャラクターへのクリティカルな視点　124

8. ゲームプレイヤーから見たクリティカルな視点　125

第8章　ドラマ視聴とオンラインコミュニケーション　131 ……… 志岐裕子

1. テレビ番組に関する話題はオンラインコミュニケーションの場で
   どのように扱われてきたか　131

2. 視聴番組の選択とドラマ視聴状況　133

3. ドラマに関するコメント等の閲覧と「場」の関係　137

4. ドラマに関するコメントの書き込みと「場」の関係　140

5. むすびに代えて　144

第9章　テレビのバラエティ番組に対する「許容度」　148 ………… 正木誠子

1. バラエティ番組の定義と変遷　148

2. バラエティ番組と視聴者の関係　151

3. 近年問題視されたバラエティ番組の描写・内容　154

4. バラエティ番組に対する「許容度」を規定するものとは　155

5. おわりに　158

第Ⅳ部　広告を避ける・批判する

第10章　インターネット広告の不快感と
広告回避からみる広告批判　164 ························· 李　津娥

1. 広告はどのように見られているか　165
2. 消費者は説得の試みにどのように反応し、対処しているか　166
3. インターネット広告を避ける心理　168

第11章　「フェムバタイジング」――女性エンパワーメント広告に
対する消費者の批判的態度　179 ····················· 李　津娥

1. 「フェムバタイジング」：研究の背景　179
2. フェムバタイジングの特徴とその影響　181
3. 広告におけるジェンダー描写に対する若年層の評価　184
4. 若年層のフェムバタイジングに対する態度と効果の認識　186
5. フェムバタイジングへの期待とクリティカルな視点　190

第Ⅴ部　トランスナショナルなメディアの受容と批判

第12章　ディアスポラのホスト社会メディアに対する
批判的認識と（非）利用　194 ··············· 李　光鎬・李　津娥

1. トランスナショナルな文脈における「社会的調整」とメディア利用　195
2. ディアスポラのメディア利用とその要因　196
3. 在日中国人・在日韓国人のホスト社会メディア批判と（非）利用　199

第13章　韓国エンターテインメントの
受容と批判　208 ····························· 李　光鎬・李　津娥

1. 韓国エンターテインメントの受容とその影響　209
2. 韓国エンターテインメントに対する批判的態度　211
3. 韓国エンターテインメントの受容実態と批判的態度の要因　213
4. トランスナショナルメディア・オーディエンスの研究に向けて　221

付録　223

索引　225

装幀　新曜社デザイン室

序章 クリティカル・オーディエンスと メディア批判

李　津娥

　本書は、オーディエンスのメディア批判について社会心理学の視点から探究しようとするものである。オーディエンスにはどのような特徴があるのか、オーディエンスがメディアを利用する過程にはどのような要因が関わっているのか、メディアの利用はオーディエンスにどのような影響を与えるのか、といったオーディエンスに関する問いは、メディア研究において重要なテーマとされてきた。こうしたオーディエンス研究の根底には、オーディエンスとメディアの関係は個人と社会にとって重要な意味をもち、その影響過程を探究するためにはオーディエンスの理解が不可欠であるという認識がある。新しいメディアが登場するたびに、その利用と影響の様相を解明するために、オーディエンス概念の再考が行われてきた。オーディエンスは研究や議論の対象であり（Abercrombie & Longhurst, 1998）、研究の視点や方向性から「集められ」、「想像され」、そして「構築される」ものである（Turnbull, 2020）。

　近年、オーディエンスがメディアに批判的に関わる能力について関心が高まっている（Kaun, 2014）。デジタル化やソーシャルメディアの発達は、オーディエンスのメディアコンテンツの消費の仕方、メディアとオーディエンス、オーディエンス同士の関係に重要な変化をもたらし、市民が主流メディアと関わり、メディアコンテンツに公に反応する可能性を開いた（Mansell, 2012; Kaun, 2014）。メディア批判は、単なるメディアリテラシーを超え、市民のエンパワーメントとエンゲージメントの重要な手段となりうる（Vande Berg et al., 2004）。しかし、報道、メディア・エンターテインメント、広告など様々なメディアコンテンツに対する批判の様相や、関連要因と効果について、オーディエンスの視点から実証的に探究する試みは少なかったように思われる。このような問題意識に基づき、序章では、本書の理論的枠組みとして、「クリティカル・オーディエンス」と「メディア批判」について論じる。

1. クリティカル・オーディエンスの概念的検討

オーディエンス

「オーディエンス」の語源は、「聴く」、または「聴こえる」を意味するラテン語の「audire」である（Turnbull, 2020）。マクウェール（McQuail, 2005=2010）が指摘するように、オーディエンスの最初の概念は、一定の場所に集う人々を指していたが、メディアの発達により、次第に同じ場所に集まり、パフォーマンスを鑑賞する他の人たちをお互い「見る」人たちから、直接的に関わることなく、同じコンテンツに接触しているという経験を共有して「想像する」人たちへと変化してきた（Turnbull, 2020）。ニュースやドラマを観たり、音楽を聴いたり、インターネットで検索したり、SNSをチェックしたり、広告を見たりするとき、私たちは皆、オーディエンスとしてメディアに関わっている。多様なメディアジャンルやコンテンツの中から利用したいものを選択・消費し、その経験を解釈・意味づけし、他者と共有する人は、誰もがメディアのオーディエンスである。言うまでもなく、オーディエンスは、社会における人とメディアの関係から生じる概念である。メディアや関連機関・産業、社会とその価値観の変容と多様化、およびグローバル化に伴い、読者、視聴者、生活者、市民、有権者、ファン、ディアスポラなど、メディアの消費者・参加者としてオーディエンスのメディア経験と実践、そしてそれをめぐる解釈や意味はますます多様化している。

保護すべき存在としてのオーディエンス、能動的オーディエンス

ジェンセンとローゼングレン（Jensen & Rosengren, 1990）は、オーディエンス研究を、効果研究、利用と満足研究、文芸批評、カルチュラル・スタディーズ、受容理論の5つの学説から検討し、効果研究は、メディア利用で生じる悪影響に関心が向けられていたと指摘する。つまり、新しいメディアが登場するたびに、それがもたらしうる悪影響が議論され、研究されてきたのである。特に、初期のマスコミュニケーション研究では、子どもや青年に与えるメディアの悪影響に焦点が当てられることが多かった（McQuail, 2005=2010）。暴力的番組などの好ましくない内容も多いテレビに長く接していると、社会の現実に対する認識がテレビで描かれたものを反映するようになるという培養理論（cultivation theory）（Gerbner & Gross, 1976）もその一つである。

能動的オーディエンス理論は、「メディアが人々に何をするのかを理解しよう

とするのではなく」、「人々がメディアを使って何をするのか」（Baran & Davis, 2003=2007, p.369）に焦点を当てる。これは、メディア中心の理論から、オーディエンス中心の理論への大きな転換を意味する。大石（2010）も、能動的オーディエンスは「各々の置かれた社会文化的文脈の中で、メディア・テクストを能動的かつ多様に解読する可能性をもつ存在」（p.82）であると指摘し、このような視点の研究により「オーディエンスはまさに『再発見』された」（p.82）とする。メディアの直接的で強力な効果を論じる視点から、オーディエンス中心の理論への転換は、メディアリテラシーの理論的基盤となった（Baran & Davis, 2003=2007）。

　このように、アメリカを中心に、オーディエンスが特定の欲求を充足させるためにメディアを利用し、そこから満足を得ているという、利用と満足研究に代表されるオーディエンス中心の理論に関心が集まっていた。同じ時期にイギリスを中心としたカルチュラル・スタディーズ研究者たち、特にスチュアート・ホール（Stuart Hall）は、メディアコンテンツが生産され「エンコーディング」される社会的・政治的コンテクスト分析と、「デコーディング」、つまりメディアコンテンツの消費に焦点を当てるべきだと主張した（Baran & Davis, 2003=2007）。高橋（2016）が指摘するように、カルチュラル・スタディーズにおけるオーディエンスの能動性は、利用と満足研究が追求した個人の「自由な」解釈ではなく、「社会的文脈によって制約された」能動性（p.311）だったのである。

クリティカル・オーディエンス

　マクウェール（McQuail, 2005=2010）は、オーディエンスが「社会的コンテクスト…の産物であり、同時にマス・メディアが提供する特定のパターンをもつ情報に反応する存在」（p.516）と指摘する。そして、ナイチンゲール（Nightingale, 2003）の分類に基づき、メディアや時代の変化によって生まれたオーディエンスの特徴を紹介している。具体的には、①観客などの「集合体」としてのオーディエンス、②送り手によって想定され、呼びかけられ「情報を受容する」オーディエンス、③単独、または他者とともに情報の受容を行う「現象」としてのオーディエンス、④参加や双方向的な反応という経験と関連する「意見聴取」の対象、あるいは「発信者」としてのオーディエンス、である（McQuail, 2005=2010, pp.516-517）。

　サリバン（Sullivan, 2020）は、ウェブスター（Webster, 1998）のモデルに基づき、オーディエンスの3つのタイプについて論じている。①メディアによって

働きかけられ、影響を受ける「結果」としてのオーディエンス、②時間的、空間的に散らばっており、自律的に行動し、互いのことを知らない大きな集合である「マス」としてのオーディエンス、③自分のニーズに適したメディアを自由に選択し、自分の経験から能動的に解釈する「主体」としてのオーディエンス（Sullivan, 2020, pp.7-9）、である。

　特にメディア変容をふまえてオーディエンス研究の展開を考察したロスとナイチンゲール（Ross & Nightingale, 2003=2007）は、オーディエンスが「受動的な愚かな者から相互に作用し合う批判家へと変化してきた」（p.149, 傍点引用者）ことを指摘している。

　本書で注目する「クリティカル・オーディエンス」は、近年のオーディエンス概念に見られる、「主体」、「能動性」、「参加」、「発信」、「双方向性」、「批判」といった特徴を有する。

2. オーディエンスのメディア批判

批判の概念

　まず、「批判」の辞書的な意味について検討したい。広辞苑によると、批判は「物事の真偽や善悪を批評し判定すること」とされている。また、「人物・行為・判断・学説・作品などの価値・能力・正当性・妥当性などを評価すること」とされ、「否定的内容のものをいう場合が多い」という点、「哲学では、特に認識能力の吟味を意味することがある」という点が示されている（新村編, 2018, p.2481）。英語で批判を意味する「criticism」は、ギリシャ語で理解する、判断するという意味の「krinein」に由来する（Orlik, 2008）。オクスフォード英語辞典では、「文学作品やその他の創作物…などの品質や特徴を分析、評価、論評する芸術や実践」、「文章、創作物、主題などを分析・評価した文章やその他の評論。批評的なエッセイや記事、批評など」、「ある人物や物事に判断を下すこと；特に、ある人物や物事に対して厳しい、あるいは好ましくない意見を述べること；欠点探し、非難」（Oxford University Press, n.d.）と定義されている。概して、批判の辞書的な意味は様々な対象についての「理解」、「批評」、「判定」、「判断」、「分析」、「評価」、「意見の表明」といった人々の実践を示唆している。

　次に、教育学研究の分野における批判の概念について検討する。小柳（2003）は、「批判的」という言葉が「ある事柄を中立的に分析・価値判断・説明することを意味したり、あることをネガティブに見たり、懐疑的に見ていくこと」

（p.11）を意味し、「ただ現状を分析的に理解して終わるのではなく、問題へ向けて批判の目を向けていく意味が最小限込められている」（p.15）ことを指摘している。本章では、批判的な人は「正当性を求め、解放を求めてエンパワーされている人」（p.15）であるという小柳（2003）の議論に注目する。批判的思考が人々をエンパワーメントするという視点は、「メディア・リテラシー運動は、まさにメッセージを送ったり受け取ったりするときに使用するメディアを、個人が制御する力を向上させるためにデザインされたもの」（Baran & Davis, 2003=2007, p.548）という、メディアリテラシーに基づくメディア批判の概念にも表れている。

メディア批判の概念

テレビ批判を中心にメディア批判の理論的検討を行ったヴァンデベルグら（Vande Berg et al., 2004）、マラス（Maras, 2007）やハーシュマン（Hirschman, 1970=2005）をふまえてメディア批判を論じたカウン（Kaun, 2014）の議論を中心に、メディア批判の概念について検討する。

まず、ヴァンデベルグらは、テレビ批判を「パターン化された関係を整理し、体系的かつ徹底的に記述、分析、解釈、評価し、情報に基づいた視点を他者と共有すること」（Vande Berg et al., 2004, p.222）と定義し、メディアリテラシーは、メディア批判の視点から理解されるとき、強化されるとした。すなわち、マスメディアが媒介する公共圏に市民が合理的かつ批判的に関わることでメディアリテラシーが向上し、リテラシーと「批判力」を備えた市民がテレビに「道徳的に関わる」ことで、公共圏における議論の民主化に貢献できるという議論である。さらに、ヴァンデベルグらは、テレビ批判を学び、実践し、共有することの重要性を力説し、テレビ批判を大きく3つに分類している。①テレビ番組のテクストを中心とした批判的分析により、情報に基づいた洞察的かつ分析的な説明を行う「テクスト批判」、②テレビ番組のテクストの制作背景や過程を探る「制作者批判」、③オーディエンスの役割やダイナミックな受容過程に焦点を当てる、「オーディエンス批判」、である（Vande Berg et al., 2004, pp.222-224）。

次に、カウン（Kaun, 2014）は、メディア批判の社会的視点、オーディエンス視点のアプローチは、「良き市民」という考えに基づいており、メディア批判を通じてオーディエンスは市民としての役割を果たすようになることを前提としていると指摘する。そして、批判は、「様々な行為を支える、多様な形式の言説、レトリック、概念、政治的作業を通じて生み出される可能性の空間」（Maras, 2007, p.169）としたマラスの議論をふまえて、メディア批判は、マラスの指摘す

る「可能性の空間」によって支えられ、形成された「自省」（クリティカルな解釈）および「実践」の一形態として見なすことができるとする（Kaun, 2014, p.493, p.497, p.500）。さらに、不満や否定的な態度を示す方法として「離脱」（exit）と「声」（voice）に着目したハーシュマン（Hirschman, 1970=2005）の議論をふまえ、オーディエンスがメディアに対して積極的に関わること、また、メディアと関わらない、つながらないという判断のいずれも、メディア批判の重要な実践であると指摘している。

メディア批判が生まれる3つのコンテクスト

　カウン（Kaun, 2014）は、前述した理論的枠組とエストニアの若年層の人たちの日記とインタビューに基づいて、テクスト、制作、オーディエンスに向けられた「クリティカルな解釈」と「クリティカルな実践」を分析している。

　まず、テクストに向けられた批判は、情報の質だけでなく、話題や発言、議論の幅など、テクストとしてのメディアとその物語構造に向けられたものである。放送内容に不満をもつある参加者は、放送メディアから「離脱」し、紙媒体やオンラインメディアを利用するという形でメディア批判を実践していた。

　これに対して制作に向けられた批判は、メディアをテクストとしてではなく、経済的・政治的構造に組み込まれた特定のメディア論理に従った制作の結果として捉えるものである。ニュースでエストニアの首都タリン以外の地域は、政治家やジャーナリストから無視されていると感じる人たちは、「ニュースを観たくない」と不満を漏らし、タリンというバブルの中でのニュース制作、政治家とジャーナリストの癒着を批判していた。

　また、インタビュー参加者の中には、周囲の人たちが政治的なニュースにはほとんど関心を示さず、タブロイド紙や芸能人関連のニュースなど、ソフトニュースや娯楽的なコンテンツにしか関心を示さないことを、かなり批判的に捉えている人もいた。また、オーディエンスの政治への関心を高め、視野を広げるために、主流メディアは十分な役割を果たしていないと批判し、自ら積極的にインターネット上で政治的意見を表明する人もいた。メディア批判が、テクストや制作過程だけでなく、他のオーディエンスのニュース選択や関わり方にも向けられていたことは興味深い。

　さらに、参加者の日記やインタビューの語りには、メディアから批判的に「離脱」する傾向が見られ、特に主流メディアのニュースから離れ、パーソナルなネットワークから情報を得ようとする傾向があった。一方、メディアとの批判的

な関わりを求める人たちは、ニュースメディアの質や影響に強い関心を示し、自分の「声」を届けようとし、ブログやコメント欄のような参加型の代替メディア空間が主流メディアに対抗できることに期待を寄せていた。

メディア内容・テクストに向けられた批判

　メディア批判の多くはメディアの内容やテクストに向けられており、本書のメディア批判に関する実証的分析も、報道、エンターテインメント、広告などのメディアコンテンツに注目している。マクウェール（McQuail, 2005=2010）によれば、メディア内容に関する批判的研究は、マルクス主義的アプローチ、商業主義的な広告に対する批判、文化の質に関する問題、メディアにおける暴力やジェンダー描写などに焦点が当てられてきた。マクウェールによると、マルクス主義的アプローチは、ニュースの実態が現実の一部を「覆うこと」、オーディエンスの関心を「分断化」させ、「想像上の統一性や結びつき」を押しつけていることを問題視してきた。広告についても古くから批判的な観点から議論され、そのイデオロギー的な作用や操作が繰り返し批判されてきたとする。また、文化の質の問題についてマクウェールは、それが公的な議論の対象であると同時に政策課題でもあると指摘し、NHK の放送の質的評価プロジェクトの試みに言及している。メディアにおける暴力描写が青少年に与える悪影響のほか、それが引き起こす不安、恐怖、心配、逸脱傾向に関する批判的研究、ジェンダーを基盤としたフェミニズムの視点からの批判的研究についても論じている（詳細は、McQuail, 2005=2010, pp.444-449 を参照）。

3. メディア批判の影響

メディア報道への批判的関与

　これまで述べてきたように、メディア批判の研究は、メディアに対する否定的な認識や態度を調べるだけでなく、メディア批判を通じてオーディエンスをエンパワーメントし、メディアや社会、政治と積極的に関わることを探究するものでもある。ワレン（Warren, 2017）は、民主主義社会には、公的情報源に対するある程度の「批判的警戒心」と、メディアや公的情報を「疑う態度」が不可欠であると指摘する。

　クォリングらの研究（Quiring et al., 2021）は、これと関連して興味深い視点を提示している。この研究では、政治やメディアへの不信感が広がっている現状に

注目し、メディアの信頼に関連する次の2つの要因から検討を行っている。1つ目の要因は、報道機関が否定的な側面を誇張する傾向に対する問題認識に基づいてメディアを批判する建設的な「懐疑」である。2つ目の要因は、メディアと政治家の陰謀を想定するなど、根拠のない主張に依拠し、時には大げさな非難を行う逆機能的な「シニシズム」である。クォリングらは、メディアへの懐疑的態度はメディアへの信頼を高めるのに対し、メディアシニシズムはメディアへの信頼を低減させることを見出している。また、メディア報道に対する懐疑的態度は、複数の情報源を確認し参照するなど、メディアへの批判的な関与や評価と関連していた。

　しかし、メディアを疑い、批判する人々の態度の背後には、しばしばメディアに対する偏った見方が存在するという問題がある。オーディエンスの批判的思考は、自らの観点も批判的な検討の対象とし、吟味することが必要であり、メディアに対するバイアスを認識することが重要である（稲増, 2022）。特にメディアの偏向性に対する人々のバイアスとして、バローネら（Vallone et al., 1985）に端を発する「敵対的メディア認知」現象がある（バローネらの実験は第1章を参照）。ペルロフ（Perloff, 2015）は、既存の態度に焦点を当て、敵対的メディア認知を、「ある特定の問題に対して強い態度をもつ個人が、そのトピックに関する表面上の中立で公平なメディア報道に対して、自分の立場に反して偏っており、相手陣営の視点を支持していると認識する傾向」（p.707）と定義している。フェルドマン（Feldman, 2017）のレビューによると、敵対的メディア認知はニュースメディアへの不信感に影響を与え（Tsfati & Cohen, 2005）、敵対的メディア認知が強いほど、政治的内容が自分の立場に反して世論に影響を与える可能性があると懸念を示す傾向があった（Gunther & Chia, 2001；関連研究については第2章、李〔2022〕を参照されたい）。

拡大しやすい批判的態度

　特定のメディアやメディアコンテンツに対する批判的態度は、メディア全体に拡大しやすい。広告研究分野を中心に、特定の広告表現や手法、欺瞞的な広告活動、度重なる企業の不祥事など、特定の広告や企業の問題が、広告全体に対する懐疑的な態度や、広告に対する不信感に影響を与えている可能性が指摘されてきた（五十嵐, 2018）。

　フーマンとリンブー（Huhmann & Limbu, 2016）は、広告がジェンダーステレオタイプを描いていると考えるほど、広告全体に対して否定的な態度を示すこと

を明らかにした。西村（2010）は、検索連動型広告の回避に関する研究において、インターネット広告の場合、インターネット利用経験の少ない人は、インターネット利用中に様々なストレスを感じることが多く、インターネット広告に対する不安などのネガティブな経験が、他の種類のインターネット広告への反応に波及する可能性があると指摘している。一方、インターネット利用経験の多い人は、検索連動型広告のメリット・デメリットを、広告を避けるかどうかの判断基準にしている可能性を指摘している。

　また、ダークとリッチ（Darke & Ritchie, 2007）は、実験研究から、欺瞞的広告に対する否定的な態度は、同じ広告主の広告だけでなく、無関係な広告にまで及び、比較的長い時間持続することを明らかにしている。また、その影響範囲は広く、異なる商品や種類の広告に広がっていた。さらに、政治広告への批判的態度、他者が政治広告に影響されやすいという推定が、政治メディアや政治全体へのネガティブな態度に影響を与えることが示されている（李，2011）。

他者へのメディア影響の見積もりがもたらす影響

　社会的に好ましくないメディアの情報や表現の増加、人々の意識の高まりを背景に、メディアに対する批判が高まり、メディアに対する規制や、メディアリテラシー教育が議論されるようになった。オーディエンス自身が、他者へのメディアの影響を見積もること自体が、メディア規制への支持などの態度に影響を与えるという「第三者効果」（third-person effect）と「メディア影響の推定の影響」（influence of presumed media influence）が提唱されている。これらの研究アプローチの視点は、メディアの影響過程を理解するためには、オーディエンスの心理的要因を通じた間接的な影響を考慮する必要があるというものである（Gunther & Storey, 2003）。

　デービソン（Davison, 1983）に端を発する第三者効果研究では、人々は、メディアが自分に与える影響を過小評価する一方で、メディアが他者に与える影響を過大評価する傾向があり（認知要素）、このような第三者認知が、社会的に好ましくないメディアコンテンツの制限を支持するような態度（行動要素）につながる可能性があることが指摘されている（Perloff, 1999）。実証研究では、社会的に好ましくないメディアの内容が自分と他者に与える影響認知の差を得点化し（第三者認知）、それによってメディア規制の支持などの態度がどのように異なるか、という形で第三者効果が検討されることが多い。これに対し、ガンサーとストーリー（Gunther & Storey, 2003）は、メディアが他者に与える影響の可能性を

推定するだけで態度や行動が変化する可能性を指摘し、メディアが他者に与える影響の推定値のみを用いてメディアの効果を検証する。

　「第三者効果」、「メディア影響の推定の影響」のいずれも、メディアが他者に与える影響の見積もりがもたらす結果に注目する視点であり、その影響が身近な友人グループや、世間一般の人といった他者との社会的距離によってどのように異なるかも検討されてきた（Gunther, 1991; Perloff, 1999）。他者との社会的距離による第三者認知を検討した研究によると、他者との社会的距離が近いほど、第三者認知が低くなることが示唆されている（Lambe & McLeod, 2005; Idid & Wok, 2010, June）。同様に、個人主義と集団主義という文化的要因が第三者認知に与える影響を検討した研究によると、他者との社会的距離が近い傾向にある集団主義文化においては、第三者認知が低下する可能性があると報告されている（Lee & Tamborini, 2005）。

メディア規制か、メディアリテラシーか

　社会的に好ましくないメディアの情報や表現に対しては、その悪影響に対する懸念から規制や介入を求める声も多く、メディア影響の見積もりがメディア規制の支持（Perloff, 1999）や、メディアリテラシー教育に賛成する態度に与える影響も検討されている（Cheng & Chen, 2020）。ここでは、フェイクニュースやヘイトスピーチの問題などのインターネットの情報を対象とした研究を紹介したい。

　ジャングとキム（Jang & Kim, 2018）は、フェイクニュースが自分や内集団よりも外集団に影響を与えると考える傾向があり、このような第三者認知は、党派的態度、フェイクニュースが社会的に望ましくないという評価、そして外的政治的有効性感覚、すなわち、市民の要求や期待を政治に反映させることができるという信念によって高まることを明らかにした。そして、第三者認知が高いほど、メディア規制より、メディアリテラシーのアプローチを支持する傾向が強かった。

　フェイクニュースが他者に与える影響の見積もりとその先行要因と結果を検討した研究（Cheng & Chen, 2020）では、企業に関するフェイクニュースが他者に及ぼす影響の見積もりは、自己効力感、フェイクニュースが社会的に望ましくないという評価、対象製品への関心、自分にとっての製品の重要性の認識といった消費者の製品関与によって高まることが示された。このようなフェイクニュースが他者に与える影響の見積もりは、企業による是正措置、メディアリテラシーによる介入、政府による規制を支持する態度に影響を及ぼしていた。

　グオとジョンソン（Guo & Johnson, 2020）は、大学生を対象とした Web 実験

から、フェイスブック上でのヘイトスピーチへの接触が、ヘイトスピーチの検閲に対する態度に与える影響を分析した。参加者たちは、ヘイトスピーチは自分よりも他者により影響すると考える傾向があり、とりわけ女性参加者たちはフェイスブック上の性差別的な言動が一般市民に与える影響が大きいと知覚するほど、フェイスブックや政府が性差別的なヘイトスピーチ問題を改善したり検閲する必要があると考えていた。

こうした第三者効果の行動的側面を説明する理論としては、子どもをもつ親の行動で見られるように善意で他者の権利を制限しようとする態度を表す「パターナリズム」（paternalism）、人々の行動は、知覚された深刻度、脆弱性、反応効率、および自己効力感の関数であると仮定する「防護動機理論」（protection motivation theory）などが指摘されている（Guo & Johnson, 2020; Golan & Banning, 2008）。

4. 本書の構成

本書の構成は次のとおりである。まず、第I部「報道メディアを批判する」では、報道メディアを「敵視」し、「軽蔑」するオーディエンスに注目し、その実態、敵対的メディア認知などのメディアシニシズムの要因、メディアシニシズムの帰結を考察する（第1章）。また、テレビニュースを中心とした政治報道批判に注目し、オーディエンスの敵対的メディア認知との関係や、批判の根拠となるオーディエンスの規範意識との関係について検討する（第2章）。

第II部「リスク社会と揺らぐ情報への信頼」では、新型コロナウイルス報道に対するオーディエンスの批判的態度について、感染の第2波が到来した2020年8月と、社会生活が通常に戻りつつあった2022年6月に実施した2回のWeb調査の結果をもとに、科学コミュニケーションとオーディエンスの批判的思考・態度について考察している（第3章）。また、メディアの信頼性が、今後の社会や人間のあり方を大きく変える可能性のある先端科学技術の社会的受容に影響を与える可能性をふまえ、メディアの信頼性が先端科学技術に関連するメディアの利用や情報接触に与える影響を検討している（第4章）。さらに、2011年3月に発生した東京電力福島第一原子力発電所事故による災害に対処してきた福島の市民や専門家の自発的な取り組みについて、市民と専門家によるイニシアティブ、協働、参加、エンパワーメント、社会関係資本などの観点から考察する（第5章）。また、私たちがメディアを利用する上で特に重要なオンライン情報において、時

には真偽の疑わしい情報が流布し、拡散する問題に注目し、メディアリテラシーの観点から考察している（第6章）。

第Ⅲ部「メディア・エンターテインメントの受容と批判——ゲーム・ドラマ・バラエティ」では、ジェンダー化された日本のゲームやゲームキャラクターに対するゲームプレイヤーのクリティカルな視点と多様な「読み」について検討している（第7章）。また、ドラマに関するオンラインコミュニケーションの利用実態、動機などの観点から、ドラマ視聴者のインターネット上のコメント等の閲覧・書き込み行動の実態を、その「場」に着目して考察している（第8章）。さらに、バラエティ番組に対する批判的態度について、バラエティ番組の描写や内容に対する「許容度」と、それに影響を与える要因を中心に検討する（第9章）。

第Ⅳ部「広告を避ける・批判する」では、広告に対する消費者の批判的な態度について、前述した批判的な「離脱」と「関与」の観点から考察する。まず、インターネット利用時の広告表示が、本来の利用目的を阻害し、消費者に広告に対する不快感や忌避感を与えていることに着目し、広告に対する不快感と広告回避、その関連要因について検討する（第10章）。次に、近年の社会・企業・消費者意識の変化をふまえ、広告とジェンダー問題に対する消費者の批判的態度について、フェミニズムと広告を掛け合わせた「フェムバタイジング」といわれる女性エンパワーメント広告に焦点を当てて議論する（第11章）。

第Ⅴ部「トランスナショナルなメディアの受容と批判」では、メディアコンテンツが国内だけでなく、トランスナショナルに消費されている状況をふまえ、在日中国人と在日韓国人が、母国やホスト社会のメディアをどのように受容し、それに対してどのような認識や態度をもっているかを、「社会的調整」、「ディアスポラの社会的アイデンティティモデル」、ホスト社会メディアの「被他者化」の認識の観点から分析している（第12章）。また、近年注目されている韓国エンターテインメントの日本における受容の実態と、その影響力に対するオーディエンスの認識や批判的態度について、トランスナショナルなメディアコンテンツの受容過程に見られる「他者化」や「スティグマ化」の現象、そしてそれに影響すると思われる国家間の関係性に関する議論に注目しながら、論じる（第13章）。

本書の議論が、オーディエンスのメディア批判に関する体系的で実証的な探究と理解において、ひとつのきっかけとなれば幸いである。

引用文献

Abercrombie, N., & Longhurst, B. J. (1998). *Audiences: A sociological theory of performance and imagination.* Sage.

Baran, S. J., & Davis, D. K. (2003). *Mass communication theory: Foundation, ferment, and future, third edition.* Belmont, Wadsworth/ Thomson Learning.〔宮崎寿子（監訳）李津娥・李光鎬・鈴木万希枝・大坪寛子（訳）(2007). マス・コミュニケーション理論 上・下 新曜社〕

Cheng, Y., & Chen, Z. F. (2020). The influence of presumed fake news influence: Examining public support for corporate corrective response, media literacy interventions, and governmental regulation. *Mass Communication and Society, 23*(5), 705–729.

Darke, P. R., & Ritchie, R. J. (2007). The defensive consumer: Advertising deception, defensive processing, and distrust. *Journal of Marketing Research, 44*(1), 114–127.

Davison, W. P. (1983). The third-person effect in communication. *Public Opinion Quarterly, 47*(1), 1–15.

Feldman, R. (2017). The Hostile media effect. In K. Kenski & K. H. Jamieson (Eds.), *The Oxford Handbook of Political Communication.* https://www.oxfordhandbooks.com/view/10.1093/oxfordhb/9780199793471.001.0001/oxfordhb-9780199793471-e-011

Gerbner, G., & Gross, L. (1976). Living with television: The violence profile. *Journal of Communication, 26*(2), 173–199.

Golan, G. J., & Banning, S. A. (2008). Exploring a link between the third-person effect and the theory of reasoned action: Beneficial ads and social expectations. *American Behavioral Scientist, 52*(2), 208–224.

Gunther, A. (1991). What we think others think: Cause and consequence in the third-person effect. *Communication Research, 18*(3), 355–372.

Gunther, A. C., & Chia, S. C. Y. (2001). Predicting pluralistic ignorance: The hostile media perception and its consequences. *Journalism & Mass Communication Quarterly, 78*(4), 688–701.

Gunther, A. C., & Storey, J. D. (2003). The influence of presumed influence. *Journal of Communication, 53*(2), 199–215.

Guo, L., & Johnson, B. G. (2020). Third-person effect and hate speech censorship on Facebook. *Social Media+ Society, 6*(2), 2056305120923003.

Hirschman, A. O. (1970). *Exit, voice, and loyalty: Responses to decline in firms, organizations, and states.* Harvard University Press.〔矢野修一（訳）(2005). 離脱・発言・忠誠：企業・組織・国家における衰退への反応 ミネルヴァ書房〕

Huhmann, B. A., & Limbu, Y. B. (2016). Influence of gender stereotypes on advertising offensiveness and attitude toward advertising in general. *International Journal of Advertising, 35*(5), 846–863.

Idid, S. A., & Wok, S. (2010, June). *Testing the third-person effects theory on political campaign in Malaysia.* Paper prepared for International Communication and Media Conference (ICOME'10) Communication and Society: Challenges and Engagement. http://irep.iium.edu.my/626/1/TESTING_3PE_-_FINAL_3032010.pdf

五十嵐正毅 (2018). 消費者の広告への懐疑意識が広告の受容に与える影響 日経広告研究所報, *300,* 12–19.

稲増一憲 (2022). マスメディアとは何か：「影響力」の正体 中公新書

Jang, S. M., & Kim, J. K. (2018). Third person effects of fake news: Fake news regulation and media literacy interventions. *Computers in Human Behavior, 80,* 295–302.

Jensen, K. B., & Rosengren, K. E. (1990). Five traditions in search of the audience. *European Journal of Communication, 5*(2), 207–238.

Kaun, A. (2014). 'I really don't like them!'–Exploring citizens' media criticism. *European Journal of Cultural Studies, 17*(5), 489–506.

小柳和喜雄 (2003). 批判的思考と批判的教育学の「批判」概念の検討　教育実践総合センター研究紀要, *12,* 11–20.

Lambe, J. L., & Mcleod, D. M. (2005). Understanding third-person perception processes: Predicting perceived impact on self and others for multiple expressive contexts. *Journal of Communication, 55*(2), 277–291.

Lee, B., & Tamborini, R. (2005). Third person effect and Internet pornography: The influence of collectivism and self-efficacy. *Journal of Communication, 55*(2), 292–310.

李津娥 (2011). 政治広告の研究：アピール戦略と受容過程　新曜社

李津娥 (2022). 韓国における政治情報への選択的接触と共有　山腰修三（編）対立と分断の中のメディア政治：日本・韓国・インドネシア・ドイツ（pp.145-171）慶應義塾大学出版会

Mansell, R. (2012). *Imagining the Internet: Communication, innovation, and governance.* Oxford University Press.

Maras, S. (2007). Communicating criticality. *International Journal of Communication, 1*(1), 167–186.

McQuail, D. (2005). *Mass communication theory.* Sage.〔大石裕（監訳）(2010). マス・コミュニケーション研究　慶應義塾大学出版会〕

西村洋一 (2010). インターネット利用者が検索連動型広告を回避する要因の検討：広告への態度の影響　広告科学, *52,* 15–30.

Nightingale, V. (2003). The cultural revolution in audience research. In A. N. Valdivia (Ed.), *A companion to media studies* (pp.360–381). Blackwell.

大石裕 (2010). 能動的オーディエンス論の構成　法學研究, *83*(2), 73–93.

Orlik, P. (2008). *Electronic media criticism: Applied perspectives* (3rd ed.). Routledge.

Oxford University Press (n.d.) Criticism. In *Oxford English Dictionary.* www.oed.com/view/Entry/44598

Perloff, R. M. (1999). The third-person effect: A critical review and synthesis. *Media Psychology, 1*(4), 353–378.

Perloff, R. M. (2015). A three-decade retrospective on the hostile media effect. *Mass Communication and Society, 18*(6), 701–729.

Quiring, O., Ziegele, M., Schemer, C., Jackob, N., Jakobs, I., & Schultz, T. (2021). Constructive Skepticism, Dysfunctional Cynicism? Skepticism and Cynicism Differently Determine Generalized Media Trust. *International Journal of Communication, 15,* 3497–3518.

Ross, K., & Nightingale, V. (2003). *Media and audiences: New perspectives.* Open University Press.〔児島和人・髙橋利枝・阿部潔（訳）(2007). メディアオーディエンスとは何か　新曜社〕

新村出（編）(2018). 批判　広辞苑第七版 (p.2481)　岩波書店

Sullivan, J. L. (2020). *Media audiences: Effects, users, institutions, and power* (2nd ed.). Sage.

高橋利枝 (2016). デジタルウィズダムの時代へ：若者とデジタルメディアのエンゲージメント　新曜社

Tsfati, Y., & Cohen, J. (2005). Democratic consequences of hostile media perceptions: The case of Gaza settlers. *Harvard International Journal of Press/Politics, 10*(4), 28–51.

Turnbull, S. (2020). *Media audiences: Is anybody watching?*. Red Globe Press.

Vallone, R. P., Ross, L., & Lepper, M. R. (1985). The hostile media phenomenon: Biased perception and perceptions of media bias in coverage of the Beirut massacre. *Journal of Personality and Social Psychology, 49*(3), 577–585.

Vande Berg, L. R., Wenner, L. A., & Gronbeck, B. E. (2004). Media literacy and television criticism: Enabling an informed and engaged citizenry. *American Behavioral Scientist, 48*(2), 219–228.

Warren, M. E. (2017). What kinds of trust does a democracy need? Trust from the perspective of democratic theory. In S. Zmerli, & T. van der Meer (Eds.), *Handbook of political trust* (pp.33–52). Edward Elgar.

Webster, J. G. (1998). The audience. *Journal of Broadcasting & Electronic Media, 42*(2), 190–207.

第Ⅰ部

報道メディアを批判する

第1章　報道メディアを敵視し、軽蔑するオーディエンス

李　光鎬

　皆さんは「マスゴミ」という言葉を耳にしたことがあるだろうか。おそらくあるだろう。日常生活で使われることはまだ珍しいかもしれないが、Twitterなどのネット上では頻繁に言及されていて、報道内容や報道機関に対する強い軽蔑や嫌悪、怒りの感情をあらわにした書き込みなどで用いられることが多い。お隣の韓国でも、ゴミのような記事を書く記者という意味の「ギレギ」（ギジャ〔記者〕＋スレギ〔ゴミ〕の合成語）という言葉が、日本の「マスゴミ」以上に普及している。英語、フランス語、ドイツ語、スペイン語のTwitterでも、それぞれの言語で「Garbage Journalism」を意味する言葉を検索にかければ、膨大な数の書き込みがヒットする。いつからか人々は、「正しくて客観的で重要な情報」ではなく、「何らかの意図が介在した偏った情報」として報道を捉え、その生産者たちを批判し、非難し、軽蔑し、嘲笑するようになったのである。

　本章では、このような報道メディアに対するオーディエンスの批判的で否定的な反応を、「敵対的メディア認知」（hostile media perception）および「メディアシニシズム」（media cynicism）という社会心理学的なメディア・オーディエンス研究の概念や理論からアプローチし、そのようなオーディエンスの反応がどのような要因によって引き起こされ、どのような結果をもたらす可能性があるかについて検討してみたい。

　まず第1節では、敵対的メディア認知について、バローネら（Vallone et al., 1985）による最初の実験以降これまでに行われた先行研究を概観する。次に第2節では、そのような敵対的メディア認知が、特定の報道内容だけでなく、特定の報道機関にまで拡大可能であること、そしてさらには報道メディア全体に対するシニカルな態度へ一般化されうることを、理論的に検討する。第3節では、このような理論的検討をふまえ、日本で行ったサーベイ調査のデータに基づき、敵対的メディア認知とメディアシニシズムの関係および、メディアシニシズムがもたらしうるいくつかの否定的な結果との関係を検証する。

1. 敵対的メディア認知

　敵対的メディア認知とは、「ある問題に対して強い態度をもつ個人が、その問題に関する一見中立的で公平なメディアの報道を、自分の側に不利で、敵対する者の観点に好意的な方向へ偏っていると知覚する傾向」（Perloff, 2015, p.707）のことである。バローネら（Vallone et al., 1985）は、「レバノン虐殺」（Beirut Massacre）に関する報道を題材に実験を行った際、イスラエル寄りの参加者とアラブ寄りの参加者の間で、同一の報道内容に対する認識が有意に異なっていることを発見した。イスラエル寄りの参加者も、アラブ寄りの参加者もともに、当該の報道内容が相手陣営に好意的で、自陣営に対して不利な影響をもたらすと予測していたのである。

　この現象をめぐっては、最初、エスニシティのような社会的アイデンティティがもたらす「内集団関連の政治報道」に対する歪んだ情報処理として注目されたが、後続研究においては、中絶などの社会的争点（Giner-Sorolla & Chaiken, 1994）やスポーツ報道（Arpan & Raney, 2003）においても、その強さや明確さにばらつきはあるものの、同様の現象が報告されている。また34件の研究を対象にメタ分析を行ったハンセンとキム（Hansen & Kim, 2011）によれば、敵対的メディア認知は、選挙や地域紛争、労働争議や健康問題など、多様な文脈の報道において中程度の強さで観察されており、それらの問題や争点、トピックに対する関与が強い人ほど強く感じる傾向があるとされる。

　敵対的メディア認知が発生するメカニズムについては、以下の3つの仮説が提唱されている。1つ目の仮説は、自分の立場を支持する情報よりも、それと対立する情報をより想起しやすいためとする「選択的想起説」、2つ目は、党派的な個人は、中立的な情報や順態度的情報の一部までも自分の立場に対して非友好的であると分類してしまう傾向があるためとする「選択的類型化説」、3つ目は、対立する党派の人々は、どういう報道が「中立的報道」なのかについて異なる基準をもっており、自分の立場を否定する情報を偏った報道の根拠として認識する可能性があるためとする「基準相違説」である。シュミットら（Schmitt et al., 2004）は、遺伝子組換え食品に関する記事を題材にフィールド実験を行い、このうち選択的類型化説が敵対的メディア認知を生じさせる有力なメカニズムであることを見出している。

　従来の敵対的メディア認知の概念は、特定の、または一連の「報道内容」に対

する認知を意味するものとして用いられてきたが、特定の「報道機関」に対する認知を含むものとしてその範囲をさらに広げることもできる。ある報道機関が、複数の争点にわたって持続的に自分の立場と対立する報道を行っていると認識している場合、敵対的メディア認知は、特定の報道内容だけでなく、特定の報道機関そのものに対しても形成されうるからである。これまでの敵対的メディア認知研究においては、このような形で報道機関そのものを敵対的な認知の対象として捉えることはまだ行われていないが、今日の報道メディアに対するオーディエンスの否定的反応の実態や動態を捉える上では、報道記事だけでなく、報道機関そのものに対する認識を対象にすることが有効であると考える。

　敵対的メディア認知は、様々な争点に対する態度の強さに影響される。ある争点に対して明確な態度をもっているほど、その争点に対する特定の報道が自分の態度と異なる場合に敵対的メディア認知を経験しやすい。したがって、ある個人が、複数の争点にわたって強い態度をもっていて、それらの複数の争点に対する特定の報道機関の報道が一貫して自分の態度と異なる場合に、敵対的メディア認知は最も強くなると推論できる。複数の争点に対する一貫した態度を「党派性」とするならば、党派性の強さは敵対的メディア認知に影響を与える大きな要因になる（Reid, 2012; 李，2020）。

　「メディアの党派性認知」、すなわち複数の争点にわたって特定の報道機関が一貫した態度をもっているという認識も敵対的メディア認知に影響する可能性がある。党派性の強い個人は、自分とは対立する方向で党派性が強いと認識しているメディアに対して、最も強く敵対的メディア認知を経験すると考えられる。これは、特定の報道機関が複数の争点に対して実際にどのような論調を展開しているのかということとは別に、どのようであると思われているのかという認識の問題である。例えば、日本においては読売、産経、日本経済新聞が保守系で、朝日、毎日、東京新聞が革新系であると見られているが、このような「評判」だけでも、それぞれの新聞の読者でもない人々の間でさえ、それらの報道メディアに対する敵対的なメディア認知が形成される可能性がある。

2. メディアシニシズム

　メディアシニシズム（media cynicism）は、カペラとジェイミーソン（Cappella & Jamieson, 1996）が指摘した報道メディアに対するオーディエンスの否定的な反応の一つである。彼らは、政治シニシズムをもたらすメディアの政治報道が、

ブーメランのようにメディアに対するシニシズムとなって返ってくる可能性を警告する中で、この概念を用いた。彼らはこの概念について明確な定義を行ってはいないが、メディアシニシズムや政治シニシズムを測定する際に用いた尺度の内容（Cappella & Jamieson, 1997）から判断すると、ジャーナリストやメディア組織の利己的動機およびそれに基づいた戦略的行為、そして知る権利への応答や公正で客観的な報道への期待を満たせない低いパフォーマンスの認知から導かれる否定的態度が、メディアシニシズムの中心的な内容であることは間違いない。そして、「シニカル」という言葉のもつ、相手を「さげすみ、あざける」というより限定的な態度内容のニュアンスを加味すると、メディアシニシズムは「報道の主体が道徳性および能力を欠いているという信念から形成される軽蔑的な態度」として捉えることができる。

敵対的メディア認知からメディアシニシズムへ

前節で検討した敵対的メディア認知とメディアシニシズムはどのように関連しているのであろうか。まず考えられるのは、敵対的メディア認知が特定の報道主体のパフォーマンスや道徳性の評価を低下させる可能性である。認知的不協和理論（Festinger, 1957＝1965）によれば、自分に「敵対」している報道主体が、「正確で、客観的で、中立的で、知る権利に応える」報道を行っており、「公共の利益」に貢献しているという認識は、自分または自陣営は「正しい」という自己認識との間で不協和をきたす。そのため、そのような不協和の発生を抑制・解消するためには、敵対するメディアのパフォーマンスや道徳性の評価を低下させなければならない。したがって敵対的メディア認知は、その特定のメディアに対する軽蔑的な態度を助長すると予測することができる。

敵対的メディア認知はさらに、特定のメディアではなく、「メディア一般」に対するシニカルな態度につながる可能性もある。これについては、シュヴァルツとブレス（Schwarz & Bless, 1992）の「包含と排除による同化と対比効果モデル」（inclusion/exclusion model of assimilation and contrast effect）を参照することができる。

われわれは、ある判断を行う際に、その判断対象と判断基準についての暫定的な表象を頭の中に作るのであるが、その判断基準の表象を作る上で用いられる情報が判断対象に包含されるものである場合には「同化効果」が発生し、判断対象から排除されるものである場合には「対比効果」が発生するというのが、彼らのモデルの基本的な命題である。彼らがドイツの大学生32名を対象にして行った

実験では、スキャンダルを起こした政治家の名前を書かせた後、「政治家一般」に対する信頼を尋ねた場合と、スキャンダルを起こした政治家とは別人の「特定の政治家」の名前を挙げて信頼を尋ねた場合とで、スキャンダルを起こした政治家の名前を書かされていない統制集団との比較において、「政治家一般」に対する信頼は有意に低くなり、「特定の政治家」に対する信頼は有意に高くなることが確認されている。前者の「政治家一般」という判断対象は、スキャンダルを起こした政治家という判断基準を包含しているためそれとの「同化効果」が生じ、後者の「特定の政治家」という判断対象は、スキャンダルを起こした政治家という判断基準を排除しているため、「対比効果」が発生したというのが彼らの説明である。

　敵対的メディア認知もこのようなメカニズムによって「メディア一般」に対するシニシズムをもたらしてしまう可能性がある。「メディア一般」に対する評価を行う際に、敵対的メディア認知の高い人の頭の中では、「敵対しているメディア」が「メディア一般」に包含されるため同化効果が起き、敵対的メディア認知の低い人に比べて、「メディア一般」に対する評価が低くなり、メディアシニシズムが高まることが予想される[1]。

　ただ、このような一種の「認知的バイアス」としてではなく、意識的で、理性的な評価の過程として、敵対的メディア認知がメディアシニシズムへ拡大していく過程を説明することもできる。贔屓にしているメディアの党派性には満足している場合でも、そのメディアのジャーナリズム実践が必ずしも道徳性や能力の面で満足できるものでないとすれば、それを反省的に認識することは十分に可能であり、敵対しているメディアの様々な欠陥や落ち度を、贔屓にしているメディアの中でも見つけ、それをメディア全体の普遍的な問題として一般化することはそれほど難しい思考過程ではないと思われる。敵対している陣営間で互いの贔屓メディアを批判し合うようなことが起きている状況であれば、なおさらであろう。

メディアシニシズムの結果

　メディアシニシズムが強まると、特に政治情報源としての利用を中心にメディ

[1]　このような説明のほかに、順態度的メディアへの選択的接触によって「メディア一般」の評価に関する否定的手がかりへの注意が増すというバーニッジら（Barnidge et al., 2020）の説明も参考になるが、ある個人が好んで接触しているメディアから、「メディア一般」に対する否定的手がかりが果たしてどれくらい得られるのかは疑問である。彼らは、選択的接触によって党派的内集団アイデンティティが強まり、自分の順態度的メディアと「メディア一般」との対比をより強く感じるようになるという推論も行っているが、この説明は本節で紹介した同化・対比効果のメカニズムと一部において関連している。

アの利用パターンが異なってくる可能性がある。全国紙や全国ネットのテレビ報道のような、いわゆる既成ジャーナリズムの担い手である主流のマスメディアに対する利用が減少し、より自分の党派性に合致する代案的メディア（alternative media）への選択的接触が増えると考えられる。

　例えばツファティとペリ（Tsfati & Peri, 2006）は、イスラエルで1,219名に電話サーベイを行い、発行部数の多い3大新聞やテレビ局などの主流メディアに対する懐疑的な態度（media skepticism）[2]が強いほど、より政派的・宗派的なメディアを含む非主流メディアへの接触が増えることを示している。また、主流メディアへの懐疑的態度が強いからといってそれらのメディアを利用しないわけではないが、非主流メディアへの接触が多いほど主流メディアへの接触が少ないという結果が出されている。李（2020）は、韓国で行った調査において、メディアシニシズムが強い人ほど、政治情報源として地上波テレビを利用しない傾向があることを見出している。

　理論上は、メディアシニシズムが強まれば、主流の報道メディアに対する利用が低下することが予想されるが、この場合、低下するのは信頼できる情報源としての利用であって、別の仕方での利用はそのまま継続されるか、むしろ増える可能性も想定できる。党派的に対立する陣営の主張や計画を把握しておくための「戦略的利用」や、それを揶揄し、罵倒し、軽蔑することを通じて痛快さを感じたり、怒りを発散したり、優越感に浸ったりする「感情的利用」、自陣営を応援しながら党派的対決のスリルを楽しむ「娯楽的利用」などは、むしろメディアシニシズムによってより多く行われる可能性も考えられる。

　メディアシニシズムは、メディアの世論媒介機能に対する「諦め」にも通じる態度である。市民の様々な意見が政治過程に正しく反映されることを期待できないという「失望」や「落胆」でもある。したがって、メディアによる代議的な意見表明を止め、デモのような直接的意見表明の手段に訴えようとする行動傾向が、メディアシニシズムによって強まると予想することもできる。場合によっては、破壊行為やテロなどの暴力による意思表示へと激化することもありうる。ツファティとコーヘン（Tsfati & Cohen, 2005）がガザ地区のユダヤ人入植者を対象に行った調査では、独立変数がメディアシニシズムではなく「メディア不信」ではあったが、敵対的メディア認知によって高まったメディア不信が、民主的手続きに対する有効性感覚を低下させ、当時のシャロン政権が進めようとした移住政策

---

[2]　彼らの「メディア懐疑主義」という概念は、報道の公正さ、正確さ、十分さに対する低い評価から生じる不信感（untrust）として操作化されている。

に対し「暴力的な手段」で抵抗しようとする行動意図を高めたことが明らかにされ、「敵対的メディア認知→メディア不信→民主主義不信→暴力的抵抗」の連続的な関係が検証された。

　上述したもののほかにも、政治シニシズムの促進や社会的信頼の侵食（Cappella & Jamieson, 1997; Cappella, 2002）、情報の選択的共有行動への影響（Johnson et al., 2020; Lee, 2020）、フェイクニュースへの脆弱化（Pennycook & Rand, 2019; Sindermann et al., 2020）、「ポスト真実主義的態度」の促進（李，2021）などもメディアシニシズムがもたらしうる結果として今後検討していく必要がある。

3. 日本における敵対的メディア認知とメディアシニシズムの現状

　これまで説明してきた敵対的メディア認知という現象と報道メディアに対するシニカルな反応の現状を捉えるために、日本のオーディエンスを対象とした2回の調査を行った。調査の概要は表1-1のとおりである。なお、調査データの分析にはHAD（清水，2016）を利用した。

敵対的メディア認知の状況
　図1-1は、敵対的メディア認知を測定するために用意した5つの質問項目に対して、肯定する回答をした人々の比率をまとめたものである。まず、2回分の結果が非常に類似していて信頼性の高い結果であることがわかる。そして、これは少し意外な結果であったが、日本のオーディエンスの間に敵対的メディア認知がかなり広がっている様子が明確に示された。中でも最も肯定率が高かったのは「日本の報道メディアの中には、見ていて怒りを感じるものがある」という項目で、70%前後の回答者が「ある」と回答している。「私の考えと対立するものがある」という項目に対しても65%前後の回答者が肯定している。「私が好きでは

表1-1　調査の概要

	第1回	第2回
時期	2020年8月17日	2021年2月11日
回答者数	1000	1500
募集地域	首都圏1都6県（東京、埼玉、千葉、神奈川、茨城、栃木、群馬）	首都圏と近畿圏の2府5県（大阪、京都、三重、滋賀、兵庫、奈良、和歌山）
性別分布	男女50%ずつ	男女50%ずつ
平均年齢	45.4歳	41.8歳

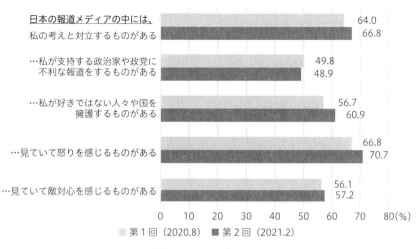

図 1-1 敵対的メディア認知項目の肯定比率

ない人々や国を擁護するものがある」という項目は60%前後、ずばり「敵対心を感じるものがある」という項目に対しても57%くらいの高い肯定率である。政治に対する比較的高い関与を前提とする「私が支持する政治家や政党に不利な報道をするものがある」という項目でも半数近くの回答者が「ある」と答えている。

　この5つの項目に対する回答の信頼性係数は、第1回目が $\alpha = .881$、第2回目が $\alpha = .870$ でかなり高く、内的一貫性があることも確認されたため、尺度得点の合計点で合成し「敵対的メディア認知」の得点とした。

メディアシニシズムの状況

　次は、メディアシニシズムの状況である。図1-2は、メディアシニシズムを測定するために開発した18の項目に対する肯定回答率をグラフにしたものである。ここでも、2回分の結果の間に高い類似性が見られ、時間の経過の中でも安定しており異なるサンプル間でも一貫している反応であることがわかる。また、敵対的メディア認知と同様、メディアシニシズムもかなりの人々に広がっている状況が図に表れている。

　まず、ジャーナリスト個人に対する評価項目に目を向けると、ジャーナリズム実践のパフォーマンスに対しては非常に厳しい評価がなされていることがわかる。「日本の新聞社や放送局の記者は、政治的に中立な立場で取材し、報道している」

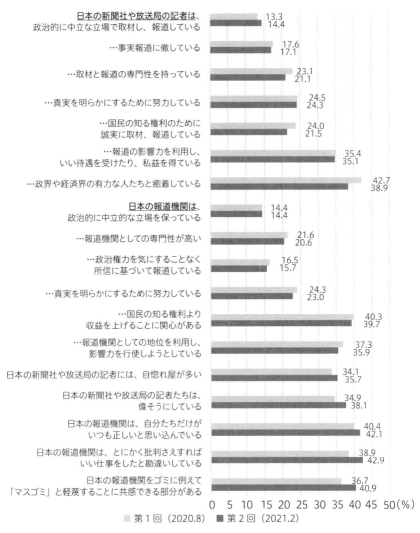

日本の新聞社や放送局の記者は、
政治的に中立な立場で取材し、報道している
13.3
14.4

…事実報道に徹している
17.6
17.1

…取材と報道の専門性を持っている
23.1
21.1

…真実を明らかにするために努力している
24.5
24.3

…国民の知る権利のために
誠実に取材、報道している
24.0
21.5

…報道の影響力を利用し、
いい待遇を受けたり、私益を得ている
35.4
35.1

…政界や経済界の有力な人たちと癒着している
42.7
38.9

日本の報道機関は、
政治的に中立的な立場を保っている
14.4
14.4

…報道機関としての専門性が高い
21.6
20.6

…政治権力を気にすることなく
所信に基づいて報道している
16.5
15.7

…真実を明らかにするために努力している
24.3
23.0

…国民の知る権利より
収益を上げることに関心がある
40.3
39.7

…報道機関としての地位を利用し、
影響力を行使しようとしている
37.3
35.9

日本の新聞社や放送局の記者には、自惚れ屋が多い
34.1
35.7

日本の新聞社や放送局の記者たちは、
偉そうにしている
34.9
38.1

日本の報道機関は、自分たちだけが
いつも正しいと思い込んでいる
40.4
42.1

日本の報道機関は、とにかく批判さえすれば
いい仕事をしたと勘違いしている
38.9
42.9

日本の報道機関をゴミに例えて
「マスゴミ」と軽蔑することに共感できる部分がある
36.7
40.9

0　5　10　15　20　25　30　35　40　45　50（％）

■ 第1回（2020.8）　■ 第2回（2021.2）

図 1-2　メディアシニシズム項目の肯定比率

という項目に肯定した回答者は、13% くらいしかいない。「事実報道に徹している」は 17%、「報道の専門性を持っている」と思う回答者は 21〜23% くらい、「真実を明らかにするために努力している」、「国民の知る権利のために誠実に取材、報道している」と考えている回答者も 20〜25% くらいで、軒並み低い評価である。一方、ジャーナリストの利己的動機の認知率は、パフォーマンスに対する評価に比べると相対的に高くなっている。「報道の影響力を利用し、いい待遇

を受けたり、私益を得ている」という項目は35%、「政界や経済界の有力な人たちと癒着している」という項目は40%前後の回答者が肯定しているのである。

　このような低いパフォーマンス評価と高い利己的動機の認知から導かれるジャーナリストに対する軽蔑的な態度もかなり高い水準に達している。「日本の新聞社や放送局の記者には、自惚れ屋が多い」と思っている回答者は35%前後、「偉そうにしている」と思っている回答者も35〜38%くらいに上る。

　報道機関に対するシニカルな反応もジャーナリスト個人に対するものとほぼ同じパターンを見せている。「日本の報道機関は、政治的に中立的な立場を保っている」と思っている回答者は14%に過ぎず、「政治権力を気にすることなく所信に基づいて報道している」と思っている人も15〜16%しかいない。報道機関としての専門性の評価については20%くらいの回答者が肯定していて、「真実を明らかにするための努力」は23〜24%の人々が認めているだけである。

　報道機関としてのパフォーマンスに対する評価は低い水準にとどまっているのに対して、利己的動機を尋ねる2つの項目については肯定比率が相対的に高くなっている。「国民の知る権利より収益を上げることに関心がある」は40%くらいが、「報道機関としての地位を利用し、影響力を行使しようとしている」は36〜37%が「そう思う」と答えていたのである。

　報道機関に対する軽蔑的態度は3つの項目で測定した。それぞれに対する肯定回答の比率は、「日本の報道機関は、自分たちだけがいつも正しいと思い込んでいる」が40〜42%、「とにかく批判さえすればいい仕事をしたと勘違いしている」が約39〜43%で、ずばり「『マスゴミ』と軽蔑することに共感できる部分がある」とした項目に対しても第1回目は36.7%、第2回目は40.9%に上っている。日本のオーディエンスの間に、メディアシニシズムが予想以上の規模で広がっている実態が浮かび上がってきた。

　メディアシニシズムを測定するために開発した18項目の信頼性係数は第1回目 $\alpha = .903$、第2回目 $\alpha = .910$ で非常に高い水準であったため、否定的な態度であるほど点数が高くなるよう尺度得点の方向性をそろえた後、合計点で合成し、「メディアシニシズム」の得点とした。

党派性の強さ、敵対的メディア認知、メディアシニシズムの関係性

　第1節および第2節で述べたように、敵対的メディア認知はメディアシニシズムをもたらす可能性がある。そして、敵対的メディア認知は、党派性の強さに影響されることが多くの先行研究から実証されている。そこで本章では、日本の

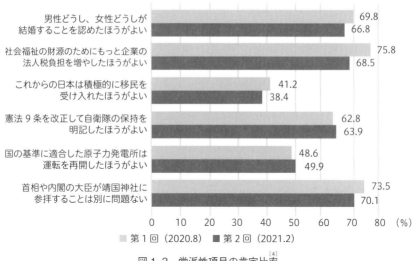

図1-3 党派性項目の肯定比率[4]

オーディエンスにおいても、「党派性の強さ→敵対的メディア認知→メディアシニシズム」の関係性が成立するのかどうかを分析した。

　党派性は、図1-3にあるような6つの争点、同性婚の許容、法人税の値上げ、移民の受け入れ、憲法9条の改正、原子力発電所の運転再開、閣僚の靖国神社参拝に対する態度で測定した。前の3つの争点に対する支持の態度は、リベラル系の政治的態度を、後ろの3つの争点に対する支持の態度は、保守系の政治的態度を反映するものとして設定したが、そのようなパターンは確かに存在したもののそれほどまとまりが強いものではなかった[3]。リベラル系の争点に対する支持態度間の相関が低く、「法人税の値上げ」を支持する態度と「閣僚の靖国神社参拝」や「憲法9条の改正」を支持する態度との間に弱いながらも有意な正の相関が見られた。

　党派性の強さは、この6つの項目に対する支持および拒否の態度の強さとして操作化した。すなわち、支持でも拒否でも、強い態度が高い得点になるよう尺度得点を振り直し[5]、6つの項目の合計点を「党派性の強さ」の得点とした。

---

[3] 因子分析の結果をみると、2回とも保守系争点に対する回答のまとまりはよかったが、リベラル系争点のまとまりは相対的に緩かった。特に「法人税の値上げ」は、第1回目の調査では別の独立した因子になり、第2回目の調査ではリベラル系の因子としてまとまったが、負荷量は.413で小さかった。なお、6つの項目の信頼性係数は、第1回目 α＝.401、第2回目 α＝.510で低かった。
[4] 第1回目の調査では5件法で態度を測定したが、「どちらでもない」の回答が半分近くに上ったため、第2回目の調査では4件法で測定した。図の第1回目のデータは「どちらでもない」を欠損値として処理した比率である。

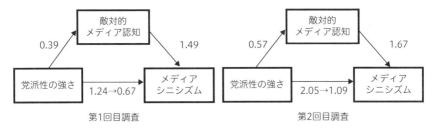

注：図中の数値は非標準化係数ですべて*p*<.001で有意

図1-4　党派性の強さ、敵対的メディア認知、メディアシニシズムの関係

　このような手続きによって合成した、党派性の強さ、敵対的メディア認知、メディアシニシズムの3変数間の関係を分析した結果が、図1-4である。

　予想どおり、党派性の強さは敵対的メディア認知を高め、敵対的メディア認知はメディアシニシズムを高める関係にあることが示された。パス係数も0.3から1.5の範囲でかなり強い関連性が見られている。そして、党派性の強さがメディアシニシズムをもたらす関係は、かなりの部分、敵対的メディア認知によって媒介されていることがわかる。第1回目の調査では、「党派性の強さ→メディアシニシズム」の関係が、敵対的メディア認知の投入によって1.24から0.67へ低下し、第2回目の調査では、同じく2.05から1.09へ低下している。すなわち、様々な争点への態度が強いほど、自分の態度と異なる報道をする特定のメディアに対して敵対的な認識をもつようになり、それが結局、ジャーナリストや報道機関全体の能力や道徳性に対する低い評価に拡大し、メディア一般に対する軽蔑の態度を助長しているという関係性が確認されたのである。

メディアシニシズムと情報源の利用

　第2節でも述べたとおり、メディアシニシズムは、情報源の利用行動に影響を与えることが予想される。そこで、第1回目の調査では、いくつかのメディアに対する信頼度と利用度についてもデータを集めた。

　図1-5は、メディアシニシズムの高低群別にいくつかの報道メディアに対する信頼度の平均値をプロットしたものである。まずはっきり表れているのは、メディアシニシズム高群の各報道メディアに対する信頼度がメディアシニシズム低群に比べてすべてにおいて有意に低いということである。主流のマスメディアに

---

[5]　態度の強さを表すように尺度得点を振り直した後の6つの項目の信頼性係数は第1回目 α = .810、第2回目 α = .753 であった。

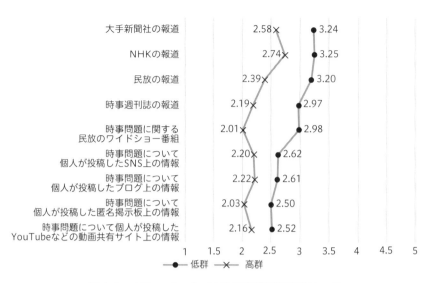

図1-5　メディアシニシズム高低群別情報源信頼度の差

対する信頼度においては、特に民放の報道において大きく差が開いている。NHKの報道では0.51、大手新聞社の報道では0.66ポイント差であるが、民放の報道に関しては0.81、さらに民放のワイドショー番組に関しては0.97ポイント差にまで広がっている。

　興味深いのは、これとは逆に個人が発信する情報に対する信頼度は、相対的にその差が小さくなっているという点である。「個人が投稿したSNS上の情報」では0.42、同じくブログ上の情報では0.39、匿名掲示板上の情報では0.47、動画共有サイト上の情報では0.36ポイント差にまで縮まっているのである。メディアシニシズムが高い人々は、時事問題に関する情報源に対して全般的に信頼が低いが、中でも特に主流の報道メディアに対する不信が強く、ネット上の代案的な情報源に対する不信は相対的な意味でそこまで強くはないという特徴をもっていることが示された。

　ただ、このような信頼度の差がそのまま利用度の差として現れることはないことも合わせて確認された。詳しい結果は李（2020）を参照してほしいが、メディアシニシズム高低群の間で、これらの各情報源に対する利用度において有意な差が見られたのは、「時事週刊誌の報道」と「民放のワイドショー」だけであった。しかしその有意差というのも、ほぼ無視していいほどの小さいもので、実質、メディアシニシズムの高さによる時事情報の情報源利用には差がなかったと結論づ

けるべきである。敵対的メディア認知を抱く特定の情報源を見ないという選択的接触は起きているかもしれないが、報道メディア全般の働きぶりを見下し、軽蔑する態度をもっていたとしても、時事に関する情報を得るためにはやはり主流の報道メディアに依存せざるを得ないという状況が背景にあるのかもしれない。そしてさらには、報道メディアを嘲ったり、けなしたりすることから得られる一種の楽しさや快感というものがメディアシニシズムの高い人々のメディア利用動機の一つになっている可能性もある。

　本章では、報道メディアに対する批判的反応の一つとして、敵対的メディア認知とメディアシニシズムについて見てきた。本章で紹介した理論や調査結果をふまえて考えると、オーディエンスとメディア両方の政治的分極化が強まっていく今日の状況では、今後さらに敵対的メディア認知も、そしてメディアシニシズムも、より広い範囲に広がり、高まっていくことが予想される。このようなオーディエンスの反応がどのような結果につながる可能性があるのか、またそのような反応を緩和するためにはどうすればよいのかについても考えていくことが必要である。

引用文献

Arpan, L. M., & Raney, A. A. (2003). An experimental investigation of news source and the hostile media effect. *Journalism & Mass Communication Quarterly, 80*(2), 265–281.

Barnidge, M., Gunther, A. C., Kim, J., Hong, Y., Perryman, M., Tay, S. K., & Knisely, S. (2020). Politically motivated selective exposure and perceived media bias. *Communication Research, 47*(1), 82–103.

Cappella, J. N. (2002). Cynicism and social trust in the new media environment. *Journal of Communication, 52*(1), 229–241.

Cappella, J. N., & Jamieson, K. H. (1996). News frames, political cynicism, and media cynicism. *The Annals of the American Academy of Political and Social Science, 546*(1), 71–84.

Cappella, J. N., & Jamieson, K. H. (1997). *Spiral of cynicism: The press and the public good.* Oxford University Press on Demand. 〔平林紀子・山田一成（監訳）(2005). 政治報道とシニシズム：戦略型フレーミングの影響過程　ミネルヴァ書房〕

Festinger, L. (1957). *A theory of cognitive dissonance.* Stanford, CA: Stanford University Press. 〔末永俊郎（監訳）(1965). 認知的不協和の理論：社会心理学序説　誠信書房〕

Giner-Sorolla, R., & Chaiken, S. (1994). The causes of hostile media judgments. *Journal of Experimental Social Psychology, 30*(2), 165–180.

Hansen, G. J., & Kim, H. (2011). Is the media biased against me? A meta-analysis of the hostile media effect research. *Communication Research Reports, 28*(2), 169–179.

Johnson, B. K., Neo, R. L., Heijnen, M. E., Smits, L., & van Veen, C. (2020). Issues, involvement, and influence: Effects of selective exposure and sharing on polarization and participation. *Computers in Human Behavior, 104*, 106155.

Lee, J. (2020). Political polarization and selective sharing in Korea: Exploring the role of presumed media influence and hostile media perception, *Journal of Law, Politics and Sociology, 93*(12), 325–342.

李光鎬 (2020). メディアシニシズムと政治情報源の利用：韓国社会における政治的極性化を背景に　メディア・コミュニケーション（慶應義塾大学メディア・コミュニケーション研究所紀要），*70*, 19–27.

李光鎬 (2021). メディアシニシズムの要因と結果：敵対的メディア認知および「ポスト真実主義的態度」との関連　メディア・コミュニケーション（慶應義塾大学メディア・コミュニケーション研究所紀要），*71*, 103–116.

Pennycook, G., & Rand, D. G. (2019). Lazy, not biased: Susceptibility to partisan fake news is better explained by lack of reasoning than by motivated reasoning. *Cognition, 188*, 39–50.

Perloff, R. M. (2015). A three-decade retrospective on the hostile media effect. *Mass Communication and Society, 18*(6), 701–729.

Reid, S. A. (2012). A self-categorization explanation for the hostile media effect. *Journal of Communication, 62*(3), 381–399.

Schmitt, K. M., Gunther, A. C., & Liebhart, J. L. (2004). Why partisans see mass media as biased. *Communication Research, 31*(6), 623–641.

Schwarz, N., & Bless, H. (1992). Scandals and the public's trust in politicians: Assimilation and contrast effects. *Personality and Social Psychology Bulletin, 18*(5), 574–579.

清水裕士 (2016). フリーの統計分析ソフト HAD：機能の紹介と統計学習・教育，研究実践における利用方法の提案　メディア・情報・コミュニケーション研究，*1*, 59–73.

Sindermann, C., Cooper, A., & Montag, C. (2020). A short review on susceptibility to falling for fake political news. *Current Opinion in Psychology, 36*, 44–48.

Tsfati, Y., & Cohen, J. (2005). Democratic consequences of hostile media perceptions: The case of Gaza settlers. *Harvard International Journal of Press/Politics, 10*(4), 28–51.

Tsfati, Y., & Peri, Y. (2006). Mainstream media skepticism and exposure to sectorial and extranational news media: The case of Israel. *Mass Communication & Society, 9*(2), 165–187.

Vallone, R. P., Ross, L., & Lepper, M. R. (1985). The hostile media phenomenon: Biased perception and perceptions of media bias in coverage of the Beirut massacre. *Journal of Personality and Social Psychology, 49*(3), 577.

第2章　政治報道に対する批判

大坪寛子

　マスメディア報道に対しては、様々な立場からの様々な意見がある。放送に対する視聴者の意見は、NHK と日本民間放送連盟が設立した第三者機関である放送倫理・番組向上機構（BPO）のウェブサイトで見ることができるが、近年は SNS 上で目にすることも多い。本研究では、このようなマスメディア報道への意見の中でも、特に政治に関する報道への批判を対象に、2 つの観点から検討を行う。1 つはオーディエンスの規範意識からの検討で、オーディエンスが「こうあるべき」と考える規範意識を明らかにする。2 つ目はオーディエンスの認知上のバイアスからの検討である。オーディエンスの認知には、メディア報道は自身が支持する立場とは逆の立場に好意的に偏っているとする「敵対的メディア認知」が生じることが明らかになっており（Vallone et al., 1985）、政治報道に対する批判は、このようなオーディエンスの党派性に基づいた認知上のバイアスが作用していることが考えられるからである。この検討のために、2021 年 1 月、関東地方在住の 20 代から 60 代の年齢層の男女各 100 名のウェブモニターを対象に「政治報道に関する調査」を実施した（n=1,000、年齢：M=44.63, SD=13.95）。なお本研究では、マスメディアの政治報道として、現在も広く利用されている地上波テレビのニュース報道に特に注目した。

1．近年の政治報道に対する批判の動向

予備調査の実施

　本調査に先立ち、政治報道に対しオーディエンスはどのような批判を行っているのかを把握するため、BPO のウェブサイトで閲覧可能な視聴者意見を使って予備調査を実施した。2015 年 4 月から 2020 年 9 月までの間に掲載された 1,555件の中から、政治に関する報道への意見と判断された 219 件を対象とした。その内容を KJ 法によって分類すると、最も頻繁に出現したのは報道の公平性に関する批判であった。番組のキャスターや司会者、登場するコメンテーター、番組

全体のトーンなどに対して「公平性に欠ける」と訴えたものが多く見られた。また、「事実に基づいていない」、「根拠が明示されていない」など報道された内容の正確性に関する批判もしばしば見られた。国会中継や選挙報道がないことや問題となっている争点について十分に伝えられていないことなど、情報が十分にカバーされておらず、市民の知る権利に応えていないことへの批判も少なくなかった。さらに、権力を監視するというメディアの役割を果たしていないという批判や、情報を伝える上での演出や取材の方法などに対する批判もあった。この予備調査の結果をふまえ、本調査ではテレビのニュース報道に対する主要な批判点として「公平性」、「正確性」、「情報のカバー度」を設定した。

本調査の結果

本調査では、これら3つの主要な批判点について、NHKのニュース番組、民放のニュース番組、民放の情報番組（いわゆるワイドショー）でのニュース関連報道に対し、直近の5、6年の間に問題を感じた頻度について尋ねた。回答は「よくあった」、「ときどきあった」、「たまにあった」、「ほとんどなかった」、「全くなかった」に「わからない」を加えた6件で求めた。「わからない」との回答は全体の約30％にもなったが、本研究は政治報道に対して批判的な態度の人々に注目した分析が目的であるため、上記の9項目すべてに「わからない」もしくは「全くなかった」を選択した回答者（$n=209$）は分析の対象外とした。

そのうえで、「わからない」を欠損値扱い、「全くなかった」から「よくあった」を0〜4として、分析対象の791名について、NHKニュース番組、民放ニュース番組、民放情報番組の3つの番組タイプ別に「公平性」、「正確性」、「情報のカバー度」という3つの批判点の平均値を算出し、対応のある一元配置分散分析によって比較した（表2-1）。

同一番組タイプ内の3つの批判点間の比較では、いずれの番組タイプでも「正確性」がやや低めではあったが、民放は両番組タイプとも、これらの批判点間に有意差はなかった。NHKのニュース番組のみ有意差があり（$p=.001$）、「正確性」（$M=1.88$, 95%CI［1.79, 1.97］）に比べて「情報のカバー度」（$M=2.01$, 95%CI［1.92, 2.10］）に対する批判の方が有意に高かった（$p<.001$）。ただし、その効果量は小さく（$d=.108$, 95%CI［.003, .212］）、平均値の95％信頼区間にもわずかに重なりがあり、結果はやや不安定であった。

一方、同一批判点での番組タイプ間の比較ではいずれの点についても有意差があり（$p<.001$）、3つの批判点ともにNHKのニュース番組が最も低く、民放の2

表2-1 番組タイプ別および批判点別に見た番組への批判的態度 （$0 \leq M \leq 4$）

	n	公平性 (F)	正確性 (A)	情報の カバー 度 (C)	F	df	p 値	η^2	多重比較 （$p<.05$）
NHK ニュース 番組	704	1.95	1.88	2.01	7.36	2,1406	.001	.010	A<C
民放 ニュース 番組	760	2.23	2.17	2.22	2.39	2,1518	.094	.003	
民放情報 番組	747	2.27	2.21	2.25	2.22	2,1492	.110	.003	
		NHKニュース (NN)	民放ニュース (民N)	民放情報 （民情）					
公平性	777	1.76	2.18	2.18	60.74	2,1552	<.001	.073	NN<民N, NN<民情
正確性	777	1.70	2.12	2.13	70.26	2,1552	<.001	.083	NN<民N, NN<民情
情報の カバー度	778	1.82	2.17	2.16	49.18	2,1554	<.001	.060	NN<民N, NN<民情

つの番組タイプとの間に有意差があった（いずれの間とも $p<.001$）。効果量をみても、最も小さかった「情報のカバー度」についてのNHKニュース番組と民放情報番組の間でも一定程度の大きさがあり（$d= .273$, 95%CI ［.173, .372］）、NHKのニュース番組よりも、民放のニュース番組および情報番組への批判が明確に高いことが確認された。民放の両タイプの番組間には有意差はなかった。

　これらの結果から、3つの批判点については、有意差があったNHKのニュース番組でも安定的とはいえなかったため、特に分けて検討する必要性はないと判断し、統合することにした。また、番組タイプについても、NHKニュース番組と民放の2つの番組タイプとの間には明白な差があったが、民放の両タイプの番組間には差は認められなかったため、この2タイプを統合することにした。以下の分析では、政治報道に対する批判的態度を表す従属変数として、NHKのニュース番組に対する3点からの批判を合算した「NHKニュース番組批判」（$M=5.84$, $SD=3.29$）と、民放のニュース番組と民放の情報番組に対する3点からの批判を合算して番組タイプ数の2で割った「民放ニュース関連番組批判」（$M=6.56$, $SD=3.26$）の2つを使用する（いずれも $0 \leq M \leq 12$）。

　なお、これらの従属変数それぞれについて、3つの批判点のすべてに「わからない」を選択した回答者は分析の対象から外すことにした。その結果、「NHKニュース番組批判」については87名を新たに除いた704名、「民放ニュース関連番組批判」については24名を新たに除いた767名が分析対象となった。

2. マスメディア報道に対するオーディエンスの規範意識と
政治報道への批判

マスメディア報道の規律に関する議論

マスメディアに対する規律として、放送メディアには、新聞や雑誌などの印刷メディアとは異なり、放送法と電波法に代表される法律がある。いずれも1950年に制定されたもので、電波が公的財産であること、電波（周波数）が有限で稀少であること、衝撃性（社会的効果性）が大きいこと、が制定の根拠とされた（山田, 2010）。放送法については、2015年11月に「放送法遵守を求める視聴者の会」が、テレビのニュース報道が4条1項2号の「政治的に公平であること」に違反していると訴える意見広告を出して話題となったが、この規定に関しては、法律という位置づけにあるものの、憲法第21条にうたわれている表現の自由をふまえると、倫理規範であると解釈されている（放送倫理・番組向上機構［BPO］放送倫理検証委員会, 2015; 川端, 2019; 鈴木, 2017）。マスメディア報道に対する規律とは、主に倫理的なものと考えても差し支えないであろう。

それではマスメディア報道の倫理とはどのようなものであるのか。マスメディアの事業者は、新聞では日本新聞協会の加盟社が「新聞倫理綱領」を、放送では、NHKと日本民間放送連盟が「放送倫理基本綱領」を定め、さらにそれに基づいて番組基準や放送基準、より具体的なガイドラインなどを策定して、自らに課す倫理基準としている。BPOで放送人権委員会の委員長も務めた三宅（2016）は、放送事業者が自ら定めたこれらの倫理基準の内容をふまえ、放送倫理の主な要素を「事実の正確さ」、「客観性、公平・公正」、「真実に迫る努力」、「表現の適切さ」、「誠実な姿勢と対応」の5項目に整理している。

この5項目は、マスメディア組織の内部である事業者と、外部の第三者委員会であるBPOの両方が了解している放送倫理の要素といえるかもしれない。内部から外部の立場となった原（2009）は、ジャーナリズムでなければできない仕事として、権力の監視、正義の追求を挙げ、それが危機的状況にあると訴えたが、これも報道を担う専門家の倫理といえる。外部の研究者の立場からは、渡辺（2004）はメディアの倫理を、メディアによる「オーディエンスの知る権利にたいする奉仕」という職務的責任に忠実であるかどうかを内外が判定する基準とし、山田（2021）は、理想としてのジャーナリズムあるいはジャーナリスト像と密接に関係しているジャーナリズムの倫理について、「信頼性」、「真実性」、「人権配

表 2-2　規範意識に関する回答結果 （*n*=769，0≦*M*≦6）

	M	SD
ニュース報道の基準の同一性		
公共放送である NHK も、民間放送（民放）も、ニュース番組であるならば、報道として求められる基準は同じであるべきだ	4.38	1.58
民放テレビのニュース番組も情報番組も、ニュースを報道するならば、報道として求められる基準は同じであるべきだ	4.31	1.59
インターネット上のみで配信されている番組やコンテンツも、ニュースを報道するならば、報道として求められる基準はテレビと同じであるべきだ	4.18	1.54
さまざまな立場からの意見をできるだけ多くとりあげ、報道すべき情報は十分に伝えて、人々の知る権利にこたえるべきだ	4.33	1.53
マスメディアは独立した機関として政府から距離をとり、権力を監視するという役割を果たすための報道をするべきだ	4.09	1.57
政府が発表した政策や方針については、政府の説明をそのまま伝えるだけでなく、考えられる問題点や影響などについて重点的に報道するべきだ	4.02	1.52
形式的中立性		
意見が分かれている問題については、テレビやラジオの番組キャスターや司会者は、意見や論評を控えるべきだ	3.45	1.79
意見が分かれている問題については、賛成の意見と反対の意見が同じ割合になるように報道するべきだ	3.90	1.66
政府が発表した政策や方針については、意見や論評を差しはさまず、その内容を事実として忠実に伝えることに徹するべきだ	3.82	1.74
誰かの意見や論評を報道するときは、その根拠となる事実の正確性が確認できないならば、そのまま報道するべきではない	4.28	1.56

慮」、「公正さ」、「透明性」、「公共性・公益性」の 6 つの観点から述べている。

オーディエンスの規範意識とニュース批判についての分析結果

　では、オーディエンスはマスメディア報道に対してどのような規範意識をもっているのだろうか。これを明らかにするために、三宅（2016）の放送倫理の整理、山田（2021）や原（2009）の述べるジャーナリズム倫理、山下（2019）の調査結果にみる「政治的公平性」の解釈の多様性、BPO へ寄せられた意見などを参考に 10 項目の質問を作成し、回答を「全くそう思う」から「全くそう思わない」の 6 件に「わからない」を加えた 7 件で求めた。「わからない」を 3、「全くそう思わない」を 0、「全くそう思う」を 6 として平均値を算出した（表 2-2）。10 項目すべてに「わからない」と回答した者（*n*=22）は分析対象から外した。
　この 10 項目について、値を標準化した後に因子分析（最尤法、バリマックス回転）を行い、2 因子を抽出した（詳細は大坪，2022）。第 1 因子は、NHK と民放のニュース番組の基準の同一性、民放テレビのニュース番組と情報番組の基準の

同一性、インターネット上のみで配信されている番組やコンテンツとテレビの
ニュース報道番組の基準の同一性を述べた3項目の因子負荷量が大きく、「ニュー
ス報道の基準の同一性」と命名した（$\alpha = .879, M=0.00, SD=0.92$）。第2因子は、
司会は中立であるべき、賛否の意見は同率であるべき、などを主張する4項目
がまとまり、「形式的中立性」とした（$\alpha = .777, M=0.00, SD=0.85$）。

　これらの規範意識とテレビでのニュース報道への批判的態度との相関関係は、
NHKニュース番組との間には「ニュース報道の基準の同一性」（$r= .178$,
$p< .001$）も「形式的中立性」（$r= .271, p< .001$）も有意な正の関係、民放のニュー
ス関連番組との間にも「ニュース報道の基準の同一性」（$r= .335, p< .001$）と「形
式的中立性」（$r= .296, p< .001$）のいずれも有意な正の関係があった。その関係
の強さをNHKと民放とで比較すると、「形式的中立性」はほぼ同程度であった
のに対し、「ニュース報道の基準の同一性」はNHKよりも民放との間の方が強
く、この規範意識に基づいた批判は、NHKよりも民放のニュース関連番組への
批判と、より強く結びついていることが示された。

　オーディエンスに「ニュース報道の基準の同一性」という規範意識があること
から、オーディエンスは、公共放送であろうが民間放送であろうがインターネッ
ト上のみで配信される番組であろうが、ニュースは同じ基準で報道されるべき、
と考えていることが明らかになった。オーディエンスが求めるニュースとしての
基準とは、同じ次元に「人々の知る権利にこたえるべき」、「権力を監視するとい
う役割を果たすべき」、「政府の説明をそのまま伝えるだけでなく考えられる問題
点や影響などを報道するべき」などの項目があるので、こうした伝統的なジャー
ナリズム倫理が該当すると考えられよう。

　もう一方の「形式的中立性」という規範意識は、具体的には番組のキャスター
や司会者は意見や論評を控えるべき、意見が分かれている問題は賛否の割合を等
しく報道するべき、などの信念に基づくもので、まさに測定可能な指標で定量的
に判断される中立性を求めるものであった。この規範との関係の強さはNHKも
民放も同程度であったので、どちらの番組に対しても、この規範に基づく批判が
同程度に向けられていることが示唆された。

3. メディア報道に対するオーディエンスの認知的バイアスと政治報道への批判

敵対的メディア認知についての先行研究

　オーディエンスの政治的志向性によって、メディアの同じコンテンツに対する認知に違いが生じることを最初に見出したのはバローネら（Vallone et al., 1985）であった。1982年に起きたレバノンの難民キャンプでの大量虐殺事件のテレビ報道に対し、イスラエルに支持的な学生が、その報道を非常に反イスラエルに偏っていると見ていたのに対し、アラブに支持的な学生は、全体的にイスラエルに好意的な方向に偏っていると見ていたのである。このように、オーディエンスがメディア報道を自身の支持する立場とは反対方向に偏っていると認知する現象をバローネらは「敵対的メディア現象」と呼んだ。

　近年はこれを「敵対的メディア認知」として、新たな変数との関係やオンラインでのメディア利用との関係が検討されている。リンら（Lin et al., 2016）は、幅広い年齢層を対象に、政治的イデオロギー（保守的かリベラルか）や政治シニシズムの他、自身が所属している政治的集団に対する世間の評価（集団の地位）や自身が好ましいと思う政党と対立する政党に対する態度（集団間バイアス）、また、政治情報を得るためのメディアの利用動機や大統領選のキャンペーン情報を得るために新旧メディアへ接触した頻度などとの関係について検討を行い、敵対的メディア認知が高いほど、自身が所属する政治的集団の地位が世間で低く評価されていると認知し、集団間バイアスが強く、保守的な立場で、政治シニシズムが強いことを見出した。また、ラジオや動画共有サイトの利用は敵対的メディア認知を高めていたのに対し、テレビ利用は和らげる方向に関係があった。

　ウィークスら（Weeks et al., 2019）は、ソーシャルメディアの利用とオーディエンスの感情的反応に注目した研究を行った。その結果、敵対的メディア認知は、2016年の大統領選のキャンペーン報道でトランプ候補の支持者であることや政治シニシズムなどの要因の他、支持する候補者への熱意や対立候補への怒りといった感情的な反応と有意な関係があることを見出した。

　ケリー（Kelly, 2019）は、近年、党派的な人々の間で政治的志向性が合致するニュースの情報源こそ客観的で信憑性が高いと認知されている現象に注目して実験を行い、どちらの政党支持者も、自身の政治的志向性と一致しない報道に対しては敵対的方向への大きな偏りがあると認知する一方で、自身の政治的志向性と

一致する報道に対しては、内容の信憑性の評価が高いことを確認した。そして、政治的に偏ったニュース情報源の人気は、オーディエンスが「客観的」で「信憑性のある」ニュースを求めた結果であると結論づけた。なお、こうした認知のバイアスは、民主党支持者よりも共和党支持者の方に強く現れていた。

　これらの研究では、敵対的メディア認知が党派性、特に保守政党である共和党、トランプ支持と関連が強いことを明らかにしているが、先行研究の中には、政治的な党派性ではなく、地元チームとライバルチームのような自分の支持する組織や団体などに基づいた立場によって、スポーツ報道に対する敵対的メディア認知が生じることを見出したものもある（Arpan & Raney, 2003）。

敵対的メディア認知とニュース批判についての分析結果

　この敵対的メディア認知とニュース報道への批判との関係を検討するために、以下のような方法を用いて測定し、分析を行った。

①敵対的メディア認知の測定

　敵対的メディア認知の測定には、李（2021）を参考に質問項目を設定した。テレビ番組での報道で、「私の考え」と「私が好きでない人々や国」について、同じ立場よりも対立的立場の方が、放送時間の長さ、意見を述べる人数、全体的な印象の3点において有利に扱われていると感じた頻度を尋ねた。回答は、「よくあった」、「ときどきあった」、「たまにあった」、「ほとんどなかった」、「全くなかった」に「わからない」を加えた6件で求めた。

　これら6項目の質問に対し、すべて「わからない」を選択した回答者120名はこの分析の対象から外した。そのうえで、「わからない」と「全くなかった」を0として、感じた頻度が高いほど数値が高くなるように変換して各項目の平均値を算出した（$n=671, 0 \leqq M \leqq 4$）。最も高かったのは「私の考え」に敵対する意見の「放送時間の長さ」（$M=1.90, SD=1.11$）で、最も低かったのは「私が好きではない人々や国」に対して敵対的な立場、すなわち擁護する意見の「放送時間の長さ」（$M=1.63, SD=1.11$）であった。

　これらの項目間にはいずれも中程度以上の強さの相関関係があり、6項目の内的整合性は高かった（$\alpha = .911$）。そこで、以下の分析では、これらの項目を統合して使用することにした。後に重回帰分析で使用することも考慮し、各項目の数値を標準化して主成分分析を行い、その主成分得点を「敵対的メディア認知」として以下の分析に使用することにした（$M=0.00, SD=1.00$）。

②政治的志向性の測定

　政治報道に対する敵対的メディア認知を生じさせる党派性として、回答者の政治的志向性を、時の内閣の政策に対する態度によって測定した。李（2021）を参考に、調査実施時の菅内閣が安倍前政権の時代から基本的に引き継いだ5つの政策を設定した。具体的には、同性婚（認めない）、法人税（負担減）、靖國神社参拝（問題なし）、辺野古への基地移設（推進）、原子力発電（活用）である（かっこ内は菅政権の立場）。これらの政策に対する態度を、「賛成」、「どちらかと言えば賛成」、「どちらとも言えない」、「どちらかと言えば反対」、「反対」の5件法で求めた。「どちらとも言えない」を0として、菅政権の政策を支持する方向が正、支持しない方向が負となるように、−2から+2までの値に変換した。

　全体的に時の政権の政策に一律に同じ態度を示すという傾向は見られず、これら5項目の内的整合性は低かったが（α＝.447）、この5項目すべてを使用することにした。5項目の合算値によって回答者を3群に分け、2から10を示した189名（23.9%）を「政権支持群」、−2から−10を示した215名（27.2%）を「政権批判群」、−1から+1を示した387名（48.9%）を「中道群」とした。また、正の値のみを採用し、それ以外の値は0とした「政権支持度」、逆に負の値のみを採用し、それを絶対値に変換してそれ以外の値は0とした「政権批判度」という2つの変数を新たに設定した。

③敵対的メディア認知と政治的志向性との関係の確認

　回答者の政治的志向性によって敵対的メディア認知が異なることを確認するため、「政権支持群」、「中道群」、「政権批判群」の3群間で「敵対的メディア認知」の平均値を比較したところ、3群の平均値には有意差があった（$Welch$＝22.85, df＝2,334.24, p＜.001, $\eta 2$＝.076, 95%CI［.040, .115］）。最も高かった「政権支持群」（M＝0.46, SD＝1.15）は、次に高かった「政権批判群」（M＝−0.03, SD＝0.98）との間（p＜.001, d＝.506, 95%CI［.320, .692］）にも、最も低かった「中道群」（M＝−0.22, SD＝0.84）との間（p＜.001, d＝.699, 95%CI［.510, .887］）にも、有意差と「中」から「大」の間の大きさの効果量があり、明白な差があることが確認された。「政権批判群」と「中道群」との間には有意差（p＝.040）はあったが、効果量は小さく（d＝.193, 95%CI［.009, .377］）、平均値の95%信頼区間にも重なりがあり、その差は安定しているとはいえなかった。

　「敵対的メディア認知」との相関分析では、「政権支持度」とは有意な正の関係があったが（r＝.273, p＜.001）、「政権批判度」との関係は有意でなかった。これ

らの結果から、敵対的メディア認知は、中道の人々に比べると政治的志向性が明確な人々の方が高いが、その中でも、政権支持的な人々は政権批判的な人々よりも明白に高いことが示された。とはいえ、敵対的メディア認知と政権支持度との間の関係も、それほど強いものではなかったことから、敵対的メディア認知は必ずしも政策への賛否に基づく党派性のみから生じるわけではないことも示唆された。

結果：敵対的メディア認知とニュース報道批判との関係

　敵対的メディア認知とニュース報道への批判との関係をみるために、NHKと民放の番組それぞれとの相関分析を行った。その結果、NHKのニュース番組への批判との間には $r=.535$（$p<.001$）、民放のニュース関連番組への批判との間には $r=.523$（$p<.001$）と、どちらに対しても同程度のやや強い関係があった。

　これまでの分析で、敵対的メディア認知は、政権の政策への賛否から判断される党派性のみから生じるわけではないことが示唆されているため、偏相関分析によって、党派性を表す「政権支持度」と「政権批判度」の影響を取り除いた後の敵対的メディア認知と番組批判との関係を確認した。その結果、NHKのニュース番組とは $r=.493$（$p<.001$）、民放のニュース関連番組とは $r=.470$（$p<.001$）と、どちらに対してもやはり中程度の強さの関係があった。

　これらの結果から、NHKに対してであれ、民放に対してであれ、ニュースへの批判と敵対的メディア認知とは明白な関係があり、敵対的メディア認知が高いほど番組への態度が批判的であることが示された。そしてその番組への批判をもたらす敵対的メディア認知は、政策への賛否に基づいた党派性だけから生じているわけではないことも明らかになった。

4. 政治報道への批判と関係のある要因間についての検討

　これまでの分析により、テレビのニュース報道への批判には、「ニュース報道の基準の同一性」と「形式的中立性」という2つの規範意識、そして「敵対的メディア認知」が関係していることが明らかになった。さらに、敵対的メディア認知は政策への賛否に基づいた党派性のみから生じるわけではないことも明らかになった。ここでは、テレビのニュース報道への批判に対するこれらの要因間の説明力について検討する。NHKニュース番組への批判と、民放のニュース関連番組への批判をそれぞれ従属変数とし、説明変数には「敵対的メディア認知」、

表 2-3　ニュース番組への批判を従属変数とした重回帰分析の結果

	NHK ニュース番組への批判 (n=608)	民放ニュース関連番組への批判 (n=648)
	β（標準偏回帰係数）	β（標準偏回帰係数）
教育年数	.049	.046
敵対的メディア認知	.437***	.381***
ニュース報道の基準の同一性	.048	.232***
形式的中立性	.141***	.128***
政権支持度	.099*	.155***
政権批判度	.085*	.047
F 値	46.065***	63.920***
R^2	.315	.374
調整済み R^2	.308	.368

* $p < .05$, *** $p < .001$

「ニュース報道の基準の同一性」、「形式的中立性」、そして党派性を表す「政権支持度」と「政権批判度」、さらに統制変数として、あらかじめ行った 4 つの人口統計学的変数（年齢、性別、世帯年収、教育年数）のみを投入したステップワイズの重回帰分析で両従属変数に有意であった「教育年数」を投入し、強制投入法による重回帰分析を行った。その結果を示したものが表 2-3 である。

　NHK のニュース番組への批判に対しては、規範意識では「形式的中立性」のみが有意であった。「敵対的メディア認知」は、共に有意であった党派性を表す 2 つの要因の影響を取り除いても有意であった。統制変数の「教育年数」を投入した後に各変数を投入した際の部分決定係数（$\varDelta R^2$）によって説明力を比較すると、「敵対的メディア認知」（$\varDelta R^2 = .269$）は、それに続く「形式的中立性」（$\varDelta R^2 = .088$）や「政権支持度」（$\varDelta R^2 = .048$）よりもはるかに大きな説明力があった。

　一方、民放のニュース関連番組への批判では、規範意識は「ニュース報道の基準の同一性」と「形式的中立性」が共に有意であった。「敵対的メディア認知」は、やはり党派性の 2 要因から独立して有意であり、その説明力も大きかった（$\varDelta R^2 = .260$）。規範意識では「ニュース報道の基準の同一性」（$\varDelta R^2 = .126$）の方が「形式的中立性」（$\varDelta R^2 = .101$）よりもやや説明力が高く、党派性については「政権支持度」（$\varDelta R^2 = .078$）のみが有意であった。

　このように、ニュース報道に対する批判には、NHK に対しても民放に対しても敵対的メディア認知が大きく作用していた。それよりは説明力は小さいが「形式的中立性」の規範意識も関係があった。「ニュース報道の基準の同一性」の規

範意識は民放に対してのみ有意であり、この規範意識が高いほど民放のニュース関連番組に対して批判的であることが明らかになった。また、「政権批判度」はNHKに対してのみ有意で、政権の政策に批判的であるほどNHKのニュース報道に批判的であることも明らかになった。敵対的メディア認知は、党派性の影響を取り除いてもなお、ニュース報道への批判に大きな説明力をもつことが示された。

5. 政治報道に態度を明示しない人々との比較

　本研究は政治報道に批判的な人々について検討することが目的であるため、NHKのニュース番組や民放のニュース関連番組に対し、「公平性」、「正確性」、「情報のカバー度」の観点から何らかの批判的態度を示した回答者（n=791）のみを分析対象としてきた。だがここで、分析対象としなかった人々、すなわちこれらの番組に対していずれの観点からも全く問題を感じたことがない、あるいはすべて「わからない」と回答して態度を明示しなかった回答者（n=209）にも目を向け、両者を比較することによって、それぞれの特徴を確認してみたい。

　本研究で測定した6つの量的変数について、両者の平均値をt検定で比較したところ、NHKのニュース番組や民放のニュース関連番組に対して批判的態度を全く示さなかった人は、教育歴、敵対的メディア認知、総合得点としての規範意識、政権支持度が有意に低かった（いずれも$p < .001$）。年齢は低い傾向（$p = .085$）、政権批判度も低い傾向（$p = .096$）が見られた。メディア利用についても、調査で設定した10項目のすべてにおいて有意に低かった（いずれも$p < .001$）。

　このように、ニュース報道に対して批判的態度を全く示さなかった人は、全体的に態度が消極的で、メディア利用も少なく、社会への関心が低いことが示唆された。さらに、本研究と同じデータを使用して政治参加に消極的な人々の特徴について分析した大坪（Otsubo, 2022）の分類を当てはめてみると、ニュース番組に対して批判的態度を全く示さなかった人は、その62.2％が政治参加に消極的で、何らかの批判的態度を示した人の中での割合（31.5％）よりも有意に高かった。中でも政治参加に関する態度を全く表示しなかった割合は30.1％にも上り、批判的態度を示した人の中での割合（2.4％）と大きく異なっていた。ニュース報道に批判的態度を示さなかった人の中には、テレビのニュース報道に全く問題を感じていない人も、逆に積極的な理由で全く視聴していないために判断できないという人も含まれているだろう。だが、その多くは、関心の低さから対象への態度が全く形成されていない人々のように思われる。これは民主主義の基本である

政治参加とも関連する問題である。

6. まとめと考察

　本研究では、政治報道としてテレビのニュース報道に注目し、こうした報道に対するオーディエンスの批判的態度と、オーディエンスの規範意識および認知上のバイアスである敵対的メディア認知の2つの観点から検討してきた。その結果、政治報道に対するオーディエンスの規範意識は「ニュース報道の基準の同一性」と「形式的中立性」という2つの次元から構成されており、そのいずれも批判的態度と関係があることが明らかになった。また、敵対的メディア認知は、この2つの規範意識よりも関係が強いことも明らかになった。

　オーディエンスが「ニュース報道の基準の同一性」という規範意識をもっているという結果から、オーディエンスは、公共放送であろうが民間放送であろうが、インターネット上のみで配信される番組であろうが、それがニュースである以上は同じ基準で報道されるべき、と考えていることが明らかになった。オーディエンスにとっては、それが公共放送のニュースなのか商業放送のニュースなのか、あるいは「基幹放送」と位置づけられる伝統的な放送メディアのニュースなのかインターネットによる配信のみで提供されるニュースなのか、といった違いは、あまり意識されていないのかもしれない。この規範意識はNHKに対しては有意ではなく民放に対してのみ有意であったことから、オーディエンスのニュース基準に照らすとNHKのニュース番組の方が民放のニュース関連番組よりもニュースとしての基準を満たしているという意味での評価が高いということができ、本調査の結果とも整合する。この次元には「人々の知る権利にこたえるべき」、「権力を監視するという役割を果たすべき」、「政府の説明をそのまま伝えるだけでなく考えられる問題点や影響などを報道するべき」といった項目も含まれており、こうした伝統的なジャーナリズムの倫理がオーディエンスのニュース基準に該当すると考えられた。オーディエンスの報道に対する規範意識には「形式的中立性」という次元もあり、これは形式的で定量的に判断可能な中立性を求めるものであるが、NHKと民放のそれぞれのニュース報道に対する批判的態度と関係していた。

　認知上のバイアスである敵対的メディア認知に関しては、本研究では先行研究の多くで見られたように党派性に基づいて生じると仮定して検討を行い、敵対的メディア認知は政治的に中道の人よりも政治的志向性が明白な人の方が高く、と

りわけ政権支持的な人は政権批判的な人よりも大幅に高いことを確認した。ここで政権支持的な人とは保守的な立場の人とも言い換えることができようが、アメリカでの共和党支持者、あるいはトランプ支持者であることが敵対的メディア認知と有意な正の関係を示した先行研究（Kelly, 2019; Lin et al., 2016; Weeks et al., 2019）と整合性のある結果となった。この敵対的メディア認知は、NHKのニュース番組批判とも民放のニュース関連番組批判とも、やや強い正の相関関係があり、敵対的メディア認知が高いほどニュース報道に対する批判が高まることが示された。同じニュース報道を見ても、敵対的メディア認知が高い人は、その認知上のバイアスによって、報道に対する批判が強まるということである。

　ただし、敵対的メディア認知は政策に基づいた党派性のみから生じるわけではないことも明らかになった。時の政権の政策に対する賛否から「政権支持度」と「政権批判度」という変数を設定し、これらの変数で捉えた党派性の影響を取り除いても、敵対的メディア認知はテレビのニュース番組への批判的態度と中程度の強さの有意な正の関係があり、しかも、NHKのニュース番組に対しても民放のニュース関連番組に対しても、党派性も含め検討した要因の中で、説明力が最も大きかった。敵対的メディア認知のうち、党派性がもたらす部分は限定的であったのである。では、党派性以外の何が敵対的メディア認知を生じさせるのであろうか。それを明らかにできなかったのは本研究の限界点であるが、考えられる要因として、本研究では測定できなかった政策に基づかない政治的志向性、政治に限らない個人の見解（Perloff, 2015）、個人的な好み、怒り（Arpan & Nabi, 2011）等の感情的反応、などが挙げられよう。

　本研究で分析対象となったオーディエンスは、何らかの批判的な態度を示しながらもテレビのニュース報道に接触していた。ニュース報道を敵対的と認知したとしても、自己の立場と対抗する立場の意見や見解にも接していたのである。しかし、今後もオーディエンスが、こうした敵対的と認知する政治報道への接触を続けていくとは限らない。そうした報道は回避し、同志的で心地よい情報だけに接触するフィルターバブル（Pariser, 2011＝2016）に完全に閉じこもる方向に移行することも十分に考えられる。政治報道に対する批判が存在することは、民主主義の健全性を示しているともいえるかもしれない。

引用文献

Arpan, L. M., & Nabi, R. L. (2011). Exploring anger in the hostile media process: Effects on news preferences and source evaluation. *Journalism & Mass Communication Quarterly,*

68(1), 5–22.

Arpan, L. M., & Raney, A. A. (2003). An experimental investigation of news source and the hostile media effect. *Journalism & Mass Communication Quarterly, 80*(2), 265–281.

原寿雄 (2009). ジャーナリズムの可能性　岩波書店

放送倫理・番組向上機構［BPO］放送倫理検証委員会 (2015).「NHK 総合テレビ『クローズアップ現代』"出家詐欺"報道に関する意見」（放送倫理検証委員会決定第 23 号）https://www.bpo.gr.jp/wordpress/wp-content/themes/codex/pdf/kensyo/determination/2015/23/dec/0.pdf

川端和治 (2019). 放送の自由：その公共性を問う　岩波書店

Kelly, D. (2019). Evaluating the news: (mis) perceptions of objectivity and credibility. *Political Behavior, 41*, 445–471.

李光鎬 (2021). メディアシニシズムの要因と結果：敵対的メディア認知および「ポスト真実主義的態度」との関連　メディア・コミュニケーション（慶應義塾大学メディア・コミュニケーション研究所紀要）, *71*, 103–116.

Lin, M.-C., Haridakis, P. M., & Hanson, G. (2016). The role of political identity and media selection on perceptions of hostile media bias during the 2012 presidential campaign. *Journal of Broadcasting & Electronic Media, 60*(3), 425–447.

三宅弘 (2016). 放送人権委員会の判断した放送倫理　三宅弘・小町谷育子　BPO と放送の自由：決定事例からみる人権救済と放送倫理（pp.156-182）　日本評論社

大坪寛子 (2022). 政治報道に対する批判　メディア・コミュニケーション（慶應義塾大学メディア・コミュニケーション研究所紀要）, *72*, 69–83.

Otsubo, H. (2022). An exploratory analysis of Japanese voters who are reluctant to participate in politics. *Keio Communication Review, 44*, 45–60.

Pariser, E. (2011). *The filter bubble: What the Internet is hiding from you*. Penguin Press.〔井口耕二（訳）(2016). フィルターバブル：インターネットが隠していること　ハヤカワ文庫〕

Perloff, R. M. (2015). A three-decade retrospective on the hostile media effect. *Mass Communication and Society, 18*, 701–729.

鈴木秀美 (2017). 放送の自由（増補第 2 版）　信山社

Vallone, R. P., Ross, L., & Lepper, M. R. (1985). The hostile media phenomenon: Biased perception and perceptions of media bias in coverage of the Beirut Massacre. *Journal of Personality and Social Psychology, 49*(3), 577–585.

渡辺武達 (2004). メディアの倫理と社会的責任　渡辺武達・松井茂記（編）メディアの法理と社会的責任（pp.156-181）　ミネルヴァ書房

Weeks, B. E., Kim, D. H., Hahn, L. B., Diehl, T. H., & Kwak, N. (2019). Hostile media perceptions in the age of social media: Following politicians, emotions, and perceptions of media bias. *Journal of Broadcasting & Electronic Media, 63*(3), 374–392.

山田健太 (2010). 法とジャーナリズム（第 2 版）　学陽書房

山田健太 (2021). ジャーナリズムの倫理　勁草書房

山下玲子 (2019). 放送法の知識とテレビ報道の公平性に関する意識の性別・年代差について　コミュニケーション科学（東京経済大学コミュニケーション学会紀要）, *49*, 153–181.

第Ⅱ部
リスク社会と揺らぐ情報への信頼

第3章　新型コロナウイルス報道に対する
受け手の批判的態度
──コロナ禍における変化とその構造[1]

川端美樹

　現代社会における問題、例えば新型コロナウイルス（COVID-19）への対応や解決には、科学的な視点からの理解が必要であり、それらの問題を人々に伝える報道が重要な役割を果たす。本章では、新型コロナウイルス報道に対する受け手の批判的態度について論じる。特に感染の第2波が到来した2020年8月と、社会生活が通常に戻りつつあった2022年6月に行った2回のWeb調査の結果をもとに、新型コロナウイルス報道に対する受け手の批判的態度の変化とその構造について明らかにする。

1. 新型コロナウイルス感染拡大とメディア

　現代社会で起こる様々な問題への対応や解決には、科学的な視点からの理解が必要となる。昨今その問題の代表的な例として挙げられるのが、新型コロナウイルス（COVID-19）感染拡大である。新型コロナウイルス感染症は、2019年末に発生が確認された後、世界中に広がり、パンデミックとなった。2021年9月までに世界で2億2千万人の感染が確認され（国立感染症研究所, 2022）、緊急事態宣言や外出自粛、飲食業の営業短縮などにより、世界中の人々の日常生活や経済に大きな影響が及んだ。発生から3年近く経った現在（2022年9月）では、人々の生活はほぼ通常どおりに戻りつつあるものの、いまだに感染は続き、新型コロナウイルスは変異を繰り返しながら、人々の生命・健康そして社会経済活動に影響を与え続けている。

　感染拡大の初期、まだウイルスの特性など詳しい情報が不明であった時期から、日本では様々なメディアにおいて、新型コロナウイルス関連報道が行われてきた。

---

[1]　本章は、川端美樹（2021）. 科学的問題の報道に対する受け手の批判的態度：新型コロナウィルス報道・地球環境問題報道を例として　慶應義塾大学メディア・コミュニケーション研究所『メディア・コミュニケーション』No.71, pp.91-101. の一部を基に大幅に加筆修正したものである。本章では、政府や国立感染症研究所の表記に従い、「ウィルス」から「ウイルス」へ表記を変更した。

テレビでは連日有名人の感染、感染者数の増減から経済への影響、政府や自治体の対応や医療現場の状況、ワクチンの開発などについて、ニュース、情報番組、ワイドショーや関連番組が情報を伝えてきた。自分や身近な人の生死にも関わる重要な問題であるため、人々はウイルスの感染状況や、感染対策をはじめとした様々な科学的情報を求めて、メディアに接していた。

特に民放キー局のワイドショーでは、専門家と位置づけられた人物を中心に、コメンテーターに意見や感想を語らせる演出が繰り返された。様々な質の異なるメディアのニュースを集め、それを基に出演者が語る形式が多かったが、出演者の談話は度々事実確認がなされないまま流されたという（宮本，2021）。

一方、新聞社も当初から新型コロナウイルスについて報道を行っていた。時間の制限があり、センセーショナルな情報を伝えがちなテレビ番組と比べ、新聞では解説や問題提起なども含めて多様な情報が伝えられる。しかしながら、大きな見出しで感染者数や死者数を強調して、読者の不安をあおる可能性もある。なお、読売新聞に掲載された新型コロナウイルス感染症関連の記事数は、2020年の1年間で、全国・地域版合わせて10万記事に上った（読売新聞東京本社調査研究本部編，2021）。その数は2020年4、5月をピークに、後は多少変動しながら減少したが、記事数の多さもこの問題の影響の大きさを示している。

現在多くの人はマスメディアだけでなく、インターネットでもニュースに接している。とはいえ、総務省（2020）が15歳から69歳の男女2,000名に2020年5月に行った調査によると、新型コロナウイルス感染症に関する情報・ニュースを見聞きした情報媒体は、民間放送が72%と一番多く、Yahoo! ニュースが63%、NHKが51%という結果であった。年代別にみると、若年層（10〜20代）はニュース系アプリサイトやSNSといった手段が他の年代より高い割合であったが、SNSで見聞きした新型コロナウイルス情報の情報源については、民間放送（66%）、政府（62%）、NHK（49%）と、放送メディアや政府が発信する情報がSNSや検索エンジンを介して多く受容されている傾向も見られた。この結果をみると、いまだに多くの人が新型コロナウイルス感染症に関する情報をマスメディア、中でも放送メディアに依存している傾向が明らかになった。

2.　科学コミュニケーションとジャーナリズム

メディアによって科学的な問題が報道されるジャーナリズムは科学コミュニケーションの一つといえる（草深，2008）。広い意味での科学コミュニケーショ

ンとは、個々人ひいては社会全体が、科学を活用することで豊かな生活を送るための知恵、関心、意欲、意見、理解、楽しみを身につけ、科学リテラシーを高め合うコミュニケーションである（渡辺，2017）。一方、科学ジャーナリズムでは、科学技術に関する情報が科学者からジャーナリストへ伝えられ、メディアを介して人々に伝えられる。科学的なデータや発見などを、ジャーナリストが橋渡しをしてわかりやすく受け手に伝えることが、科学ジャーナリズムの役割である。特に新型コロナウイルスの問題は、感染が広まった当初はその性質や影響などの科学的知見が少なかったため、ウイルスの性質や対策などの情報が伝わりにくく、受け手の不安感が高まっていった。このような状況下では、科学コミュニケーションが適切に行われることが、社会不安の低減や感染防止に大きな役割を果たす。

　日本では1950年代に政府主導の科学振興が始まり、1956年には科学技術庁が設置されて科学技術に関する広報・啓発活動を行った。当時の業務目標の中には、「科学技術に関する各種のコミュニケーションのあり方を検討し、その改善をはかること」という文言があったという（藤垣・廣野，2008）。

　マスメディアにおいては、1957年に朝日新聞社の東京本社に科学部が創設され、1953年から常設された科学欄の充実が図られた（高橋，2017）。初期の頃は、原子力と宇宙開発が主なテーマであり、1970年代には海洋汚染や光化学スモッグなどの公害について、またその反対運動が多く報道された。

　さらに1980年代後半になると、地球環境問題が国際政治の場で取り上げられるようになり、日本のマスメディアによる地球環境問題報道も急速に増えていった。地球環境問題は国際政治に関わる問題でもあるが、その解決に科学的アプローチが必要なことはいうまでもないだろう。2011年には東日本大震災後の津波による福島第一原子力発電所の事故により、放射能汚染が大きな問題になったが、地球環境問題、放射能汚染、そして新型コロナウイルス感染のいずれも、人の目に見えない問題であると同時に、人々の社会生活を左右する大きな問題であるため、科学ジャーナリズムにより適切にその影響や被害、対策が伝えられることが社会にとって重要かつ必要だといえる。

3. 科学コミュニケーションと受け取る側の評価

　科学ジャーナリズムによって、科学的な情報を伝えることは重要だが、何をどのように伝えるかもさらに重要である。現在の科学は複雑化しており、未知の危

険性などを含めた科学的判断の「不確実性」や科学技術がもたらす「リスク」は、専門家だけでなく、非専門家である「一般の人々」にとっても重大な関心事項となる。情報の伝え方については、メディアの送り手側にその多くを負っているが、何を伝えるかは、政府や科学者などの専門家の役割も大きい。

　科学コミュニケーションの分野では、元来、科学的な知識や情報は、「専門家」から科学的知識が欠如した無知な「非専門家」へ、一方向的に流れるとする視点が基本であった（舩戸，2008）。つまり、専門家が詳細な数値データや丁寧な説明を提供することで、人々に科学的な知識の「正しい理解」を求め、科学技術に対する受容的態度を得ようとするのである。しかしながら、科学がその専門的な領域を超え、社会の様々な領域と関わる現在、科学の専門家による答えだけでは問題が解決しない場合がある。というのは、専門家は科学がもたらす「客観的事実」について答えることができても、科学と関わる人の生き方や社会のあり方については答えられないからである。つまり、専門家の言う科学の「正しい理解」が、必ずしも受け取る側の肯定的な態度には結びつかない可能性がある。そこで、現在科学コミュニケーションの分野では、専門家が何を伝えるかだけでなく、非専門家がその情報をどのように認識し、理解し、評価するのかといった側面を重視し、受け手である一般の人々の状況、すなわち文脈を視野に入れたモデルが重要視されつつあるという。よって、受け手の批判的な態度を検討することは、科学コミュニケーションにとって必要不可欠であるといえよう。

4. 科学コミュニケーションと受け手の批判的思考・態度

　眞嶋（2012）は、科学コミュニケーションにおける受け手の科学リテラシーの重要性を指摘している。科学リテラシーは、科学の諸分野の基礎概念と、それぞれの分野における方法論的知識、および主張や証拠の価値を正当に評価・検証するために必要なスキルからなる。スキルの中でも重要な役割を果たすのが、批判的思考だという。特に、価値の正当な評価に必要なスキルは、実行の際の認知的負荷が高いため、人はより負荷の低いヒューリスティック的な対処（直感的な判断）に依存しやすい。そのようなヒューリスティック的思考への依存の結果として、疑似科学的な主張を無批判に受け入れてしまうという問題が起こる。

　批判的思考はクリティカルシンキングとも呼ばれるが、ものごとを客観的に捉え、多角的・多面的に検討し、適切な基準に基づき判断する思考である（平山・楠見，2004）。批判的思考の構成要素には、認知的側面である能力やスキルと、

情意的な側面である態度や志向性といった、2つの側面があるという。また、批判的思考への志向性は、社会的スキルとの間に関連性が見出されている。与えられた課題に対する単なる認知能力・論理的問題解決能力だけでなく、日常生活における社会的な賢さにも関連するからである（廣岡ほか，2001）。

山本（2017）は、批判的思考の一領域としてメディアリテラシーを捉えている。メディアでの科学的な問題の報道を理解するためには、メディアリテラシー、ひいては批判的思考が重要な役割を果たすと考えられる。また、楠見（2021）は、メディアリテラシーの3つの構成要素のうちの2つ、「批判的に情報を読み解く能力」と「メディアにアクセス・選択し、能動的に活用し、コミュニケーションする能力」は、批判的思考のスキルと態度が土台になっていると述べている。よって、科学的な問題のメディア報道に関する批判的な態度については、批判的思考のスキルが重要な役割を果たすと考えられる。

以下では、新型コロナウイルス報道という科学的報道が、どのように受け手に受容されたか、その態度と関連要因を、批判的な側面を中心に、調査によって明らかにしていく。

5. 新型コロナウイルス報道に対する受け手の批判的態度に関する調査

調査の目的

本調査では、新型コロナウイルス報道の感染拡大の時期と収束の時期における受け手の批判的な態度を明らかにし、その批判的態度に関わる要因を探った。

調査の方法

本研究では、モニター式のWeb調査を2回実施した。1回目の調査は、感染の第2波が到来していた2020年8月17日に実施され、調査回答者は1,000名（男性・女性×20代・30代・40代・50代・60代以上各100名ずつ割付、関東7都県在住）であり、有効回答数は年齢の回答に不備のあった1名を除く999名（男性500名、女性499名）であった。2回目の調査は、まだ感染は続いているものの、ワクチン接種が進み、経済活動や移動の制限などが緩和されてきた2022年6月24日に実施された。調査回答者は1回目と同様の方法で1,000名が抽出され、有効回答数は1,000名（男性500名、女性500名）であった。1回目と2回目の調査対象者は異なるが、抽出の仕方が同じであるため、ある程度類似したサンプルであることが推測される。

調査に用いた質問項目は、新型コロナウイルス報道に対する批判的態度、批判的思考に関する項目、新型コロナウイルス問題から受ける主観的影響および自己効力感、メディア接触、デモグラフィック項目などであった。

　分析に用いた変数について詳細を述べると、まず、新型コロナウイルス報道全般に関する批判的態度については、「マスメディア報道での新型コロナウイルスの影響の深刻さは大げさだ」、「マスメディアでは、新型コロナウイルスについての対策が報道されている（逆転項目）」などの 5 項目について、それぞれ「全くそう思わない」から「とてもそう思う」までの 5 点尺度で尋ねた。さらに、新型コロナウイルスを報道するテレビ番組に出てくるコメンテーターへの批判的な態度について、「なぜこの重大事にこの人がコメントしているのかと思うコメンテーターがいる」、「専門外のコメンテーターが憶測で話していることがある」などの 8 項目について各 5 点尺度で尋ねた。

　批判的思考に関しては、社会的なスキルが批判的思考の志向性に関わることから、磯和・南（2015）の「短縮版社会的クリティカルシンキング志向性尺度」を参考に、「情報を、少しも疑わずに信じ込まないようにする」、「ものごとの理屈を考える」などの 15 項目を用いた。一方、問題の対処に影響を与えると考えられる、新型コロナウイルスから受ける主観的影響については、「私にとって新型コロナウイルスは大きな影響を及ぼす」、同じく自己効力感については「新型コロナウイルスの感染を抑えるために、私にも何かできることがあると思う」の各項目について 5 点尺度で尋ねた。その他、普段のメディア接触については、NHK の報道、民放の報道、時事問題に関する民放のワイドショー、時事問題について個人が投稿した SNS の情報に、それぞれどの程度接触しているかを 4 点尺度で尋ねた。デモグラフィック項目としては、年齢、性別、結婚、子どもの有無を分析に用いた。

6.　調査結果と考察

新型コロナウイルス報道全般に対する批判的態度

　まず、新型コロナウイルス報道に対する批判的態度について、2020 年、2022 年の結果の比較を図 3-1 から図 3-6 に示す。前述のとおり、両年の調査は同じ対象者のパネルデータではないので、厳密な意味での変化として比較はできないが、地域、年齢などの抽出方法が同じサンプルの回答であったため、参考として比較しながら分析した（以下同様）。

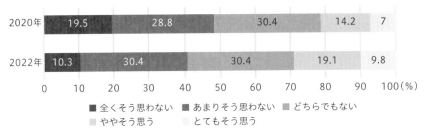

図 3-1　マスメディア報道での新型コロナウイルスの影響の深刻さは大げさだ

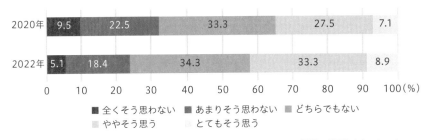

図 3-2　マスメディアでは、新型コロナウイルスについての対策が報道されている

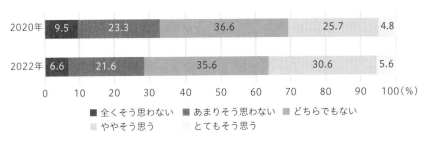

図 3-3　マスメディアでは、新型コロナウイルスの医学的情報が報道されている

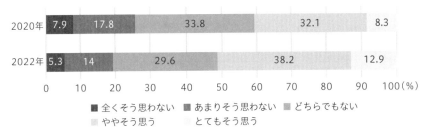

図 3-4　マスメディアでは、新型コロナウイルス感染状況のデータが報道されている

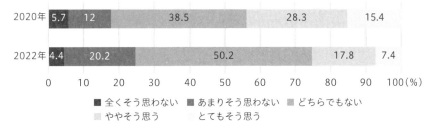

2020年	5.7	12	38.5	28.3	15.4
2022年	4.4	20.2	50.2	17.8	7.4

■ 全くそう思わない　■ あまりそう思わない　■ どちらでもない
ややそう思う　　　とてもそう思う

図 3-5　マスメディアでは、政府の新型コロナウイルス対策への批判が多い

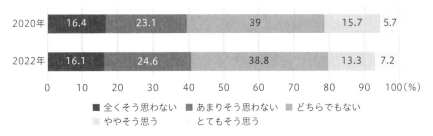

2020年	16.4	23.1	39	15.7	5.7
2022年	16.1	24.6	38.8	13.3	7.2

■ 全くそう思わない　■ あまりそう思わない　■ どちらでもない
ややそう思う　　　とてもそう思う

図 3-6　マスメディアでは、新型コロナウイルスについて本当のことを伝えないので、SNS
やネットの口コミを見る

　2020 年と 2022 年の結果を比較すると、「マスメディアでは、新型コロナウイルスについての対策が報道されている（逆転項目）」、「マスメディアでは、新型コロナウイルスの医学的情報が報道されている（逆転項目）」、「マスメディアでは、新型コロナウイルス感染状況のデータが報道されている（逆転項目）」については、2020 年の調査の方が、より批判的な結果であった。一方、「マスメディア報道での新型コロナウイルスの影響の深刻さは大げさだ」、「マスメディアでは、政府の新型コロナウイルス対策への批判が多い」に関しては、2022 年の方がより批判的な結果であった。また、「マスメディアでは、新型コロナウイルスについて本当のことを伝えないので、SNS やネットの口コミを見る」については、2020 年と 2022 年の結果に差が見られなかった。マスメディアへの信頼感が低い人は SNS やネットの情報に頼っているため、2020 年と 2022 年の結果に差が見られなかったと考えられる。

　なお、以上の 6 項目について、両年のデータで別々に探索的因子分析を行ったところ、それぞれ同様の 2 つの因子が抽出された。そのうち第 1 因子は「マスメディアでは、新型コロナウイルスについての対策が報道されている」、「マス

メディアでは、新型コロナウイルスについての医学的情報が報道されている」、「マスメディアでは、新型コロナウイルス感染状況のデータが報道されている」の3項目に因子負荷量が高く、また信頼度係数も充分高かった（2020年：$\alpha = .85$、2022年：$\alpha = .83$）ため、この3項目を加算し、「新型コロナ科学報道への批判尺度」として以下の分析に用いた。また、「マスメディア報道での新型コロナウイルスの影響の深刻さは大げさだ」についても、単独項目で新型コロナウイルス報道への批判的態度の変数とした。

新型コロナウイルスを報道するテレビ番組のコメンテーターに対する批判的態度

次に、コメンテーターに対する批判的態度について、2020年と2022年の結果を比較した。カイ二乗検定で統計的に有意に差があった4項目の比較結果を図3-7から図3-10に示す。

これらをみると、2020年の方が「なぜこの重大事にこの人がコメントしているのかと思うコメンテーターがいる（図3-7)」「コメンテーター同士の対立構図が作られている（図3-8)」「コメンテーターはすぐに感情論に流される（図3-9)」と批判的に評価する傾向があり、「コメンテーターは素人でも思いつく程度の不平不満を言って人々の共感を集めるだけだ（図3-10)」については、「ややそう思う」と「とてもそう思う」を合わせると、2022年の方がより批判的だった。前述のように、新型コロナウイルス報道については、特に民放キー局のワイドショーでコメンテーターに意見や感想を語らせる演出が用いられた。ワイドショーは、放送時間は長いものの、報道取材経験の少ないスタッフで制作チームが作られているため、報道局系に比べて事実確認やコンテンツの配慮に問題が生じやすいという（宮本, 2021)。2020年の時点では、まだウイルスに関する情報が不確かで少なかったため、放送時間の比較的長いワイドショーでは、コメンテーターを使った演出が多く用いられていた。そこでは、事実確認が取られていない情報が流れるなど、様々な問題があったと考えられる。そのため、特に感情的な批判的態度が2020年では強かったのではないだろうか。

次に、新型コロナウイルス報道関連のテレビ番組に出てくるコメンテーターに対する批判的態度の8項目について、2020年、2022年のそれぞれで探索的因子分析を行ったところ、どちらの年のデータでも一因子解が得られたため、以降の分析では8項目の得点を単純加算したものを「コメンテーター批判尺度」として用いた（尺度の信頼性は2020年が$\alpha = .94$、2020年が$\alpha = .92$)。

図3-7　なぜこの重大事にこの人がコメントしているのかと思うコメンテーターがいる

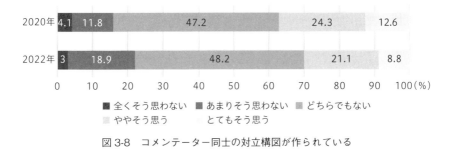

図3-8　コメンテーター同士の対立構図が作られている

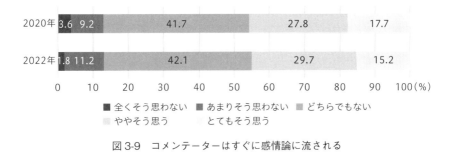

図3-9　コメンテーターはすぐに感情論に流される

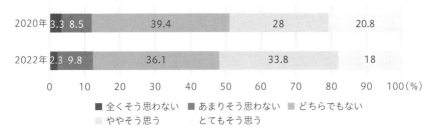

図3-10　コメンテーターは素人でも思いつく程度の不平不満を言って人々の共感を集めるだけだ

新型コロナウイルス報道への批判的態度とデモグラフィック要因との関連

次に、「新型コロナ科学報道への批判尺度」、「コメンテーター批判尺度」、「マスメディア報道での新型コロナウイルスの影響の深刻さは大げさだ（以下「影響の深刻さは大げさだ」）と年齢、性別、未既婚、子どもの有無などのデモグラフィック要因、そして批判的思考の下位項目との関連の結果（ピアソンの相関係数）を表 3-1 に示す。

まず、表 3-1 で新型コロナ科学報道への批判尺度とデモグラフィック要因との関連をみると、2020 年、2022 年とも、年齢が若いほど、男性の方が、そして独身で子どもがいない方がより批判的であった。次に、コメンテーター批判尺度とデモグラフィック要因との関連をみると、両年とも、年齢が高いほど批判的であるという結果が見られた。性別や結婚、子どもの有無とは関連が見られなかった。「影響の深刻さは大げさだ」については、若いほど、そして男性、独身、子どもがいない方がより批判的な態度であった。以上の結果をみると、新型コロナ科学報道への批判的態度と「影響の深刻さは大げさだ」という態度は、デモグラフィック要因の面では特徴が似ていたが、この 2 つの批判的態度同士の関連をみると、2020 年には負の相関、2022 年には正の相関が見られたため、異なった側面をもつ可能性がある。また、コメンテーター批判尺度と「影響の深刻さは大げさだ」の間には、両年とも正の相関が見られた。これらの結果は、二変数の単純な相関係数であり、結論を導くには不充分であるため、以下でさらに分析を行っていく。

新型コロナウイルス報道に対する批判的態度と批判的思考との関連

次に、表 3-1 に示された新型コロナウイルス関連報道に対する批判的態度と、批判的思考との関連を検討した。批判的思考については、磯和・南（2015）を参考に「脱軽信」、「探求心」、「論理の重視」の 3 つの下位項目を作成した。脱軽信については、「情報を、少しも疑わずに信じ込んだりしない」と「何事も、少しも疑わずに信じ込んだりしない」の値を加算して作成した（2020 年：$\alpha = .84$、2022 年：$\alpha = .81$）。探求心は、「他の人があきらめても、なお答えを探し求め続ける」、「できるだけ多くの事実や証拠を調べる」の値を加算し（2020 年：$\alpha = .80$、2022 年：$\alpha = .69$）、論理の重視については、「判断をくだす際には、事実や証拠を重視する」を用いた。

結果をみると、2020 年、2022 年とも、新型コロナ科学報道への批判尺度は 3 つの批判的思考の下位尺度と負の相関が見られ、コメンテーター批判尺度とは正

表3-1　新型コロナウイルス報道への批判的態度とデモグラフィック要因・批判的思考との相関

上段：2020年　下段：2022年

	新型コロナ科学報道への批判尺度	コメンテーター批判尺度	影響の深刻さは大げさだ	年齢	性別（男=1, 女=2）	結婚（独身=1, 既婚=2）	子どもの有無（無=1, 有=2）	批判的思考：脱軽信	批判的思考：探求心	批判的思考：論理の重視
新型コロナ科学報道への批判尺度	—	-.067*	-.068*	-.072*	-.072*	-.066*	-.075*	-.084**	-.149***	-.201***
コメンテーター批判尺度	.001	—	.231***	.168***	-.008	.061	.081*	.471***	.377***	.427***
影響の深刻さは大げさだ	.104**	.283***	—	-.156***	-.134***	-.104**	-.076*	.019	.098**	.004
年齢	-.084***	.139***	-.140***	—	-.002	.424***	.466***	.160***	.048	.134***
性別	-.078*	-.038	-.116**	-.011	—	.142***	.089**	.034	-.058	.075*
結婚	-.076*	.019	-.078*	.387***	.148***	—	.666***	.079*	.096**	.128***
子どもの有無	-.094**	-.007	-.098**	.383***	.118***	.675***	—	.069*	.070*	.107***
批判的思考：脱軽信	-.166***	.423***	.094**	.177***	-.025	.054	.005	—	.489***	.576***
批判的思考：探求心	-.141***	.310***	.066*	.048	-.018	—	.040	.451***	—	.581***
批判的思考：論理の重視	-.196***	.379***	.068*	.162***	-.050	.071*	-.002	.585***	.564***	—

*p<.05, **p<.01, ***p<.001

の相関が見られ、「影響の深刻さは大げさだ」とは2020年には探求心とのみ正の相関が、2022年には3つの下位尺度と弱い正の相関が見られた。しかしながら、以上は前述したとおり、2つの変数間の単純な相関係数の結果であるため、より詳しい分析を次に行う。

新型コロナ科学報道への批判的態度に影響を及ぼす要因

次に、新型コロナウイルス報道に対する批判的態度に関連する要因を探った。以下の分析では、3つの批判的態度を従属変数とし、独立変数として新型コロナウイルスの影響認知および新型コロナウイルスへの自己効力感、批判的思考、メディア接触、年齢、性別、子どもの有無を用いた重回帰分析を行った。まず、新型コロナ科学報道への批判尺度を従属変数とした重回帰分析の結果を表3-2に示す。

2020年の調査では、新型コロナウイルスの影響の認知が低い人ほど科学的報道に対する批判的態度が強かったが、2022年の調査では有意な関連が見られなかった。また、両年とも、自己効力感が低いほど科学的報道への批判的態度が強かった。2020年には批判的思考が批判的態度に関連していたが（脱軽信とは弱い正の関連、論理の重視とは負の関連）、2022年には関連が見られなかった。メディア接触に関しては、2020年には時事問題に関する民放のワイドショーへの接触が多い人ほど批判的態度が弱かったが、2022年にはNHKの報道、民放の報道への接触が多い人ほど批判的態度が弱かった。なお、デモグラフィック要因は有意な関連が見られなかった。

新型コロナウイルスの影響認知に関しては、2020年には、自分は影響されると考えていた人ほど、不安感が高まり、情報を取り入れるのに精いっぱいで、科学的な報道に対する批判的な態度が低かったのではないかと考えられる。

また、両年とも、自己効力感が低いほど批判的態度が強かったが、これにもコロナウイルス感染の状況や不確定な情報による不安感が関係していると考えられる。2022年には、状況は落ち着いてきたものの、感染者は依然増え続けており、不安感から、自己効力感の低い人は科学的報道に対する批判的な態度が強かったのではないだろうか。

一方、前述の先行研究から、批判的態度には批判的思考が関連することが推測されるが、2020年には、脱軽信、すなわち疑わずに情報を信じ込まないという批判的思考は批判的態度に正の影響が見られたものの、論理の重視に関しては負の影響、つまり論理を重視する人ほど、批判的な態度をもたない結果となった。

表3-2 新型コロナ科学報道への批判的態度を従属変数とした重回帰分析

	標準化偏回帰係数（β）	
	2020年調査	2022年調査
新型コロナウイルスからの影響認知	–.117**	–.059
新型コロナウイルスに対する自己効力感	–.117**	–.150***
批判的思考：脱軽信	.096*	–.036
批判的思考：探求心	–.035	.018
批判的思考：論理の重視	–.116**	–.079
NHKの報道への接触	–.049	–.142***
民放の報道への接触	–.059	–.180***
時事問題に関する民放のワイドショーへの接触	–.158***	–.009
時事問題について個人が投稿したSNSの情報への接触	.059	–.007
年齢	–.008	.048
性別	–.037	–.043
子どもの有無	.029	–.039
R^2	.143	.169
調整済み R^2	.132	.159
n	999	1000

*$p<.05$, **$p<.01$, ***$p<.001$

一方2022年には、批判的思考はいずれの下位項目も科学報道への批判的態度と関連がなかった。2020年には、様々なメディアで新型コロナの報道が毎日提供される中、疑わずに信じ込まないという批判的思考をもつ人は批判的態度が高くなったが、論理を重視する批判的思考をもつ人は、科学的報道に対して一定の評価をしていた可能性も考えられる。

　さらに、メディア接触については、2020年には民放のワイドショーをよく見る人ほど批判的態度が弱い結果となっていたが、この時期には感染者数が増加する中、不安をあおる民放のワイドショーをよく見ることで、科学的な報道についての批判的態度が弱まった可能性がある。2022年には、NHK及び民放の報道に多く接触する人の方が、より科学的報道に対する批判的態度が弱かったが、当時も新型コロナウイルス関連の報道は毎日のようになされていたため、科学的な視点からの報道が行われていると評価していたのではないだろうか。

コメンテーターへの批判的態度に影響を及ぼす要因

　次に、コメンテーターへの批判尺度を従属変数とした重回帰分析の結果を

表 3-3 に示す。

　結果をみると、新型コロナウイルスの影響の認知の高い人は、2020 年にはコ
メンテーターへの批判的な態度が強かったが、2022 年には関連は見られなかっ
た。一方、両年とも、新型コロナウイルスに関する自己効力感が高い方が、コメ
ンテーターへの批判的な態度が強かった。2020 年には脱軽信、探求心、論理の
重視のいずれも、批判的思考が高い方が、コメンテーターへの批判的態度が強
かった。2022 年調査では、脱軽信と論理の重視は批判的態度と正の関連が見ら
れたが、探求心とは関連が見られなかった。メディア接触に関しては、2020 年
は NHK の報道への接触が多い人はコメンテーターへの批判的な態度が強い傾向
があり、民放のワイドショーへの接触が多い人は批判的態度が弱い傾向があった。
2022 年は、NHK の報道への接触が多いほど批判的態度が強かったが、民放の
報道への接触が多いほど批判的態度が弱かった。ワイドショーへの接触は関連が
見られなかった。また、両年とも、時事問題について個人が投稿した SNS の情
報への接触が多い方が、コメンテーターへの批判的態度が強いという傾向も見ら
れた。さらに、両年とも、年齢が高いほどコメンテーターへの批判的態度が強
かった。

　2020 年に、新型コロナウイルスからの影響の認知がコメンテーターへの批判
的態度を高める傾向が見られたのは、その影響を認知していた人は、ワイド
ショーに数多く登場しているコメンテーターの発言に注目していたためと考えら
れる。さらにこの結果では、批判的思考はコメンテーターへの批判的態度を強め
る関連が見られた。メディア接触については、NHK の報道に多く接する人は、
両年ともコメンテーターへの批判的態度が強く、2022 年には民放の報道への接
触が多い人は批判的態度が弱い傾向が見られていた。一方、民放のワイドショー
への接触が多い人は、2020 年にコメンテーターへの批判的態度が弱い傾向が
あった。このように、NHK の報道と、民放およびワイドショーの報道によく接
する人の態度には違いが見られた。なお、時事問題について個人が投稿した
SNS の情報に多く接する人は、両年とも、コメンテーターへの批判的態度がよ
り強かった。さらに、年齢の高い視聴者の方が、普段からテレビに多く接してい
るため、コメンテーターへの批判が多くなった可能性があるのではないかと考え
られる。

表 3-3　コメンテーターへの批判的態度を従属変数とした重回帰分析

	標準化偏回帰係数（β）	
	2020 年調査	2022 年調査
新型コロナウイルスからの影響認知	.092**	.040
新型コロナウイルスに対する自己効力感	.094**	.077*
批判的思考：脱軽信	.273***	.265***
批判的思考：探求心	.091*	-.043
批判的思考：論理の重視	.137***	.108**
NHK の報道への接触	.131***	.065*
民放の報道への接触	-.044	-.116**
時事問題に関する民放のワイドショーへの接触	-.115**	-.058
時事問題について個人が投稿した SNS の情報への接触	.062*	.175**
年齢	.084**	.068*
性別	-.027	-.019
子どもの有無	-.011	-.018
R^2	.319	.246
調整済み R^2	.311	.237
n	999	1000

*$p < .05$, **$p < .01$, ***$p < .001$

「マスメディア報道での新型コロナウイルスの影響の深刻さは大げさだ」という批判的態度に影響を及ぼす要因

　次に、「マスメディア報道での新型コロナウイルスの影響の深刻さは大げさだ」という批判的態度に影響を与えている要因を分析した重回帰分析の結果を表 3-4 に示す。[2]

　まず、2020 年、2022 年とも、新型コロナウイルス感染の影響の認知が低い人は「影響の深刻さは大げさだ」という批判的態度が強い傾向があったが、2022 年のみ、自己効力感が低い人ほど批判的態度が強い傾向が見られた。また、批判的思考については、2020 年には探求心と論理の重視に有意な正の影響があったが、2022 年には脱軽信のみに影響が見られた。メディア接触については、2020 年には民放のワイドショーへの接触が多いほど、批判的態度は弱い傾向が見られ、2022 年には、民放の報道への接触が多い人ほど批判的態度が弱かった。そして、両年で時事問題について個人が投稿した SNS の情報への接触が多いほど批判的

[2]　表 3-4 の 2020 年の調査結果は特に決定係数が低かったため、これらの変数では従属変数が充分説明されていない可能性があるが、比較のために結果を示した。

表 3-4 「マスメディア報道での新型コロナウイルスの影響の深刻さは大げさだ」を従属変数とした重回帰分析

	標準化偏回帰係数 (β)	
	2020 年調査	2022 年調査
新型コロナウイルスからの影響認知	−.184***	−.214***
新型コロナウイルスに対する自己効力感	−.005	−.071*
批判的思考：脱軽信	.035	.123**
批判的思考：探求心	.091*	.038
批判的思考：論理の重視	.116**	.073
NHK の報道への接触	−.019	−.022
民放の報道への接触	.037	−.113**
時事問題に関する民放のワイドショーへの接触	−.121**	.025
時事問題について個人が投稿した SNS の情報への接触	.103**	.111**
年齢	−.126**	−.080*
性別	−.095**	−.067*
子どもの有無	.039	−.014
R^2	.097	.142
調整済み R^2	.086	.131
n	999	1000

*p＜.05, **p＜.01, ***p＜.001

態度が強い傾向が見られた。また、両年とも、男性の方が、そして年齢が若い方が、批判的態度が強かった。

　2020 年に民放のワイドショーへの接触が多いほど「影響の深刻さは大げさだと考えなかった」のは、ワイドショーの不安感をあおる報道に影響されたことが考えられる。同様に、2022 年に民放の報道への接触が多い人ほど、影響の深刻さは大げさだと考えない傾向があるのは、ワイドショー同様に不安をあおる民放の報道に接していたからではないだろうか。コメンテーターへの批判的態度と同様、民放やワイドショーへの接触はここでも批判的態度を弱める傾向が見られた。さらに、両年とも、時事問題について個人が投稿した SNS の情報への接触が多い方が、「影響の深刻さは大げさだ」という批判的態度が強かった。SNS などテレビ以外のメディアからも情報を得ている場合、マスメディア報道で伝えられる影響の深刻さが大げさに感じられた可能性がある。

7. 新型コロナウイルス報道への批判的態度に関する総合考察

コロナ禍における批判的態度の変化

　今回の調査は、パネル調査ではないので、分析結果では、厳密な意味での「変化」を知ることはできない。しかし、前述のとおり同じモニター調査で、サンプルの抽出法が同じであったため、時系列的に2回分の調査の違いを検討することで、「変化」に近い結果が見えてくると考えられる。結果としては、まず、2020年の方が科学的な報道に関する批判的な態度が強かった。また、特に「なぜこの重大事にこの人がコメントしているのかと思うコメンテーターがいる」、「コメンテーター同士の対立構図が作られている」、「コメンテーターはすぐに感情論に流される」などのコメンテーターへの批判的態度は2020年の方が強く、ワイドショーの演出にいら立つ感情的な批判的態度が目立った。一方、2022年は、「マスメディア報道での新型コロナウイルスの影響の深刻さは大げさだ」、「マスメディアでは、政府の新型コロナウイルス対策への批判が多い」などの冷静な批判的態度が強い傾向にあった。1回目の調査時は、感染状況が悪化し、新型コロナウイルスの情報が不足していたため、感情的な批判が多かったが、2回目の調査時は、コロナ感染に関する情報が増え、批判的思考によって冷静に状況を判断する余裕が出てきたのではないかと考えられる。

3つの批判的態度の比較

　今回の調査では、新型コロナウイルスに関するマスメディア報道への3つの批判的態度を分析に用いた。最後に、それらの特徴について検討する。まず1つ目の批判的態度は、マスメディアの伝える「科学コミュニケーション」としての批判であり、報道の内容が科学的かという、内容についての批判的態度であった。そして2つ目は、コロナウイルス報道で数多く登場したコメンテーターに対する批判であり、情報の送り手に関する批判的態度であった。3つ目は、「報道での影響の深刻さは大げさだ」という、不安感をあおる報道を批判した態度であり、番組の演出や内容に関わる批判的態度であった。

　それぞれの批判的態度の特徴を重回帰分析の結果から述べると、科学報道への批判的態度は、批判的思考と一部負の関連が見られた。また、影響認知や自己効力感が高い方が、批判的な態度が弱い傾向が見られた。そのため、批判的思考スキルや自己効力感の高い人は、ある程度新型コロナ報道を科学的コミュニケー

ションとして評価していた可能性がある。一方、コメンテーターに対する批判的態度は、年齢が高いほど、批判的思考のスキルが高いほど批判的であった。そして報道での影響の深刻さは大げさだという批判的態度は、年齢が若いほど、男性、独身の方が、批判的態度が強く、批判的思考と部分的に正の関連が見られた。

8. おわりに

本章では、コロナ禍におけるマスメディア報道の批判的態度の調査を行った結果、調査時期の違いによって批判的態度が異なることが明らかになった。また、その結果は一貫していない部分もあり、複雑であったが、批判的態度にはいくつかの異なった側面があり、批判的思考、自己効力感、影響の認知、メディア接触やデモグラフィック要因と関連していることも明らかになった。

本章執筆中の現在（2022年9月）も、新型コロナウイルス感染はまだ完全に収束していない。今後、新たな変異ウイルスによって状況がまた悪化することも考えられる。科学コミュニケーションにおける受け手の評価が重要視されつつある現在、報道への健全な批判的態度は、よりよい科学コミュニケーションが行われるために重要な役割を果たすと考えられる。

最後に、民放の報道やワイドショーへの接触は、ある程度一貫して弱い批判的態度との関連が見られた。民放のワイドショーの報道内容については、前述のとおり問題点が指摘されているが、本研究ではその影響が実証的に明らかになったといえる。これらの結果をふまえて、新型コロナウイルス報道のみならず、マスメディアにおける科学的報道が、より社会や受け手の人々に資するものとなるよう、送り手側の対策が取られることが望まれる。

引用文献
藤垣裕子・廣野喜幸 (2008). 日本における科学コミュニケーションの歴史　藤垣裕子・廣野喜幸（編）科学コミュニケーション論（pp.39-61）　東京大学出版会
舩戸修一 (2008). 受け取る側の評価　藤垣裕子・廣野喜幸（編）科学コミュニケーション論（pp.175-199）　東京大学出版会
平山るみ・楠見孝 (2004). 批判的思考態度が結論導出プロセスに及ぼす影響：証拠評価と結論生成課題を用いての検討　教育心理学研究, *52*, 186-198.
廣岡秀一・元吉忠寛・小川一美・斎藤和志 (2001). クリティカルシンキングに対する志向性の測定に関する探索的研究 (2)　三重大学教育実践総合センター紀要, *20*, 93-102.
磯和壮太朗・南学 (2015). 短縮版社会的クリティカルシンキング志向性尺度の検討　三重大学教育学部紀要教育科学, *66*, 179-189.

国立感染症研究所 (2022). コロナウイルスとは　https://www.niid.go.jp/niid/ja/kansennohanashi/9303-coronavirus.html

草深美奈子 (2008). 伝える側の評価：科学技術ジャーナリズムを題材として　藤垣裕子・廣野喜幸（編）科学コミュニケーション論（pp.159–174）　東京大学出版会

楠見孝 (2021). 批判的思考とメディアリテラシー（後篇）：リスク社会における批判的思考とメディアリテラシー　https://smartnews-smri.com/literacy/literacy-437/

眞嶋良全 (2012). 疑似科学問題を通して見る科学リテラシーと批判的思考との関係　*Cognitive Studies, 19*(1), 22–38.

宮本聖二 (2021). 新型ウィルスとメディア　デジタルアーカイブ学会誌，*5*(1), 25–31.

総務省 (2020). 新型コロナウイルス感染症に関する情報流通調査　https://www.soumu.go.jp/main_content/000693280.pdf

高橋真理子 (2017). ジャーナリズムとサイエンスコミュニケーション　独立行政法人国立科学博物館（編）科学を伝え、社会とつなぐサイエンスコミュニケーションのはじめかた（pp.50–61）　丸善出版

渡辺政隆 (2017). サイエンスコミュニケーションのはじまり　独立行政法人国立科学博物館（編）科学を伝え、社会とつなぐサイエンスコミュニケーションのはじめかた（pp.1–8）　丸善出版

山本明 (2017). 批判的思考の観点から見たメディア・リテラシー　心理学評論，*60*(2), 163–180.

読売新聞東京本社調査研究本部（編）(2021). 報道記録：新型コロナウイルス感染症　読売新聞東京本社

第4章　先端科学技術をめぐる メディアへの信頼と懐疑

鈴木万希枝

　ゲノム編集や AI といった、社会や人間の在り方そのものを変えてゆくような科学技術の進展によって、科学技術政策に対する人々の積極的な関与が求められるようになった。そうした中、「人々はメディアを信頼しているのか」というテーマはこれまでになく重要な意味をもつようになった。メディアに対する信頼は人々のメディア利用のあり方を左右し、様々な先端科学技術への関心や知識、理解、あるいは社会的受容に影響を与えると考えられるからである。本章では、まずメディアに対する信頼の実態やメディア信頼性概念について概観し、先端科学技術をめぐるメディア信頼性とメディア利用の関係、そしてメディア信頼性の規定因について実証的に検討する。

1. 人々はメディアを信頼しているのか

先端科学技術とメディアに対する信頼

　先端的な科学技術の理解や社会的受容について論じる際に、メディアに対する信頼は非常に重要な意味をもつようになった。メディア信頼性（media trust）は「伝統的メディア」と呼ばれるようになった新聞やテレビなどのマスメディアや、様々なインターネットメディアの利用に影響を及ぼし、先端科学技術への関心や知識、理解、そして規制に関する議論や社会的受容を左右すると考えられるからである。

　今日、ゲノム編集や AI などの先端科学技術は、社会や人間の在り方そのものを変えてゆく可能性をもっている。たとえばノーベル化学賞の受賞で広く知られるようになったゲノム編集技術は、遺伝子疾患を根本的に治すことを可能にする一方、「デザイナーベビー」誕生やアスリートの運動能力を高める「遺伝子ドーピング」に対する懸念を生んでいる。もっと身近なところでは、2020 年末にゲノム編集を用いた GABA 高蓄積トマトが日本で初めて承認され、市場に流通することとなった。これらを個人として採用するか否かの判断はもちろん、社会と

して受容するべきであるのか、受容するとしてもどのような規制が必要であるのかなど、科学技術政策に対して人々の積極的な関与が求められている。そうした状況において、科学報道は人々に必要な情報を提供し、その判断や議論を支えるものとして大きな役割を果たす。すなわち、ブロサードとニスベット（Brossard & Nisbet, 2007）が指摘するように、先端科学技術はあまりに「新しい」ため、学校教育よりもマスメディア報道が人々の重要な情報源になっているのである。

しかし、人々が必要とする情報を提供するという機能をメディアが十分に果たすためには、人々がメディアを信頼し、利用することが大前提となる。果たして、今日、人々はメディアを信頼しているのであろうか。

メディアへの信頼に関する大規模経年調査

メディアに対する人々の信頼に関する世論調査は、古くは米国のローパーによるものが有名である。1959 年から 2 年ごとに、いわゆる「ローパー設問」と呼ばれる尺度によって調査されてきた。ローパーの調査によると、1959 年までは新聞が最も信頼できる情報源であったが、その後は一貫してテレビが圧倒的に信頼されるようになった。たとえば 1988 年に最も信頼されているメディアとしてテレビが選択された割合は約 50% に達しているのに対し、新聞は 30% を割り込んでいる（Kohring & Matthes, 2007）。こうした調査結果は、その測定方法について多くの批判がなされたにもかかわらず、後述するように 1980 年代以降のメディア信頼性研究を促進させる役割を果たすことになる。

ロイタージャーナリズム研究所が 2012 年以降毎年実施している国際比較調査では、「ニュース全般について、あなたは以下の意見に賛成ですか、反対ですか。－ほとんどのニュースは信頼できると思う」という設問でニュース報道に対する信頼を測定している。2022 年調査では、46 の国と地域で調査が実施され、日本でもデータが収集された。2022 年にニュースを信頼すると回答した日本での割合は 44% で、世界平均の 42% をわずかに上回っている（Reuters Institute, 2022）。2016 年から 2022 年にかけてのニュース全般に対する信頼の変化をみると、「信頼する」の割合は新型コロナ感染症が拡大した 2020 年に 37% と、2016 年から 2018 年の 43% から 6 ポイントも下落しているが、2022 年には 44% まで戻している。また、日本での調査では「NHK」「読売新聞」「週刊文春」など新聞、テレビ、雑誌、インターネットメディアから 15 社を選び、ブランド別に各々が提供するニュースの信頼性も調査されている。調査報告書によると、最も「信頼する」割合が高かったのは「NHK」の 57%、次いで「日本経済新聞社」「日本テ

レビ」の 52% であった。一方、最も「信頼する」割合が低かったのは「週刊文春」の 26% であった。また、「信頼できない」割合が最も低かったのは「日本経済新聞社」の 10%、高かったのは「週刊文春」の 31% となっている。

メディアが抱える信頼問題

ストロンバックら（Strömbäck et al., 2020）は、選択肢の多い（high-choice）メディア環境への変化（Prior, 2007）が、「伝統的メディア」、すなわち新聞やテレビなどのマスメディアへの信頼に新たな課題をもたらしたと述べている。今やマスメディアは無数の情報源と人々の注意を奪い合う競争に直面し、オルタナティブメディアには信頼できないと攻撃されている。そしてデジタルメディアやソーシャルメディアは、政治家などが人々へリーチするためのバイパスとなってマスメディアへの依存度を下げ、偽情報や誤情報など、いわゆる「フェイクニュース」の流布に一役買ってしまっている。さらに、人々は自分の態度と一致した情報を選好し、態度と一致しない情報に対しては懐疑的な態度を取ることから、マスメディアは信頼を失う傾向があるというのである。

また、実際にメディアが十分に信頼に足る報道をしていたとしても、人々の認知バイアスによって信頼が得られない可能性もある。メディアに対する認知バイアスとして、第三者効果（third person effect）や敵対的メディア認知（hostile media perception）が知られている。第三者効果とは、デービソン（Davison, 1983）が提唱した概念で、「自分はメディアの影響を受けないが、他者は影響を受ける」という他者へのメディアの影響力を過大視する認知バイアスである。また、敵対的メディア認知とは、バローネら（Vallone et al., 1985）が見出した現象で、「マスメディアの報道は自分の立場とは逆の方向に偏向している」とする認知バイアスである。どちらも、実際にメディアが影響力をもっているか否か、あるいは報道が偏向しているか否かにかかわらず、メディアに対する信頼を失わせる働きをすると考えられる。

2. メディア信頼性研究

メディアに対する信頼とは

「信頼（trust）」は先の見えないリスクの高い判断が多い現代社会を機能させるための重要概念であり（Kohring & Matthes, 2007）、マスコミュニケーション研究においても、メディア効果を左右する重要変数である（Tsfati, 2003）と考えら

れてきた。それにもかかわらず、マスコミュニケーション研究においては、長らくメディア信頼性（media trust）ではなく、メディア信憑性（media credibility）[1]という語が用いられることが多かった。しかし、これは信頼性と信憑性という語が相互に排他的な概念であることを意味するわけではなく、今日でもメディア信頼性の概念について研究者の間で明確な合意には至っていない。そこで、メディア信頼性、あるいはメディア信憑性についてこれまでどのような概念定義がなされてきたのか、関連概念との関係はどのように捉えられてきたのかについて整理してみよう。

　まず、そもそも「信頼」とはどのような概念なのであろうか。ツファティ（Tsfati, 2010）は、信頼（trust）について次のように説明している。信頼する側（trustor）と信頼される側（trustee）の間の長年にわたる関係を記述するための概念であり、信頼する側に何らかの不確実性がある場合に意味をもつものである。そして、信頼とは信頼する側と信頼される側の相互作用が、信頼する側の損失ではなく、利益につながることを期待することである、というコールマン（Coleman, 1990）の定義を紹介している。これはまさに、メディア・オーディエンスとメディアの関係にも当てはまる。メディア・オーディエンスはメディアが今後行う報道について不確実性を排除することはできないが、知識、時間、お金といった資源を十分もたないためにメディアを自力で検証することは現実的には非常に困難である。そのため、メディア・オーディエンスは、メディアが提供する情報を利用することがこの複雑な現代社会を生きる上で利益をもたらすと期待し、メディアを信頼するのである。

メディア信頼性概念を構成する要素

　メディアに対する信頼に注目したマスコミュニケーション研究は、1950年代から行われていた。しかし、その多くは「メディア信憑性」や「メディア信頼度（media trustworthiness）」の研究として扱われてきた。ホヴランドら（Hovland et al., 1953=1960）は、コミュニケーションの送り手の信憑性（source credibility）が説得的コミュニケーションに及ぼす効果を検討する実験研究を行い、メディア信憑性研究の流れを作った。彼らは、送り手の信憑性を専門性（expertise）とその意図に対する信頼（trustworthiness）という2つの構成要素から成るとしたが、メディア信憑性概念が多次元的な構成要素をもつというそのアイディアは後の研

---

[1]　media credibility は「メディア信頼性」と訳される場合も多い。ここでは、media trust と区別するために「メディア信憑性」とする。

究に受け継がれることになった。

1980年代になると、新聞の世帯普及率低下の原因として新聞に対する信頼低下が注目されるようになり、メディア信憑性研究が活発に行われるようになった。多くの研究者が多変量解析の一つである因子分析を用いてメディア信憑性の多次元構造を明らかにしようと試みている。ガジアーノとマクグラス（Gaziano & McGrath, 1986）は新聞やテレビに対するメディア信憑性尺度を開発し、メディア信憑性には「正確性」「公平性」「不偏」「信頼度」「全容を伝えること」といった要素が含まれているとした。このメディア信憑性尺度は、その後メイヤー（Meyer, 1988）やウエスト（West, 1994）などによって検討が加えられているが、これらの研究において信頼はメディア信憑性を構成する一つの要素として概念化されている。

コーリングとマッテス（Kohring & Matthes, 2007）は、マスコミュニケーション研究における「信頼」をメディアという社会的アクターの選択性に言及する社会学理論と結びつけるためとして、メディア信憑性ではなく、ニュースメディアに対する信頼（trust in news media）という用語を明示的に用いてその構成概念を検討した。彼らは、ニュースメディアの社会的機能は現代社会の複雑な相互依存関係について情報を選択し、伝達することであり、ニュースメディアに対する信頼とはその選択性に対する信頼であると主張した。そして、ニュースメディアへの信頼は、「トピックスの選択性に対する信頼」「事実の選択性への信頼」「描写の正確性への信頼」「ジャーナリズムの評価に対する信頼」の4次元からなるとした。このように、メディア信憑性に関する合意された概念定義や測定方法は現在のところ存在しないが、多くの研究でメディアに対する信頼という高次の構成概念はいくつかの低次の構成概念からなっていると考えられてきた。

メディアに対する不信

メディアに対する信頼が低いこと、すなわちメディア不信に関連する概念として、メディア懐疑主義（media skepticism）やメディアシニシズム（media cynicism）がある。ツファティとカペラ（Tsfati & Cappella, 2003）はメディア懐疑主義を「主流メディアに対する不信（mistrust）の主観的な感情」と定義し、メディアの正確性や信頼性、公正さや客観性に関する評価を含むものだとしている。彼らの関心は、発行部数の多い新聞やテレビ局などの主流メディアに対する信頼の低下が、非主流メディアへの接触を促すか否かを検討することにあった。ツファティたちの研究（Tsfati & Cappella, 2003; Tsfati & Peri, 2006 など）では、

メディア懐疑主義概念はメディア信頼性の反対語として扱われており、「正確性」「公平性」「不偏」「信頼度」「全容を伝えること」から操作化されている。

　一方、メディアシニシズムはカペラとジェイミーソン（Cappella & Jamieson, 1996）が政治的シニシズムを論じる中で用いた概念で、政治に対するシニシズムをもたらす報道のあり方がメディアに対するシニシズムをももたらす可能性が指摘されている。メディアシニシズム研究においても、メディア利用のあり方にもたらす影響が主要なテーマの一つとなっている。ちなみに、カペラたちは、懐疑主義は精査と考察に基づく不信で、騙されないように問いを発していくことだが、シニシズムは検証を伴わない、信頼しない気質に基づく不信で、すでに答えをもっていることだと説明している。

3. メディア信頼性とメディア利用

メディア信頼性とメディア利用の複雑な関係

　先述したように、メディアに対する信頼は人々のメディア利用に影響を及ぼし、その結果として関心や知識、理解などに影響を与えると考えられてきた。しかし、ストロンバックら（Strömbäck et al., 2020）が指摘するように、メディア信頼性とメディア利用の関係は複雑であるようだ。ツファティとカペラ（Tsfati & Cappella, 2003）は、メディア利用者の合理性を前提とし、人々は世界についての正確な情報を得るためにニュースを見ると仮定した。したがって、人々は信頼していないメディアは利用せず、信頼するメディアに接触するという仮説が立てられた。実証的な検討の結果、彼らは主流メディアに対する懐疑主義、すなわち信頼の低さは主流メディアへの接触と負の関係にあり、非主流メディアへの接触とは正の関係にあることを見出し、仮説を支持する結果を得た。しかし同時に、メディア信頼性とメディア利用との関連度は低いものであり、メディア信頼性はメディア利用を決定する唯一の要因ではなかった。

　また、ソーシャルメディアやインターネットを利用した様々なニュースサービスが利用されるようになった近年では、メディア信頼性とメディア利用の関係はよりいっそう複雑さを増している。カロゲロプロスら（Kalogeropoulos et al., 2019）は、人々のニュース消費の変化、そしてデジタルニュース情報源やソーシャルメディアのような分散型プラットフォームの登場によって、ニュースに対する信頼とニュース利用の関係は再検討が求められていると述べている。彼らは35カ国のニュース利用者を対象として、テレビ、新聞、伝統的メディア（新聞、

雑誌、テレビ、ラジオ）のニュースサイト、デジタルニュースサイト、そしてソーシャルメディアでのニュース利用とニュースへの信頼の関係を検討した。その結果、テレビや新聞などの主流メディアへの接触はニュースへの信頼と正の関係にあったが、デジタルニュースサイトやソーシャルメディアなどの非主流メディアへの接触との負の関係は見出されなかった。しかし、主な情報源としてソーシャルメディアを利用する人は、主流メディアを主な情報源とする人よりもニュースに対する信頼度が低いことが明らかになっている。

　メディア利用とメディア信頼性の関係を複雑にしている要因として、人々のニュース消費の理由が多様であることも挙げられる。利用と満足研究は、ニュース消費の動機には世界についての情報を得る以外にも気晴らしや娯楽、社会的威信などがあることを明らかにしてきた（Rubin, 2009）。世界に関する正確な情報を得ることは、ニュースを利用する数多くの動機の一つに過ぎず、たとえば娯楽的な動機によるメディア利用ではメディア信頼性はそれほど意味をもたないかもしれない。また、ツファティとカペラ（Tsfati & Cappella, 2005）は、認知欲求（need for cognition）に注目し、メディアに対して懐疑的態度をとる人々でも主流メディアを利用することがある理由を説明しようとした。調査データによる検証の結果、認知欲求と主流メディア接触には交互作用が見出された。認知欲求が低い場合はメディアに対する信頼はメディア利用と強い関連が見られ、懐疑的な態度はメディア利用を抑制していたが、認知欲求が高い場合にはこの関係は消失したのである。この結果から、メディアを信頼していないにもかかわらず利用するのは、多様な情報を集めたり、問題をじっくり考えること自体から満足感を得ているからであり、認知欲求が高い人はメディア信頼性の影響を受けにくい傾向があるとツファティらは考察している。

科学技術に関するメディア利用研究

　こうしたメディア信頼性がメディア利用に及ぼす影響は、科学技術をめぐるメディア接触においても同様なのだろうか。スーら（Su et al., 2015）は、伝統的メディアとオンラインメディアへの信頼がメディア利用へ及ぼす影響、そして人々のメディア利用パターンとナノテクノロジーや原子力という科学技術理解との関係を実証的に検討している。その結果、メディア信頼性はメディア利用と正の関係があること、教育レベルに関係なく、オンライン情報源を主に利用する人は伝統的メディアを主に利用する人よりも科学知識が高いことを見出した。

　またメターグ（Metag, 2020）は、科学に関するメディア報道の信頼性を含む評

価が肯定的であるほど、印刷メディアや新聞・雑誌のウェブサイト、テレビ、ラジオを利用し、ソーシャルメディアは利用しないという傾向があることを実証的に明らかにした。すなわち、メディア信頼性を含む科学報道に対する肯定的評価は、「伝統的メディア」だけではなく、新聞・雑誌サイトの利用も促進し、ソーシャルメディアの利用は抑制していたのである。

先端科学技術に関するメディア利用とメディア信頼性の実証的検討

　実際に、日本では先端科学技術情報に関してどのようなメディアが利用されているのであろうか。また、そのメディア利用はメディア信頼性とどのような関連があるのであろうか。メディア利用に関する研究は欧米を中心になされてきたが、その国固有のメディア状況に注目する必要がある。たとえば日本ではニュースサイトやモバイルニュースアプリの利用が急増しているが、その中でも「Yahoo!ニュース」など、ポータル系サイト、アプリの利用者が圧倒的に多い（ICT 総研, 2021）。こうした日本特有の情報源の利用とメディア信頼性との関連はどのようなものであるのだろうか。本節の最後に、これらの問いに答えるために実施された調査の分析結果[3]を紹介する。調査は、インターネット調査会社のモニター会員を対象に 2021 年 1 月 20 日に実施された。調査対象者は関東 1 都 6 県在住の 20 歳〜69 歳の男女である。20 代から 60 代の年代ごとに、男女 100 名ずつ割り付けた。有効回答数は 1,000、平均年齢は 44.5 歳（SD=14.0）であった。

　この調査では、鈴木（2020）に基づき、マスメディアの中でも先端科学技術情報源として圧倒的に利用度の高いテレビと、近年存在感を増しているインターネットを利用した情報源に焦点を当てている。テレビの利用度はテレビ局と番組タイプ別に「NHK ニュース報道番組」「民放ワイドショー平日」など 7 項目に対して、インターネットを利用した情報アウトレットの利用度は「新聞社サイト・アプリ」「ポータル系サイト・アプリ」「SNS」「動画共有サイト」など 9 項目に対して、「よく利用する」から「まったく利用しない」までの 5 点尺度および「わからない」で測定した。それぞれ「わからない」という回答を分析から除外した単純集計結果をみると、先端科学技術情報に関する情報源の中で最も利用されていたのは、「民放ニュース報道番組」で、「よく利用する」から「たまに利用する」までを合計した割合は 51.8% であった。次に利用度が高かったのは

---

[2]　Metag（2020）は、科学に関するメディア報道の評価を、科学報道に対する満足度スコア、そして科学報道の信頼性、わかりやすさ、内容の充実度に関する評価スコアから算出している。
[3]　本分析結果は、鈴木（2022）に基づくものである。

「ポータル系サイト・アプリ」の46.4%で、「NHKニュース報道番組」（44.0%）や「民放ワイドショー平日」（42.2%）を上回っていた。さらに、「SNS」34.0%、「動画共有サイト」33.3%と、ソーシャルメディアが今や重要な科学技術情報源になっていることが示された。

　そして、報道メディア信頼度として、新聞、NHK、民放テレビ局、ビジネス誌・ニュース雑誌、一般週刊誌に対する信頼度を「まったく信頼していない」から「とても信頼している」までの5点尺度で測定した[4]。「とても信頼している」と「ある程度信頼している」を合計した割合は、「新聞」44.4%、「NHK」41.7%、「民放テレビ局」33.3%、「ビジネス誌・ニュース雑誌」29.5%、「一般週刊誌」10.5%であった。NHKと民放テレビ局で8.4ポイント、ビジネス誌・ニュース雑誌と一般週刊誌では19.0ポイントもの差があり、同種のマスメディアであってもメディア・ブランドによって信頼度には大きな差異があることが示唆された。

　これらのメディアに対する信頼の違いが、先端科学技術に関するメディア利用のあり方にどのような影響を及ぼしているのかを検討するため、メディア利用度を目的変数とした重回帰分析を実施した。その際、メディアをその利用パターンから類型化するため、上述したテレビ番組7項目とインターネット情報源9項目で因子分析（主因子法、バリマックス回転）を実施し、「テレビ」「ソーシャルメディア」「報道系サイト・アプリ」「ポータル系サイト・アプリ」の4類型のメディア利用度を用いた[5]。説明変数は、報道メディア信頼度のほか、ニュース報道に対する態度、先端科学技術への関心、政治的有効性感覚、年齢を投入した。結果は表4-1に示したとおりである。

　まず、テレビ利用に注目すると、報道メディア信頼度の中で民放テレビ局への信頼のみが正の効果をもっていた（$\beta = .200$〔$t=3.656, p< .001$〕）。すなわち、先端科学技術に関する情報を得ようとするとき、民放テレビ局を信頼しているほどテレビを利用し、信頼していないほどテレビは利用しないという関係が見られた。次に、ソーシャルメディア利用については、伝統的メディアであるテレビとは

---

[4]　ラジオは先端科学技術情報への接触メディアとしてほとんど利用されていなかった（鈴木,2020）ため、新聞、雑誌とテレビの3マスメディアを対象とした。また、テレビは新型コロナ感染症に関する民放ワイドショーの報道のあり方が問題視されたことなどから、NHKと民放テレビ局を分けた。ビジネス誌・ニュース雑誌と一般週刊誌も信頼性評価が異なる可能性があると考え、別個に測定した。

[5]　利用率の高かった「ポータル系サイト・アプリ」はどの因子においても因子負荷量が低く、先端科学技術情報源として独立した存在であった。そのため、「テレビ」「ソーシャルメディア」「報道系サイト・アプリ」と解釈できる3因子は因子得点を、ポータル系サイト・アプリではメディア利用度の得点を用いることとした。

表 4-1　先端科学技術に関するメディア利用度を目的変数とした重回帰分析の結果

	標準化偏回帰係数（β）			
	テレビ	ソーシャル メディア	報道系サイト ・アプリ	ポータル系サイト ・アプリ
報道メディア信頼度				
新聞	.038	-.199***	.130*	-.015
NHK	.037	-.078	.124*	.056
民放テレビ局	.200***	.088	-.125*	.007
ビジネス誌・ニュース雑誌	-.018	.015	.087	.049
一般週刊誌	.071	.147***	.068	.046
ニュース報道に対する態度	.100*	-.105*	-.090	-.009
先端科学技術への関心度	.272***	.241***	.218***	.359***
内的有効性感覚				
無関心	.011	.036	-.093*	-.015
無力感	-.046	-.014	-.114**	-.026
知識	-.031	.023	.132***	.013
外的有効性感覚				
政治システムへの不信	-.041	-.095	-.078*	-.105**
政治システムの応答性期待	-.040	.054	-.038	.078*
年齢	.081	-.292	-.119	-.095
調整済み R^2	.220	.227	.181	.174

* $p<.05$, ** $p<.01$, *** $p<.001$
出典：鈴木（2022）p.112

まったく異なる結果となった。新聞に対する信頼がソーシャルメディアに負の効果（ $\beta=-.199$〔$t=3.688, p<.001$〕）を、一般週刊誌に対する信頼は正の効果（ $\beta=.147$〔$t=3.566, p<.001$〕）をもっていた。この結果は、新聞に対して懐疑的な態度をもっているほどソーシャルメディアを利用することを意味しているが、同じく伝統的メディアとして一括りに論じられることの多かったテレビへの信頼はソーシャルメディアの利用と関連があるとはいえなかった。一方で、新聞と同じ印刷メディアであっても、大衆性の高い一般週刊誌への信頼が高いほどソーシャルメディアを利用するという関連が示されたことは興味深い。ソーシャルメディアには多様な形態のサービスがあり、そのコンテンツも玉石混淆であることから安易に結論づけることはできないが、反主流的なスタンスや話題性に価値を求める一般週刊誌の姿勢はソーシャルメディア利用と親和性が高いのかもしれない。

そして、報道系サイト・アプリの利用に関しては、新聞と NHK への信頼が正の効果（$\beta = .130$〔$t=2.343, p<.05$〕，$\beta = .124$〔$t=2.408, p<.05$〕）を、民放テレビ局への信頼が負の効果（$\beta = -.125$〔$t=2.222, p<.05$〕）をもっていた。新聞や NHK への信頼が高いほど、新聞社や NHK などの報道系サイト・アプリを利用するのはある意味当然とも思えるが、同時に民放テレビ局に対して懐疑的であるほど報道系サイトやアプリは利用されていた。他に、政治的有効性感覚と正の関連があることから、科学技術政策に積極的に関わろうとする姿勢がある人々はワイドショーなどを放映する民放テレビ局に対する低い信頼から利用せず、新聞や NHK、報道系サイト・アプリを利用すると考えられる。

最後に、どの報道メディア信頼度も Yahoo! ニュースなどのポータル系サイト・アプリの利用に有意な効果をもっていなかったことも注目すべき結果である。たとえば Yahoo! ニュースは、AP 通信、時事通信などの通信社、読売新聞、朝日新聞などの新聞社、日本テレビ、TBS などのテレビ局をはじめ国内外の報道機関からニュース記事の提供を受けている（Yahoo! ニュース，2022）。しかし、その利用はどの報道メディアへの信頼度とも関連があるとはいえず、ニュース情報の提供元とは異なる情報源として捉えられている可能性がある。近年のニュースサイトやニュースアプリの急速な普及を考えると、メディアに対する信頼とメディア利用の関係はいっそう複雑化しているといえるだろう。

4. 何がメディアへの信頼を高めるのか

科学報道におけるメディア信頼性

どのような要因がメディアに対する信頼を高めたり、懐疑的な態度へと向かわせるのだろうか。これまで、メディア信頼性を説明しようとする多くの研究がなされ、人口統計学的変数、メディア利用、政治的関心などとの関連が検討されてきた。たとえばツファティとアリエリー（Tsfati & Ariely, 2014）は 44 カ国の調査データを分析し、政治的関心、対人信頼、テレビニュースや新聞への接触はメディアへの信頼と正の関係があり、教育やインターネットニュースへの接触は負の関係があることを見出している。しかし、これまでメディア信頼性の重要性が強調されながらも、科学報道におけるメディア信頼性の規定要因についてほとんど検証されてこなかった。そこで本節では、科学報道におけるメディア信頼性がどのような要因によって説明されるのか、以下の調査データによって実証的に検討する。

表 4-2　先端科学技術に関するメディア信頼項目に対する因子分析の結果

項目（先端科学技術について報道するとき…）	因子負荷量	共通性
マスメディアは公平である	.852	.726
マスメディアは偏りがない	.873	.762
マスメディアは一部を切り取らずに全容を伝えている	.881	.776
マスメディアは正確である	.878	.770
マスメディアは事実と意見を区別している	.827	.683

　調査は、インターネット調査会社のモニター会員を対象に 2022 年 5 月 12 日に実施された。調査対象者は関東 1 都 6 県在住の 20 歳〜 69 歳の男女で、20 代から 60 代の年代ごとに、男女 100 名ずつ割り付けた。有効回答数は 1,000、平均年齢は 44.5 歳（SD=13.8）であった。

先端科学技術報道に関するメディア信頼性尺度の作成

　先端科学技術に関するメディア信頼性は、単一項目ではなく、ストロンバック（Strömbäck et al., 2020）が提唱した複数項目尺度を参考に、先端科学技術報道に合わせて文言を変更した尺度を新たに作成し、「そう思う」から「そう思わない」までの 5 点尺度で測定した（表 4-2 参照）。これら 5 項目を用いた合成変数を作成するため、抽出因子数 1 の因子分析（主成分分析、回転なし）を実施した[6]。結果は表 4-2 に示したとおりである。第 1 因子で説明された分散の合計は 3.72（74.3%）であった。信頼係数 α = .914 と十分に高かったため、この 5 項目の平均値をメディア信頼度として用いることとした。メディア信頼度の平均値（標準偏差）は 2.88（0.77）であった。

メディア信頼性と人口統計学的変数の関係

　メディアを信頼する人、しない人はどのような人々なのだろうか。まず、性別、年代、学歴との関連を検討した。性別による 2 群の平均値の差の検定を実施したところ、メディア信頼度の平均値（標準偏差）は男性 2.91（0.80）、女性 2.86（0.74）で性別による有意差はなかった（t=1.04, df=998, n.s.）。また、学歴との関連を検討するために一元配置分散分析を実施したが、学歴によるメディア信頼度の平均値に有意な差は認められなかった（f(7,918)=1.28, n.s.）。

　一方、年代による一元配置分散分析の結果、メディア信頼度の平均値（標準偏

---

[6]　因子分析を実施する際には、「そう思う」に 5、「そう思わない」に 1 があたるように数値を逆転させた。

差）は 20 代で 2.78(0.81)、30 代 2.87(0.74)、40 代 2.82(0.79)、50 代 2.90(0.75)、60 代 3.05(0.74)で、全体的に年代が高いほど先端科学技術報道に関するメディア報道を信頼する傾向が見られた（$f(4,995)=3.57$, $p<.01$）。20 代はメディアに対して最も懐疑的であった。

メディア信頼性と知識の関係

　科学理解や先端科学技術、たとえばゲノム編集などの理解や社会的受容に関する研究では、先端科学技術の社会的受容を左右する変数として知識が重要視されてきた。ウチヤマら（Uchiyama et al., 2018）は、日本人の多くがゲノム編集についてよく理解しないままにそのリスクを懸念していると指摘した。またタカハシとタンドック・ジュニア（Takahashi & Tandoc Jr, 2016）は、デジタル情報が氾濫する現代において、科学技術に関する知識の重要性はますます高まっていると述べている。

　そこで、メディア信頼性と知識の関係を検討するため、今日その社会的受容について多くの議論があるゲノム編集に対象を絞り、知識尺度を作成した。何をもって知識があるとするのか、科学的知識の測定には議論があるが、本調査では「遺伝子に関するリテラシーと意識の国際調査（iGLAS; International Genetic Literacy and Attitudes Survey）」の遺伝知識尺度（The Accessible Genetics Consortium, 2022）、アンダーソンら（Anderson et al., 2021）の遺伝子編集に関する知識尺度に加えて、読売新聞、朝日新聞、毎日新聞、日本経済新聞のゲノム編集に関するニュース記事を元に 9 項目のゲノム編集知識尺度を作成した[7]。各項目に対して「正しい」「誤っている」「わからない」で回答を求め、正解に 1 点、不正解と「わからない」には 0 点を与え、合計得点を知識得点とした。得点が 0 点を低知識群（43.7%）、1 点〜2 点を中知識群（26.7%）、3 点〜9 点を高知識群（29.6%）とし、メディア信頼度を従属変数とする一元配置分散分析を行った。その結果、メディア信頼度の平均値（標準偏差）は低知識群 2.90(0.67)、中知識群 2.76(0.77)、高知識群 2.97(0.89)で、知識が中程度の人が最もメディア信頼度が低く、低知識群ではそれよりも信頼度が高かった。そして、最もメディアを信頼していたのは知識が最も高い人たちであった（$f(2,997)=5.64$, $p<.01$）。

---

[7]　iGLAS は選択肢 4 あるいは 2 の 20 問からなる尺度であるが、被調査者負担への配慮と他の設問とそろえるために正誤問題に作り変え、全体で 9 問とした。なお、尺度を構成した 2022 年 4 月には日本語尺度が公開されていなかったため、翻訳や項目選定にあたって土屋ら（2008）の遺伝学的知識尺度、三好・渡邊（2021）の生物基礎知識尺度、遺伝・ゲノム知識尺度を参考にした。

メディア信頼性は人々のメディア利用のあり方に影響を及ぼし、その結果とし
て先端科学技術の知識や理解を左右するとされてきたが、同時に、知識が高い
人々はメディアを信頼していることが示唆された。メディア信頼性と知識の因果
関係についてはこれまで明確な結論は得られていないが、相互に影響を及ぼし
合っていると考えることは自然であろう。興味深いのは、知識が高いほどメディ
アを信頼するといった直線的な関係があるのではなく、ゲノム編集についてまっ
たく知識がない人々も相対的にメディア信頼性が高く、少し知識がある人々がメ
ディアに対して最も懐疑的だということである。この結果は、メディアに対する
不信感は能力がある人々の健全な懐疑心を意味するのではないかという主張に対
して疑問を投げかけるものである。

引用文献

Anderson, J. T., Howell, E. L., Xenos, M. A., Scheufele, D. A., & Brossard, D. (2021). Learning without seeking? Incidental exposure to science news on social media & knowledge of gene editing. *Journal of Science Communication, 20*(4), A01.

Brossard, D., & Nisbet, M. C. (2007). Deference to scientific authority among a low information public: Understanding US opinion on agricultural biotechnology. *International Journal of Public Opinion Research, 19*(1), 24–52.

Cappella, J. N., & Jamieson, K. H. (1996). News frames, political cynicism, and media cynicism. *The Annals of the American Academy of Political and Social Science, 546*(1), 71–84.

Coleman, J. S. (1990). *Foundations of social theory.* Cambridge, MA: Belknap Press of Harvard University Press.

Davison, W. P. (1983). The third-person effect in communication. *Public Opinion Quarterly, 47*(1), 1–15.

Gaziano, C., & McGrath, K. (1986). Measuring the concept of credibility. *Journalism Quarterly, 63*(3), 451–462.

Hovland, C. I., Janis, I. L., & Kelley, H. H. (1953). *Communication and persuasion.* New Haven, CT: Yale University Press. (辻正三・今井省吾（訳）(1960). コミュニケーションと説得　誠信書房)

ICT総研 (2021). 2021年 モバイルニュースアプリ市場動向調査　https://ictr.co.jp/report/20211220.html/

Kalogeropoulos, A., Suiter, J., Udris, L., & Eisenegger, M. (2019). News media trust and news consumption: Factors related to trust in news in 35 countries. *International Journal of Communication, 13*, 3672–3693.

Kohring, M., & Matthes, J. (2007). Trust in news media. Development and validation of a multidimensional scale. *Communication Research, 34*(2), 231–252.

Metag, J. (2020). What drives science media use? Predictors of media use for information about science and research in digital information environments. *Public Understanding of Science, 29*(6), 561–578.

Meyer, P. (1988). Defining and measuring credibility of newspapers: Developing an index. *Journalism Quarterly, 65*(3), 567–574.

三好知美・渡邉正樹 (2021). 遺伝・ゲノムおよび遺伝性疾患に関する一般市民の知識とその関連要因　学校教育学研究論集, *43*, 55–66.

Prior, M. (2007). *Post-broadcast democracy: How media choice increases inequality in political involvement and polarizes elections.* Cambridge, UK: Cambridge University Press.

Reuters Institute (2022). Digital News Report 2022. https://reutersinstitute.politics.ox.ac.uk/sites/default/files/2022-06/Digital_News-Report_2022.pdf

Rubin, A. M. (2009). The uses-and-gratifications perspective of media effects. In J. Bryant & D. Zillmann (Eds.), *Media effects: Advances in theory and research* (2nd ed., pp.525–548). Routledge. http://ndl.ethernet.edu.et/bitstream/123456789/58135/1/15.Jennings%20Bryant.pdf#page=536

Strömbäck, J., Tsfati, Y., Boomgaarden, H., Damstra, A., Lindgren, E., Vliegenthart, R., & Lindholm, T. (2020). News media trust and its impact on media use: Toward a framework for future research. *Annals of the International Communication Association, 44*(2), 139–156.

Su, L. Y. F., Akin, H., Brossard, D., Scheufele, D. A., & Xenos, M. A. (2015). Science news consumption patterns and their implications for public understanding of science. *Journalism & Mass Communication Quarterly, 92*(3), 597–616.

鈴木万希枝 (2020). 先端科学技術エンゲージメントの涵養における情報行動の役割：情報接触メディアからの検討　情報文化学会誌, *27*(1), 11–18.

鈴木万希枝 (2022). 先端科学技術情報に関するメディア利用の分析：メディアに対する批判的態度の影響　メディア・コミュニケーション（慶応義塾大学メディア・コミュニケーション研究所紀要）, *72*, 103–115.

Takahashi, B., & Tandoc Jr, E. C. (2016). Media sources, credibility, and perceptions of science: Learning about how people learn about science. *Public Understanding of Science, 25*(6), 674–690.

The Accessible Genetics Consortium (2022). iGLAS https://tagc.world/%20iglas/

Tsfati, Y. (2003). Media skepticism and climate of opinion perception. *International Journal of Public Opinion Research, 15*(1), 65–82.

Tsfati, Y. (2010). Online news exposure and trust in the mainstream media: Exploring possible associations. *American Behavioral Scientist, 54*(1), 22–42.

Tsfati, Y., & Ariely, G. (2014). Individual and contextual correlates of trust in media across 44 countries. *Communication Research, 41*(6), 760–782.

Tsfati, Y., & Cappella, J. N. (2003). Do people watch what they do not trust? Exploring the association between news media skepticism and exposure. *Communication Research, 30*(5), 504–529.

Tsfati, Y., & Cappella, J. N. (2005). Why do people watch news they do not trust? The need for cognition as a moderator in the association between news media skepticism and exposure. *Media Psychology, 7*(3), 251–271.

Tsfati, Y., & Peri, Y. (2006). Mainstream media skepticism and exposure to sectorial and extranational news media: The case of Israel. *Mass Communication and Society, 9*(2), 165–187.

土屋敦・大畑尚子・渡部麻衣子 (2008). 遺伝子技術に対する社会的受容意識の形成要因：「知識欠如モデル（Deficit Model）」の検証を中心に　ソシオロゴス, *32*, 164–181.

Uchiyama, M., Nagai, A., & Muto, K. (2018). Survey on the perception of germline genome editing among the general public in Japan. *Journal of Human Genetics, 63*(6), 745–748.

Vallone, R. P., Ross, L., & Lepper, M. R. (1985). The hostile media phenomenon: Biased perception and perceptions of media bias in coverage of the Beirut massacre. *Journal of Personality and Social Psychology, 49*(3), 577–585.

West, M. D. (1994). Validating a scale for the measurement of credibility: A covariance structure modeling approach. *Journalism Quarterly, 71*(1), 159–168.

Yahoo! ニュース（2022）.「ニュース提供社」 https://news.yahoo.co.jp/media

第5章　市民が求める科学的専門家

大坪寛子

　私たちが日々暮らす環境が、突然の自然災害や事故によってリスクの高いものへと変容し、生活そのものに関する諸々の選択を否が応でも迫られる時がある。2011年3月11日に発生した東日本大震災とそれに伴う東京電力福島第一原子力発電所の事故は、特に当原発の立地県である福島で暮らす人々にとって、そのような選択を迫られた出来事だった。高濃度に汚染された原発周辺の地区ばかりでなく、風に乗って運ばれた放射性物質の飛散と雨や雪に伴う降下によって、阿武隈高地を超えて数十キロ離れた地区も、何代にもわたって生活を営んできた環境そのものが健康リスクの高いものへと変貌してしまったからである。

　原発事故に関して現実に何が起きているのか、それがよくわからないまま不安な状態に置かれている人々に、政府や原子力・安全保安院は定期的に会見を開いて状況を説明し、「ただちに人体への影響はない」と繰り返した。テレビでは、様々な「専門家」が登場し、会見内容に基づいて解説をした。福島県民に向けては、県から「放射線健康リスク管理アドバイザー」に任命された長崎大学の放射線の専門家が、講演会などで放射線の健康リスクについて説明を行った。これらはいずれも「リスク・コミュニケーション」として位置づけられるものである。

　しかし、結論からいえば、当時の低線量放射線被ばくに関するリスク・コミュニケーションは失敗に終わった。リスク研究者も認めるように、「安全性を強調した講演会や説明会など大規模かつ一方向の情報伝達が主流であったように見え」、「双方向でないことへの非難と共に」、リスク・コミュニケーションそのものへの「信頼を失墜させた」（竹田，2019, p.202）からである。福島で住民とともに支援活動を行った研究者も、「原発事故の直後から、現地で詳細な調査を行わず、経済性を優先し、被害者の気持ちを無視して『安全』『大丈夫』と言う科学者の発言が多く見られた」（野中，2014, pp.169-170）と述べている。

　この失敗をコミュニケーションの観点から一言でいうと、専門家のオーディエンス観から生じた問題であるといえるのではなかろうか。本章ではこうした問題意識のもと、科学的専門知識に関してはオーディエンスの立場に置かれる一般市

民と専門家との間の関係のあり方について、専門家との協働作業によってリスクを低減させる取り組みを行ってきた福島の住民の事例を通して考えてみたい。

1. リスク・コミュニケーションの考え方

リスク・コミュニケーションという言葉は、木下（2016）によると、1970年代から80年代にかけてアメリカで誕生したということである。当初の考え方としては、情報も知識もない受け身の市民に対して、専門家が一方的に教導する技術というイメージであり、典型的には、行政や企業の専門家が考えるリスクやリスク管理の方法を市民が受け入れるように専門家が説得するというものであった。スロビック（Slovic, 1987）によって、科学的専門家と非専門家では、たとえば原子力発電や飲酒などのリスクの見積もり（リスク認知）が異なることが明らかにされたが、一般の市民が科学的専門家とは異なるリスク認知をし、専門家が受け入れ可能と判断するリスクを受け入れようとしないのは、専門家と同程度の知識や情報がないためと考えられた。リスク・コミュニケーションとは、正しい知識を正しく人々に説明し啓蒙する活動であると考えられていたのである（土田, 2018）。この考え方を「欠如モデル（deficit model）」という（Wynne, 1993）。

その後、このようなリスク・コミュニケーションの考え方は、効果が限定的であったことから見直され、米国研究評議会が定義した「個人、機関、集団間で情報や意見を交換する相互作用的過程であり、交換するものの中には、リスクの性質に関する多様なメッセージだけでなく、厳密にはリスクについてというわけではない他のメッセージ、すなわちリスク・メッセージや法的・制度的リスク管理に対する懸念や意見、応答などの表明も含まれる」（National Research Council, 1989, p.21）とする考え方が一般的となった。この定義の注目すべき点として吉川（2009）は、一方向的な情報の流れはリスク・メッセージとして双方向的な過程であるリスク・コミュニケーションとは区別していること、リスクに間接的に関わる懸念なども含まれるとしていることの2点を挙げている（吉川, 2009, pp.1-2）。

この2つの考え方は、オーディエンス観が全く異なる。「欠如モデル」は、オーディエンスを知識や情報の一方的な受け手の地位に留め置き、専門家から教え、諭される存在と見ている。一方、米国研究評議会（National Research Council, 1989）の考え方は、オーディエンスは専門家と相互作用を行う対等な関係にあり、オーディエンスであると同時に懸念や意見などの発信者でもあると見

ている。「欠如モデル」の実践上の失敗から米国研究評議会（1989）が定義する新しい考え方が生まれたにもかかわらず、それから20年以上も経過した2011年の福島でも、「欠如モデル」に基づいたリスク・コミュニケーションが繰り返されたのである。

2. 福島の人々の取り組み事例と成功のポイント

　国や県の行ったリスク・コミュニケーションは失敗したが、科学的専門家の力を借りながら自分たちでこの苦境を乗り越えてきた福島の人たちもいる。ここでは、市民によるそのような取り組み事例を扱う。もちろん、これらはこの時期に行われた数多の取り組みのごく一部であり、またこれらの事例にしても、そのほんの一部を記載したに過ぎないが、これらの成功事例を通して、リスクに直面した市民と専門家との関係やコミュニケーションのあり方について考えてみたい。

4つの成功事例
①福島県二本松市での有機農家の取り組み
　福島県二本松市の東和地区では、2005年にNPO法人「ゆうきの里東和ふるさとづくり協議会」を設立し、地元の道の駅の管理運営など、組織としての活動を行ってきた。そのような活動を通したつながりから、東和地区には原発事故後も早い時期から支援が集まり、専門家との協働作業によって独自の取り組みを進めてきた。ここでは、この地域の中心的存在で、40代にして当NPO法人の初代理事長を務めた菅野正寿氏へのインタビュー（2021年2月3日実施）と著作（菅野，2012, 2018）に基づき、その取り組みの概要を述べる。

　原発事故の発災直後、菅野氏たちの地域は浪江町から避難してきた人々への支援活動に追われたが、原発から50kmも離れたこの地域にも放射性降下物の影響があることが明らかになると、果たして例年どおり作付けを行うことができるのか、菅野氏をはじめ地域の農家は不安を感じるようになった。4月半ばに福島県農業総合センターの有機農業推進室から、後から振り返ってもかなり適切と判断できる指針が出たのを機に、地元の生産者約100名が集まって意見を交換し、センターからの「可能な限り深く耕す」などの指針に従って例年どおり種をまくことを決めた。

　とはいえ、自分の農地がどのくらい汚染されているのかもわからず、不安を抱えながらの作業だった。そこに5月初旬、つき合いのあった日本有機農業学会

に所属する大学の研究者が訪ねて来て、支援のオファーを受けた。6月には市民放射能測定所から測定技術の指導を受け、京都の取引先から支援を受けたガイガーカウンターを使って自分たちで農地の放射線量の測定を始めた。国や県の指示を待っているわけにはいかない、とにかく「みんなで議論して地域で主体的にやろう」という思いだったと菅野氏は言う。大学の研究者には、研究のための調査ではなく農家のための調査をして欲しいと要望を伝えた。結果として、新潟大学の野中昌法教授（当時）を中心とした研究チームとの協働作業は大いに役立ったが、そこに至るまでには幾度となく議論や交流を重ねており、決して簡単ではなかったということである。

　研究者との協働作業によって、菅野氏たちの暮らす阿武隈山系の雲母を含んだ土壌はセシウムを吸着して農作物に移行させにくくする働きがあるということ、また、菅野氏たちが取り組んできた有機農法もそれに役立っていることなどが明らかになった。こうしたことを通して菅野氏は、調査データに基づいて自分たちの環境のことを科学的に知ることがいかに大切であるか、よくわかったという。

　東和地区では2011年の7月に、食材用の測定器も道の駅に導入した。そこで自分の家の畑で作ったじゃがいもを測定した女性が、「ああ、これなら孫に食べさせられる」と嬉しそうに話した言葉が忘れられないと菅野氏は言う。見えない放射線の影響を測定によって可視化し、安全性を自ら確認できたことで、農家は自信と前向きな気持ちを取り戻した、と菅野氏は語った。

②福島市での果樹農家の取り組み

　福島県は県認証のブランド桃「あかつき」に代表される桃の生産地で、山梨県に次いで全国2位の生産量を誇るが、原発事故が発生した2011年には価格が暴落し、全国平均値を42.8%も下回るという大きなダメージを受けた（福島県農林水産部，2019）。福島市で桃をはじめ梨やりんごを生産する果樹園を経営するT氏は、時に専門家の知見や古くからの顧客・知人からの助言を借り受けて、同業者の仲間たちと共に試行錯誤を重ねながら、自分たちでやれることを精いっぱいやってこの苦境を乗り越えてきた。ここでは、そのT氏の取り組みについて、文献（五十嵐，2018; 小山・小松，2013）やウェブサイト（フルーツランドたかはし果樹園，n.d.）も参照しながら、T氏へのインタビュー（2021年2月4日実施）に基づいて概要を述べる。

　T氏が原発事故による事の重大さに気づいたのは、震災が発生してしばらく時間が経過した3月下旬頃だった。震災直後は地元の消防団の一員として断水し

た地区の給水支援や地域の見回り活動などを行っていたが、観光農園協会に所属しているＴ氏のもとに、桃よりも収穫の早いさくらんぼに関して、主な取引先からストップがかかったとの情報が入ったのである。悪い予感は現実となり、Ｔ氏の仲間も、首都圏の百貨店や観光農園への招客業務を行う代理店など主な取引先から、その年の取引停止を言い渡された。国の方針も全く決まっておらず、補償も賠償もどうなるのか全くわからない中で、この先一体どうしたらいいのか、先々代の頃から果物に合う土づくりに励み、自分の代に限っても 20 年間かけて育ててきた木と培ってきた技術がすべて壊れてしまうのか、と思い悩み、苦しい日々が続いた。4 月から 5 月にかけてのこの時期が、気持ちの上での落ち込みが最も大きかったとＴ氏は言う。

　桃は順調に成長し、収穫の時期を迎えたが、価格は大きく暴落した。通常の 10 分の 1 以下の値しかつかなかったり、それでも買い手がつかずに傷んで廃棄処分するしかなくなったり、贈答品が受け取り拒否で返送されてきたりした。悔しい思いはあったが、自費を使って生産者仲間が探し出してきた測定会社に生産する品種すべての放射線量の検査を依頼してみたところ、20 から 30 ベクレル /kg（当時の暫定基準値は 500 ベクレル /kg）という数値が出た。測定もせずに「食べて応援」と主張するキャンペーンには違和感を抱いていたＴ氏は、その測定結果を正面から受け止め、出た結果をありのままに客に示し、「これでも良かったら」と言って販売を続けたという。

　果樹園での収穫作業を終えた 2011 年の 12 月ごろから、Ｔ氏は、とにかく自分たちでやれることをやっていこうと心を決め、思いを共有している仲間とともに精力的に取り組みを進めた。当時、JA が主催する農業経営塾の代表も務めていたＴ氏は、この苦境を乗り越えるための知識を得るため、大学の専門家やマスコミ関係者など様々な方面から話を聞いた。中でも実践上、一番役に立ったのが、土壌のことに詳しい県内の農家の方の話であった。まず現場を測定して現状を知る必要があるという話だったので、ならば自分たちもやってみようと、自費で高性能の測定器を 8 台購入し、試行錯誤しながら測定作業を行った。野菜用の畑とは違って果樹園の面積は広大であるため、測定作業は簡単ではなかったが、どうせやるならば徹底的にやろうと、3 メートルまたは 5 メートルおきに約 15,000 カ所を測定し、地図上にその数値を記入して独自の測定マップを作成した。ここまで徹底的にやる上で気持ちの後押しとなったのは、信頼を回復させるには現実的な根拠を積み上げていくしかないという、長年の顧客からの助言だった。

完成したマップに基づいて、福島県農業総合センター果樹研究所の専門家から具体的な対策のアドバイスをもらった。この果樹研究所からは、果樹の表面についた放射性物質の除去に効果があるということで指導が入り、2012年の冬には、福島県内全域で果樹を洗浄し皮をはがすという作業を行った。土の表面もすべてはがし、空間線量は劇的に下がった。

　こうした努力の甲斐もあって、2012年産の桃の放射性物質検査の結果は大きく改善した。2012年から2014年の検査結果は今も公開されているが（フルーツランドたかはし果樹園，n.d.）、いずれの品種についても、ヨウ素131、セシウム134、セシウム137のいずれも検出限界以下となっている。果樹園内でいくつかの測定ポイントを決めて測定する作業は継続して行っているが、食品の安全性については、事故から3、4年で科学的な根拠に基づいて「問題ない」といえる状況になった。その自信をベースに、その後は落ち込んだ消費の回復とさらなる拡大を目指した取り組みへとシフトしていき、それは同業者の仲間と立ち上げた「ふくしま土壌クラブ」と福島大学との情報発信の手法を考えるプロジェクトや、ブランド桃「あかつき」をアピールするプロジェクトという形で展開された。

③福島市での保育園の取り組み

　福島市渡利地区は、原発から約60km離れているにもかかわらず、福島県内でも比較的放射線量が高かった。当時、この地区にあるさくら保育園の園長だった齋藤美智子氏は、放射線防護学が専門の安斎育郎氏の協力を得ながら、園児を放射線被ばくから守ると同時に地域の中で感性豊かな子どもを育てる保育という園の教育理念を実現するために尽力した。その取り組みの詳細については安斎・大宮（2014）や齋藤（2016）で述べられているが、ここでは齋藤氏へのインタビュー（2021年2月8日実施）に基づき、その概要を述べる。

　齋藤氏は、子どもの成長にゼロ歳児から関わりたいという自らの希望を叶えるために、大学卒業後すぐに就職した公立幼稚園からさくら保育園へと異動し、設立当初からずっと当園で園児の成長を見守ってきた。2011年3月、震災と原発事故に遭遇したのは、園長として老朽化した園舎を建て替えるという一大事業をやり遂げた半年後だった。

　新園舎は耐震性に優れ、地震の強い揺れから園児と職員を守ってくれた。しかし、次第に園のある渡利地区の放射線量が県内でも比較的高いことがわかると、果たしてここにこのまま居てもいいのか不安になった。市政だよりや地元ラジオ局、インターネットなど、メディアからは様々な情報が出回っていて、どれが信

頼できる情報なのか判断が難しかった。保護者の中には医師もいたため、相談して、その伝手で放射線のことに詳しい医師から文書をもらったり、直接話を聞いたりした。得た情報は保護者と共有した。

　その後、当時齋藤氏たちが事務局を務めていた福島県保育連絡会が市民講座を開催することになり、齋藤氏は、この機会に、子どもたちの生活という視点から現在の状況について話をしてくれる専門家の話を聞きたいと考えた。県の放射線アドバイザーに当たってみたがスケジュールが合わず、保護者から名前の挙がった安斎氏の事務所に「飛び込み電話のように」電話してみたところ、いったんはスケジュールの都合で断られたものの、ほどなく連絡が入り、応諾が伝えられた。

　安斎氏を迎えての市民講座は2011年5月8日に開催されたが、予想を超える大人数が集まり、関心の高さが感じられた。当時は、換気のために窓を開けることに対しても懸念の声が挙がるほど、緊迫した雰囲気だったという。市民講座終了後、安斎氏はさくら保育園で除染のデモンストレーションを行った。園庭の表土をはがしていく作業であったが、はがす面積が広がるにつれて、そこに置かれた放射線測定器の値はみるみる下がった。齋藤氏はこのとき初めて、放射線量は低下させることができるのだということを体感できたという。

　それから齋藤氏たち園の職員は、安斎氏が預けてくれた測定器を使って、園内の至る所を測定した。新園舎は鉄筋だったため線量は低く、被ばくからも園児を守ってくれた。測定することによって線量が高めの場所も次第にわかるようになり、少しでも放射線量を下げるために、色々と情報を探しては試した。測定の結果や役立ちそうな情報は、すべて園の掲示板で公開した。

　原発事故から1、2年が経過すると、地域の中で豊かな感性を育むという園の方針の実践として大事にしてきた「散歩」を再開したいという希望が大きくなった。そのことを安斎氏に相談すると、安斎氏は、その測定のための機器を携えて専門家とともにやって来た。そしてさくら保育園の周辺道路を測定し、数十カ所の測定結果を書き込んだマップの形にして、被ばくの少ない散歩コースを提案してくれたのである。放射線量が可視化された散歩コースの資料があることで保護者と相談することができ、原発事故前と全く同じというわけにはいかないものの、齋藤氏たちが希望する「散歩」を再び保育の中に取り入れることが可能になった。これを機に、安斎氏のチームによって、被災者の被ばくをできるだけ少なくすることをめざす「福島プロジェクト」が開始されたということである。

④二本松市での住民の取り組み

　福島での市民の放射線対策は事故直後に限ったものではない。Ｏ氏は、居住する福島県二本松市に仮設焼却炉が建設されることが決定したのをきっかけに、放射線衛生学を専門とする獨協医科大学の准教授であり二本松市放射線専門家チームのアドバイザーでもある木村真三氏からのアドバイスも受けながら、地元の住民グループの一員として、大気の放射線量の測定活動を続けている。この仮設焼却炉とは、環境省のウェブサイトによると「安達地方（二本松市、本宮市、大玉村）で保管されている農林業系廃棄物及び可燃性除染廃棄物を焼却処理し減容化を行うもので、国と安達地方広域行政組合が建設する施設」である（環境省放射性物質汚染廃棄物処理情報サイト, n.d.）。この施設での焼却処理は 2019 年 4 月に始まり、2022 年 2 月に終了した。Ｏ氏の取り組みについて、2021 年 3 月に二本松市で開催されたシンポジウムの資料（みんなでつくる二本松・市政の会, 2021）とＯ氏へのインタビュー（2022 年 4 月 1 日実施）に基づき概要を述べる。

　二本松市に仮設焼却施設が建設されるという話が浮上したとき、地元では反対運動が起き、署名も多数集まっていったんは白紙撤回された。しかし、最終的に、予定地を変更して建設されることが決まってしまった。訴訟などの方法もないわけではなかったが、そこまではなかなか難しいので、それならば自分たちでしっかり監視を続けよう、となったのが始まりだという。2018 年春から測定を開始し、測定ポイントとして決めた 6 カ所を 2 カ月に 1 度、5 人で測定している。

　自分たちの生活環境の空間線量を自分たちで測定することにしたのは、二本松市が主催する放射線学習会に参加して仮設焼却施設建設のことを木村氏に相談したときに、「何か話をするにしても、データがあれば、それに基づいて話ができる。測定による監視活動は自分たちの身を守るためでもあるし、先方に対するアピールにもなる」という助言を受けたのがきっかけである。木村氏の紹介で県内の農家から高性能の測定器を借り受け、測定方法については木村氏から指導を受けて、自分たちで測定を開始した。測定したデータは、やはり木村氏の研究室で分析してもらっているということである。

　このように、Ｏ氏たちの継続的な測定活動によって、地域には科学的に質の高いデータがある。にもかかわらず、残念なことに、あまり住民には活用されていないとのことである。それは、こうしたことを気安く話題にできるような雰囲気がないためとＯ氏は言う。ただＯ氏は、現在は新型コロナ感染予防のために中断されているが、子どもの保護者会の延長のような形で芋煮会や餅つき会を定期的に開催し、使用した食材の測定結果を掲示して、測定して知ることの大切さ

について5分から10分程度の話をする機会を設けているとのことである。

　仮設焼却施設は焼却処理を終え、今後は解体されるということであるが、この作業によって放射性物質が飛散することをO氏は懸念する。O氏たちは今後も、余計な被ばくを避けるために、人間の五感では捉えることができない放射線を自分たちの手で測って知り、記録して伝えるという活動を続ける所存である。

取り組み事例にみる成功のポイント

　これら4つの事例をリスクに直面した一般市民と専門家との関係という視点でみると、成功を導いた要因として、以下の5点が挙げられる。

　1点目は、市民は科学的専門家の力を借りながら、科学的データや知見に基づいて取り組みを行っているということである。菅野氏もT氏も齋藤氏もO氏も、自分たちの生活や仕事の環境の実態を測定によって把握し、そのデータに基づいた科学的専門家からの助言を受けて対策を考え、実践した。2点目は、市民は行政からの指導や支援から独立して、自主的・自発的に自分たちで測定をすることを決め、専門家の指導を受けながら自分たちで測定しているということである。

　第3に、市民は科学的専門家と対等な立場で協働作業を行っており、しかも、そのイニシアティブは市民の側にあるということである。菅野氏たちは、自分たち農家の再生支援となるような研究を研究者に要望した。T氏、齋藤氏、O氏はいずれも専門家に助言を求めているが、T氏の場合は自分たちで測定した結果に基づいた助言であり、齋藤氏の場合は園が大切にする保育の方針を実現するための助言、O氏の場合は生活環境を監視するための具体的方法への助言で、いずれも初めに「こうしたい」という市民の側の希望がある。

　また4点目として、いずれの市民も原発事故の前から地域や事業を通したいくつものネットワークをもっており、その豊かな社会関係資本が、事故後も、専門家との関係を築く上で活きてきたということである。菅野氏は、それまでのつながりから有機農業の研究者からの支援を受け、T氏は、普段はゆるやかなつながりである地域の同業者のネットワークがベースとなって、様々な専門家との接触や福島大学との共同プロジェクトの開始に至った。齋藤氏も、安斎氏との接触は保護者からの情報がきっかけである。O氏は、その活動そのものが地域のネットワークに基づいている。こうした社会関係資本は、専門家との接触という点だけでなく、それぞれの取り組みを支える上でも大きな力となっていた。

　さらに最後に、こうした専門家との協働作業が、市民にとってのエンパワーメントとなっている点である。エンパワーメントとは、懸念する問題を克服する力

を人々が獲得する過程であるが（Zimmerman, 1995）、こうした測定活動とそれに基づいた対策の実践を通して、菅野氏やＴ氏は自分たちが作る野菜や米や果実の安全性に自信をもつことができ、次のステージへと進むことができた。齋藤氏も、園の取り組みに対する判断材料となるデータを、自信をもって保護者に提供することができた。Ｏ氏も、焼却炉の監視をきっかけに生活の様々な場面で測定を行うようになり、データで生活環境全般を把握しているという自信を得ている。そしてこれが、何かあっても必ずしも積極的に住民に情報を開示しようとはしない当局への対抗手段ともなりうることも知っている。このように、専門家の助言を得て始めた市民の測定活動は、市民に大きな自信と力を与えたのである。

3. 市民の取り組みを支えた専門家

　こうした市民の活動の背後には様々な方面からの支援があったが、問題解決のために欠くことのできなかったのが科学的専門家の存在であった。菅野氏たちは、農地の土壌の汚染状況の把握とその低減方法について知るために、新潟大学の教授（当時）であった野中昌法氏を中心とする専門家の力が必要であったし、Ｔ氏は測定した果樹園の放射線の状況に応じた対策を果樹研究所の専門家に求めた。齋藤氏は保育園の園長として、園児の健康を守り、かつ地域の中で豊かな感性を育むという園の理念の実現のために、職員や保護者と話し合いながら、放射線防護学の専門家である安斎育郎氏の力を借りた。Ｏ氏は、家族や地域の人々が仮設焼却施設から余計な被ばくを受けるのを避けるために、具体的な方法について放射線防護学が専門の木村真三氏から助言を受けた。そして、福島県全域にわたって、その専門性を活かしながら長期的に市民への支援活動を続けてきたのが、福島大学「うつくしまふくしま未来支援センター」のメンバーである。

福島大学「うつくしまふくしま未来支援センター」の支援活動

　福島大学「うつくしまふくしま未来支援センター」（以下「支援センター」）は、そのウェブサイトによると「東日本大震災及び東京電力福島第一原子力発電所事故に伴う被害に関し、生起している事実を科学的に調査・研究するとともに、その事実にもとづき被災地の推移を見通し、復旧・復興を支援する」ことを目的として2011年4月13日に設立された。11年間の活動を終え、2022年4月からは、一部の機能を継承し、「地域創造支援センター」と「発展的に統合」した「地域未来デザインセンター」として生まれ変わっている。

この「支援センター」の活動の最も特筆すべき特徴は、大学というアカデミズムの場でありながら、単に研究を行う「研究センター」ではなく、「支援センター」としていることである（山川，2013）。「支援センター」の11年間にわたる取り組みは多岐にわたるが、ここでは特に、「支援センター」の設立当初からの中心的メンバーで、主に農業復興支援に従事してきた小山良太氏（現在、福島大学食農学類教授）の活動に注目し、専門家として市民への支援のあり方について考える材料としたい。以下、小山氏の活動のごく一部について、その概要を、小山氏へのインタビュー（2022年4月4日実施）とその著作（小山編，2012; 小松・小山，2012; 小山，2013; 小山・小松，2013）に基づいて述べる。

　小山氏は原発事故発生当初、双葉町からの避難者の受け入れ先となった福島大学の教員として、その専門性を活かし、大学が有していた高性能の放射線測定器を使って放射線量の測定などを行っていた。小山氏は早い段階から、放射線量をきめ細かく測定して現状を把握し、汚染の程度によってゾーニングを行って、その状況に応じた対応策を講じることが必要であると考えていた。そうしたきめ細かい測定を基礎とした検査体制の体系化による安全性の確認の仕組みを構築する必要性を訴えた評論が新聞に掲載されると、その記事（小山，2011）を読んだ伊達市在住の一般市民から支援の要請を受けた。これが、小山氏たちのチームの初期の代表的な支援活動の始まりとなった。

　この住民の暮らす伊達市霊山町小国地区は、空間線量が高いとされながらも行政は有効な対策を打ち出せず、住民は不信感を募らせていた。そんな住民の有志が住民組織を設立し、小山氏に支援を求めて来たのである。事態の緊急性を感じた小山氏たちは、住民と共にその地区の全農地の放射線量を田畑1枚ごとに測定し、汚染の実態を把握して、それに応じた対策を講じていった。住民で測定してマップ化するという作業は毎年継続して行われ、10回目の作業が終了した2022年春、この住民組織は解散したということである。

市民の取り組みを支える専門家の役割

　市民を支えながら市民とともに長期にわたって取り組みを進める専門家には何が求められるのであろうか。「支援センター」の初代センター長を務めた山川（2013）は、被災現地の自治体・住民などからの直接的な支援要請に応える際にセンター員に求められることとして、現地調査を被災住民とともに行い、問題状況を共有すること、また、調査データの収集をともに行い、分析結果はまずは被災現地において報告を行うといったように、被災者が直接間接にかかわるしくみ

で進めることを、挙げている。山川（2013）はさらに、当センターが目指す支援には被災者との間に信頼関係がなければならないが、それは長期にわたる継続的な調査研究があってこそ生まれるものであるとも述べている。こうした考え方は、まさにメンバーの小山氏たちの活動に反映されている。調査研究に基づいた支援活動を継続的に実践してきたからこそ、小山氏たちと伊達市小国地区の住民、小山氏たちとT氏たち「ふくしま土壌クラブ」、また、野中氏と菅野氏、安斎氏と齋藤氏、木村氏とO氏の間に、揺るぎない信頼関係が生まれたのである。

　ここに、市民と専門家との関係の目指すべきモデルをみることができる。とはいえ、専門家が現場で一般市民と協働作業を行いながら、長期にわたってこうした活動を継続することは容易ではない。小山氏の場合は、30代半ばの年齢で2011年を迎えたが、次第に明らかになってくる原発事故の事態の深刻さと、生活の場を奪われて逃げてきた多くの被災者を目の前にして、「これはもう、研究とか教育とかやっている場合ではない」と感じたという。教員や職員の間で共有されたそのような思いによって、きわめて早い段階で地元の支援の拠点となる「支援センター」の立ち上げに至ったが、予算については、国から内々の話はあったものの確かなことはわからず、最初の半年間は経費も自腹だったということである。

　小山氏をはじめ「支援センター」のメンバーには、当初から10年、20年単位の長期戦になるという覚悟はあった。地元の拠点として、他の大学等の研究者と現場とのコーディネートを行ったり、農家の協力を得ていながら研究成果を農家に全く還元しない研究者に報告を求めたり、両者の間に入って農家に研究成果をわかりやすく伝えたり、農家や一般の人に役立ちそうな研究成果を誰もが入手しやすい媒体に発表したりした。数多くの研究者が訪れて共同研究を行ったが、彼らは予算が終了すれば帰ってしまうため、検体や資料のアーカイブをするという作業も行った。そうしなければ、いずれ散逸してしまう可能性があることを、ウクライナ・ベラルーシへの調査で学んだからである。

　この間、研究者としての葛藤がなかったわけではない。菅野氏との取り組みを行った野中氏は、現場での菅野氏たち農家とのこうした協働作業を通した研究の重要性を訴えながらも、「論文の数は稼げないから、日本では研究者が非常に少ない」（野中，2016, p.2）と述べ、齋藤氏の活動を支えた安斎氏も「私たちの活動の目的は、学会で発表したり、論文を書いたりすることではなく、何よりも被災地の子どもたちが受けるおそれのある放射線のリスクをできるだけ減らすことにほかなりません」（安斎・大宮，2014, p.148）と述べているように、「学会で発表

したり、論文を書いたりすること」で評価される研究者にとって、こうした活動を長期的に行うことは、必ずしも研究者としての評価につながるわけではないからである。

　小山氏も、数多くの媒体に著作を発表してきたが、専門領域の中では必ずしもすべてが業績になるわけではない。また、福島大学の成果を基に申請した他大学が大型の研究予算を獲得するような経験もした。それでも小山氏には当初から、普通に農産物を作ってそれが普通に流通し、そして何の健康不安もなく子育てができる環境を取り戻すために研究知見を活かした支援を行うという強い信念と覚悟があったため、これだけ長期にわたって研究知見を活かした支援活動を継続して来られたのだろう。この間にやってきたことは、それまでの研究とは異なる新しい関心領域であったが、何にもならなかったわけではないと小山氏は語った。

4.　市民の求める専門家とリスク・コミュニケーション

　ここでは、リスクに直面した市民が科学的専門家の力を借りて取り組みを行い、苦難を乗り越えた事例を4つ取り上げ、市民と専門家との関係のあり方について考える素材とした。いずれの事例でも市民は科学的データに基づいて困難を克服しており、そのデータは、専門家からの指導を得ながら市民自らが測定したものであった。取り組みには、まず市民の「こうしたい」という思いがあり、その実現に向けて、専門家は助言や科学的知見を提供したり新たな研究に取り組んだりした。市民と専門家は、ともにオーディエンスでもあり発信者でもあるというフラットな関係のコミュニケーションを繰り返しながら協働作業を行い、その過程で両者の間に強固な信頼関係が築かれていった。そしてこうした活動を通して市民は、自らの置かれた環境を科学的データで把握し、統制しているという自信を得た。専門家との取り組みが市民へのエンパワーメントとなったのである。

　こうした市民の取り組みを支えた小山氏をはじめとする専門家は、リスクに直面した市民とともに状況を把握するための科学的測定作業を初め、市民がかかわるしくみの中で長期にわたり継続的に取り組みを進めてきた。福島での支援の拠点「支援センター」の初代センター長であった山川（2018）は「われわれが目指す『支援知』は『学びながら知恵を生み出す』という過程そのものであり、これは被災者避難者と研究者との絶え間ないコミュニケーションを不可欠としている」（山川，2018, pp.15-16）と述べているように、求められているのは、市民と専門家が対等なパートナーとして問題解決に取り組む過程でのコミュニケーショ

ンだ。

　福島県の「放射線管理リスクアドバイザー」であった山下俊一氏は、2011 年の講演会で福島県民に向けて「ニコニコしている人には放射能は来ない」と発言した。この発言について、通称「子ども脱被曝裁判」で 2020 年 3 月に証言台に立った山下氏は、「緊張を解くためだった」と話したという（OurPlanet-TV, 2020）。山下氏の意図はどうであれ、ここには、福島の人々を対等な立場のオーディエンスと見て科学的見地から状況をていねいに説明しようとする姿勢も、リスク低減に向けて科学者として長期的にこの状況に関わろうとする姿勢も感じられない。今ここでの自分たちの生活をどうするべきか、不安の真っ只中にいた当時の福島の人々にとって、一時的な気休めのようなこの発言は結局何の役にも立たず、ただ専門家に対する不信を強めただけだった。

　リスクに直面した市民はその克服のために科学的専門家を求め、これらの事例では、専門家は確かにそれに応えた。ただ、専門家個人の善意や熱意に依存するところが大きかったように思われる。フィールドでの「社会の中の科学」（矢守・宮本，2016）が、アカデミズムの世界でもっと評価が高まることを期待したい。

引用文献

安斎育郎・大宮勇雄（著）社会福祉法人わたり福祉会さくら保育園（編）(2014). それでも、さくらは咲く　かもがわ出版
福島県農林水産部 (2019). 本県農業をめぐる状況　chrome-extension://efaidnbmnnnibpcajpc glclefindmkaj/https://www.pref.fukushima.lg.jp/uploaded/attachment/349339.pdf
フルーツランドたかはし果樹園 (n.d.). https://t-momo.jp
五十嵐泰正 (2018). 原発事故と「食」　中央公論新社
環境省放射性物質汚染廃棄物処理情報サイト (n.d.). 安達地方における農林業系廃棄物等減容化事業　http://shiteihaiki.env.go.jp/initiatives_fukushima/specified_waste/processing_adachi.html
吉川肇子（編著）(2009). 健康リスク・コミュニケーションの手引き　ナカニシヤ出版
木下冨雄 (2016). リスク・コミュニケーションの思想と技術　ナカニシヤ出版
小松知未・小山良太 (2012). 地域住民と大学の連携　菅野正寿・長谷川浩（編著）放射能に克つ農の営み（pp.227-241）　コモンズ
小山良太 (2011). 評論：原発事故と農業被害、汚染調査と分析の徹底を　福島民友　2011 年 7 月 27 日 .
小山良太（編著）小松知未・石井秀樹（著）(2012). 放射能汚染から食と農の再生を　家の光協会
小山良太 (2013). 放射能汚染マップが福島の農業を救う　福島大学原発災害支援フォーラム [FGF] × 東京大学原発災害支援フォーラム [TGF] 原発災害とアカデミズム（pp.54-79）合同出版
小山良太・小松知未（編著）(2013). 農の再生と食の安全：原発事故と福島の 2 年　新日本

出版社

みんなでつくる二本松・市政の会（編）(2021). わたしたちは忘れない！3.11 大震災・原発事故から 10 年の記録・二本松（2021 年 3 月 27 日開催シンポジウム資料）(p.51).

National Research Council (1989). *Improving risk communication.* National Academy Press.

野中昌法 (2014). 農と言える日本人：福島発・農業の復興へ　コモンズ

野中昌法 (2016). 有機農業とトランスサイエンス：科学者と農家の役割　有機農業研究, *8*(2), 2–4.

OurPlanet-TV（2020 年 3 月 6 日配信）. ニコニコ発言「緊張解くため」〜山下俊一氏が 9 年前の発言釈明　https://www.ourplanet-tv.org/39911/

齋藤美智子 (2016). 専門家のサポートで、測って考え、保育をつくる　安斎育郎（編）被ばくカットマニュアル（pp.39-47）　かもがわ出版

Slovic, P. (1987). Perception of risk. *Science, 236*, 280–285.

菅野正寿 (2012). 耕してこそ農民：ゆうきの里の復興　菅野正寿・長谷川浩（編著）放射能に克つ農の営み（pp.26-53）　コモンズ

菅野正寿 (2018). 土の力と農のくらしが再生の道を拓く　菅野正寿・原田直樹（編著）農と土のある暮らしを次世代へ（pp.12-36）　コモンズ

竹田宜人 (2019). 東日本とリスクコミュニケーション　日本リスク研究学会（編）リスク学事典（pp.202–205）　丸善出版

土田昭司（編著）(2018). 安全とリスクの心理学　培風館

うつくしまふくしま未来支援センター　https://fure.net.fukushima-u.ac.jp

Wynne, B. (1993). Public uptake of science: A case for institutional reflexivity. *Public Understanding of Science, 2*, 321–337.

山川充夫 (2013). うつくしまふくしま未来支援センターの目的と活動：原発なき「ふくしま」をめざして　福島大学原発災害支援フォーラム [FGF] × 東京大学原発災害支援フォーラム [TGF]　原発災害とアカデミズム（pp.254–267）　合同出版

山川充夫 (2018). 福島復興支援の基本問題　山川充夫・瀬戸真之（編）福島復興学：被災地再生と被災者生活再建に向けて（pp.1–25）　八朔社

矢守克也・宮本匠（編著）(2016). 現場でつくる減災学　新曜社

Zimmerman, M. A. (1995). Psychological empowerment: Issues and illustrations. *American Journal of Community Psychology, 23*(5), 581–599.

第6章　オンライン情報と
メディアリテラシー

山本　明

　メディアから得る情報を批判的に捉えることの重要性は古来より指摘されてきた。孟子は「尽く書を信ずれば、即ち書なきに如かず」、すなわち「もし『書経』に書いてあることを、一から十までことごとく鵜呑みにして信用するくらいなら、（かえって人を誤ることもあるから）むしろ『書経』などはない方がよい」（小林訳注, 1972, p.387）と言ったと伝えられている。

　人々に広く利用されるメディアは時代とともに移り変わり、現在ではメディア利用においてインターネットが重要な位置を占めるようになった。また、一口にインターネットといっても、その使用目的も、そこで得られる情報も、時代やそれに伴う技術の発展とともに変わってきている。今日ではインターネット利用の中でもソーシャルメディア、特にSNS（ソーシャルネットワーキングサービス）の利用が増大し、インターネット上にはSNSへの投稿をはじめとする、一般ユーザーの手によるコンテンツが多く流通するようになった。

　こうした状況の中では、膨大かつ雑多なオンライン情報とどのように接するのかが重要になってくる。インターネットから得られる大量の情報の中には誤った情報や真偽の疑わしい情報も含まれる。このような情報はインターネット上で流布し、拡散されることによって、社会にとって重要な局面で影響力を発揮する可能性がある。

　それと同時に、情報の受け手としてのインターネットへの接し方だけでなく、自らがインターネット上で情報を発信するという、情報の送り手としてのあり方についても考えることが必要となってきた。このような状況を受けて、メディアリテラシーの概念も再考を求められつつある。

　本章ではインターネットのメディアとしての性質、SNSをはじめとするソーシャルメディアを通じた情報収集、インターネット利用を想定したメディアリテラシーについての先行研究を紹介した上で、オンライン情報の確認・拡散とメディアリテラシーとの関連について検討した調査の結果について述べる。そして最後にこれらについて、考察を行う。

1. インターネットの利用状況とメディアとしての性質

インターネット利用の現状

令和3年版情報通信白書（PDF版）（総務省，2021）によると、2020年のインターネット利用率（個人）は83.4%であり、インターネット利用は広く浸透している。

インターネット利用端末においては、2010年には世帯保有率9.7%であったスマートフォンが2020年には86.8%と急激に増加し、端末別インターネット利用率としてはスマートフォン（68.3%）がパソコン（50.4%）を上回っている。

また、インターネット利用の目的・用途については、「電子メールの送受信」「情報検索」に次いで「ソーシャルネットワーキングサービスの利用」の利用率が高く、ソーシャルネットワーキングサービスの利用率はすべての年齢階層で2019年と比べて上昇していることが明らかになっており、もっとも利用率の高い20代では90.4%となっている。

また、利用時間についても、インターネットの平均利用時間はテレビ（リアルタイム視聴）とともに長い。平日の平均利用時間については、2020年に初めてインターネットがテレビ（リアルタイム視聴）を上回ったが、休日においてはインターネットよりもテレビ（リアルタイム視聴）の方が平均利用時間が長くなっている（総務省，2021）。

インターネットのメディアとしての性質

インターネット利用の目的・用途の多様性は、そこで提供されているサービスの多様性を反映している。例えば、メールの送受信と情報検索はどちらもインターネットを利用しているという点では同じであるが、目的は大きく異なる。

また、たとえインターネット上で同一のアプリを利用していたとしても、そこから得られる情報はユーザーが入力する検索キーワードなどによって異なるものとなる。インターネットのこのような性質により、個々のユーザーにとってのインターネット経験は大きく異なったものとなりうる。

インターネット経験の多様性は、サービスの選択やキーワード検索といった、ユーザーの自発的・意図的な行動のみによるものではない。私たちがインターネットを利用するとき、私たちのウェブ上での行為は記録され、データとして利用される。その結果として、インターネットで提示される情報は、ユーザーの過

去の利用履歴にあわせた異なったものになっている。パリサー（Pariser, 2011=2016）は、ウェブサイト上での私たちのふるまいに基づく予測から、ユーザーに合わせてカスタマイズされた情報が提示されることになることを指摘し、このような自分だけの情報宇宙をフィルターバブルと名づけている。

　このようにパーソナライズされた情報が提供されるようになると、自分の過去のインターネット利用に沿った情報に接する機会は増え、そうでない情報に接する機会は減少することになる。インターネットという広大な情報空間にあって、私たちが実際にいるのは、似たような情報が流通する閉鎖的な情報空間であるということである。ジェイミーソンとカペラ（Jamieson & Cappella, 2008）はエコーチェンバー（反響室）という比喩を使って上記のような状況を説明し、このような閉ざされたメディア空間は、その中で伝えられるメッセージを拡大し、反論を遮断する可能性をもっていると指摘している。

2. ソーシャルメディアを通じた情報収集

ソーシャルメディアの台頭

　インターネット技術・サービスにおける動向としては、2000年代に「Web2.0」というコンセプトが立ち上がった（O'Reilly, 2005）。梅田（2006）によれば、このコンセプトの本質は、「ネット上の不特定多数の人々（や企業）を、受動的なサービス享受者ではなく能動的な表現者と認めて積極的に巻き込んでいくための技術やサービス開発姿勢」（梅田, 2006, p.120）であるという。個々のユーザーによるネット上での表現を可能にするこのような技術・サービスの開発・提供により、一個人としてのネットユーザーの手による多くのユーザー生成コンテンツ（user-generated content, UGC）がインターネット上に流通するようになった（ユーザー生成コンテンツに関する研究のレビューとしては、片野, 2021; Naab & Sehl, 2017）。

　ソーシャルメディア（social media）は、このようなWeb2.0のイデオロギーと技術を基盤として構築され、ユーザー生成コンテンツの作成と交換を可能にするインターネット上のアプリケーション群であり（Kaplan & Haenlein, 2010）、ブロードバンド接続の整備と2007年のiPhone発売を背景として、2000年代に入って急速に発達した（藤代, 2019）。

　ボイド（boyd, 2014=2014）によれば、ソーシャルメディアを通して共有されるコンテンツは多くの場合消えることがなく、そのため、長い時間にわたって非同

期のインタラクションが発生することが可能である（「持続性」）。また、ソーシャルメディアを通じて、人は簡単に多数のオーディエンスと情報を共有し、距離を超えてコンテンツにアクセスすることができる（「可視性」）。また、ソーシャルメディアは多くの場合人々が情報を広げるのを後押しするように設計されており（「拡散性」）、検索エンジンの進化により、人々のコミュニケーションも時に「検索可能」なものとなっている（「検索可能性」）。

　なかでもSNSについて、橋元ら（2021）は、人々の情報メディア環境における主要なメディアとなったと指摘し、アメブロなどのブログ、YouTubeなどの動画共有サイト、Wikipediaなどの知識共有サイト、5ちゃんねるなどの電子掲示板などを含めた「ソーシャルメディア」の主軸であると捉えている（SNS研究のレビューとしては、Zhang & Leung, 2014）。

ソーシャルメディアを通じた情報収集

　ソーシャルメディアはユーザー生成コンテンツがやりとりされる場であるが、情報収集にも用いられている。ロイタージャーナリズム研究所が2020年に実施した調査（Newman et al., 2020）によると、過去一週間の間にニュースソースとして用いたものとしてソーシャルメディアを挙げた回答者の割合は、調査対象40カ国の中で最も低いのが日本で25%であった。同調査では、ニュースソースとしてソーシャルメディアを挙げた回答者は40カ国中27カ国で50%を超えており、10カ国では回答者のパーセンテージにおいてテレビを上回っている。

　日本においても、2018年に実施された調査（渡辺, 2019）では、SNSを利用する理由として「個人的に知りたい情報が得られるから」という理由を挙げる回答者は16歳～19歳では7割、20代では6割を占めており、ニュースを見聞きするのにSNSをもっとも利用する人も20代以下では2～3割存在することが明らかになっていることから、特に若年層ではSNSがニュースなどの情報収集のために用いられていることがうかがえる。

　オンライン上でのニュース接触については、ポータルサイトへの接触について検討した小林・稲増（Kobayashi & Inamasu, 2015）では、ニュースとエンターテインメントの見出しがトピックセクションに混在するポータルサイト（Yahoo! JAPAN）への接触によって、娯楽志向が強い人々も政治的知識を獲得できることを示唆する結果が見出されている。しかし、ソーシャルメディアに関しては、ニュースを得るためのソーシャルメディア利用は、自分からニュースを得ようとするのではなく「ニュースが私を見つける」という知覚（news-finds-me perception）と正の関連があり、このような知覚をもっている人はそうでない人と比べて、市民問題や政治問題についての知識が乏しいことが明らかになっている（Gil de Zúñiga et al., 2017）。

3. インターネット利用とメディアリテラシー

オンライン情報の信憑性判断

インターネット上にユーザーが作成したコンテンツが多く流通し、SNS といったソーシャルメディアからニュースなどの情報を収集することも珍しくない今日の状況においては、それらの膨大かつ雑多なオンライン情報とどのように接するかが重要となってくる。2016 年の米大統領選挙では嘘やデマ、政治的なプロパガンダがソーシャルメディアを通じて大量に拡散し、フェイクニュースという言葉が広まる大きなきっかけとなった（笹原, 2018）。フェイクニュースという言葉がこのころから注目されるようになったことは、グーグルトレンドにおける「fake news」というキーワードの動向からもうかがえる（遠藤, 2018; 笹原, 2018）。

しかしインターネットから得られる情報が大量である一方、人間の情報処理能力には限界があるため、それらの情報の一つ一つを丹念に検討することは困難である。メッツガーら（Metzger et al., 2010）は、インターネットユーザーはオンライン情報の信憑性を判断する際に、社会的確認（多くの人が用い、推薦し、同意するウェブサイトや情報は信憑性があると見なす）、文脈における予期（ある特定のウェブサイトやソースに期待されるようなことに反していると〔例えば見た目、フォーマット、専門性レベル、確証のないコンテンツ、予期していたのと違う形の広告〕、直ちに信憑性に疑いが生じる）という 2 つのヒューリスティックを用いていることを見出している。

インターネット利用とメディアリテラシー

メディアの内容を鵜呑みにせず批判的に読み解く能力は、メディアリテラシーの主要な要素であると見なされてきた。フェイクニュースの問題が深刻化するにつれ、そのような状況への対策の一つとして、リテラシー教育の重要性が指摘されるようになった（笹原, 2018）。

多様な情報が入り混じったオンライン情報と接するのにあたり、メディアリテラシーにおける批判的な読解という側面が求められるのは当然であるが、前述の

表6-1　中橋（2014）によるソーシャルメディア時代のメディアリテラシーの構成要素

①メディアを使いこなす能力
a. 情報装置の機能や特性を理解できる。
b. 情報装置を操作することができる。
c. 目的に応じた情報装置の使い分けや組み合わせができる。

②メディアの特性を理解する能力
a. 社会・文化・政治・経済などとメディアとの関係を理解できる。
b. 情報内容が送り手の意図によって構成されることを理解できる。
c. メディアが人の現実の認識や価値観を形成していることを理解できる。

③メディアを読解、解釈、鑑賞する能力
a. 語彙・文法・表現技法などの記号体系を理解できる。
b. 記号体系を用いて情報内容を理解することができる。
c. 情報内容から背景にあることを読み取り、想像力を働かせて解釈、鑑賞できる。

④メディアを批判的に捉える能力
a. 情報内容の信憑性を判断することができる。
b. 「現実」を伝えるメディアも作られた「イメージ」だと捉えることができる。
c. 自分の価値観に囚われず送り手の意図・思想・立場を捉えることができる。

⑤考えをメディアで表現する能力
a. 相手や目的を意識し、情報手段・表現技法を駆使した表現ができる。
b. 他者の考えを受け入れつつ、自分の考えや新しい文化を創出できる。
c. 多様な価値観が存在する社会において送り手となる責任・倫理を理解できる。

⑥メディアによる対話とコミュニケーション能力
a. 相手の解釈によって、自分の意図がそのまま伝わらないことを理解できる。
b. 相手の反応に応じた情報の発信ができる。
c. 相手との関係性を深めるコミュニケーションを図ることができる。

⑦メディアのあり方を提案する能力
a. 新しい情報装置の使い方や情報装置そのものを生み出すことができる。
b. コミュニティにおける取り決めやルールを提案することができる。
c. メディアのあり方を評価し、調整していくことができる。

注：中橋（2014）より筆者作成

ように、インターネットにおいてユーザーは受け手であると同時に、コンテンツをアップする送り手でもある。たとえばフェイクニュースについても、その流布・拡散の一翼を担っているのはインターネットユーザーである。リテラシーは読み書き、すなわち読むだけではなく書く能力を指し、もともと情報発信能力を含む概念であるが、今日においては、SNSへの投稿といった、かつては行われなかったような形での情報発信が可能となった。

　このような状況を受けて、メディアリテラシーの概念も再考を求められることになった。たとえば中橋（2014）はメディア環境の変化に応じてメディアリテラシー研究の枠組みを転換する必要性を指摘し、ソーシャルメディア時代のメディアリテラシーの構成要素として、①メディアを使いこなす能力、②メディアの特性を理解する能力、③メディアを読解、解釈、鑑賞する能力、④メディアを批判

的に捉える能力、⑤考えをメディアで表現する能力、⑥メディアによる対話とコミュニケーション能力、⑦メディアのあり方を提案する能力を挙げている（表6-1）。

このうち③と④は特に受け手となる際に必要な能力、⑤と⑥は主に送り手となる際に必要な能力、①と②は送り手と受け手の両方に必要な能力で、これらの能力はすべて⑦に関連していると中橋（2014）は述べている。

また、チェンら（Chen et al., 2011）、およびそれを拡張させたリンら（Lin et al., 2013）は機能的－批判的（functional-critical）、消費－生産消費（consuming-prosuming）という2つの軸を用いた新しいメディアリテラシーの枠組みを提案している。チェンら（Chen et al., 2011）はそれぞれを以下のように説明している。

・機能的メディアリテラシー：個人によるテクストの意味づけ、メディアツールやコンテンツの利用
・批判的メディアリテラシー：メディアの分析・評価・批評
・消費メディアリテラシー：メディアメッセージにアクセスしメディアを利用する能力
・生産消費メディアリテラシー：消費スキルに加えて、メディアコンテンツを作成する能力

チェンら（Chen et al., 2011）が提案する新しいメディアリテラシーの枠組みを図6-1に示す。ここでも受け手としての能力に加え、送り手としての能力がメディアリテラシーの主要な側面として位置づけられている。

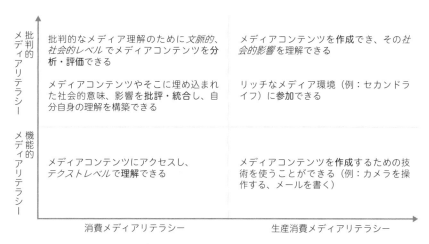

図6-1　チェンら（2011）による新しいメディアリテラシーの枠組み
注：チェンら（Chen et al., 2011）より筆者作成

4. 誤った情報の拡散とメディアリテラシー：2021 年の調査から

調査の概要

　ここではメディアリテラシーとオンライン情報の確認および誤った情報の拡散との関連について検討した調査結果の一部を紹介する。

　クラフトら（Craft et al., 2017）はニュースリテラシーと陰謀論の支持との間に部分的に負の関連を見出したが、ジョーンズ・ジャンら（Jones-Jang et al., 2021）では、フェイクニュースを見破れることと関係があったのは 4 つのリテラシー（メディアリテラシー、情報リテラシー、ニュースリテラシー、デジタルリテラシー）のうち情報リテラシーのみであった。また、国際大学グローバル・コミュニケーション・センター（2020）では、情報リテラシーはフェイクニュースを信じて拡散する確率と負の関連があるが、メディアリテラシーはむしろ正の関連があるという結果が見出されている。

　国際大学グローバル・コミュニケーション・センター（2020）では、メディアリテラシーに関する 4 つの調査項目のうち、「私は自分の家族や友人と、ニュースに関して情報交換を行っている」「私はメディアの与える負の影響に関して、周囲の人間に注意を促している」の 2 項目がフェイクニュースの拡散と正の関連があることが見出され、メディアリテラシーの情報発信に関する側面がフェイクニュースの拡散と関係していることが示唆されている。ここでは、情報拡散には誤った情報の流布だけでなく、それを誤情報として注意喚起を行う発信行動が含まれる可能性があることに注目し、正しい情報だと思っての拡散と、誤った情報あるいは真偽が疑わしい情報としての拡散を区別して検討した。また、フェイクニュースの拡散と負の関連が見出されている情報リテラシーについてもあわせて検討を行った。

　調査は調査会社のモニターを対象として、2021 年 1 月にウェブ上で実施された。調査対象者は関東 1 都 6 県（茨城県、栃木県、群馬県、埼玉県、千葉県、東京都、神奈川県）在住の 20 代から 60 代の男女 100 名ずつで、有効回答数は 1,000 であった。

　質問項目は、メディア利用状況や政治的志向性、インターネット利用動機（金, 2003; 北村ほか, 2016; Luchman et al., 2014; Papacharissi & Rubin, 2000 を参考に作成）、メディアリテラシー（Chen et al., 2011; Lin et al., 2013 に基づく Koc & Barut, 2016 より項目を抜粋）、情報リテラシー（Boh Podgornik et al., 2016 より項目を抜粋）、

インターネット上の社会関係資本[1]、インターネット上での真偽が疑わしい情報の確認および誤った情報の拡散と新型コロナウイルスに関する間違った情報・誤解を招く情報の拡散（みずほ情報総研株式会社経営・ITコンサルティング部，2020; 総務省，2020をもとに作成）の、それぞれについての設問から構成されていた。なお、新型コロナウイルスに関する分析結果は紙幅の都合によりここでは割愛している。

メディアリテラシーとインターネット利用についての諸変数との関連

　メディアリテラシーおよび情報リテラシーとインターネット利用に関する諸変数（インターネット利用動機、インターネット上での社会関係資本）について、相関分析を実施した。メディアリテラシーに関する項目は4因子構造であることが想定されていたが、因子分析の結果、1因子構造であったため、すべての項目を合計した得点を算出し分析に用いた（$\alpha = .92$）。社会関係資本についても同様の理由からすべての項目を合計した得点を用いた（$\alpha = .99$）。インターネット利用動機は、「インターネット利用動機：つながり」は「知人・友人との交流を深めるため」「他の人の役に立つため」「考えを他の人に知ってもらうため」「自分の存在を知ってもらうため」「寂しさを紛らわせるため」の5項目の合計得点、「インターネット利用動機：情報収集・娯楽」は「暇つぶし」「情報を探すため」「知識を得るため」「娯楽のため」「面白いから」の5項目の合計得点である（それぞれ $\alpha = .86$、$\alpha = .84$）。

　相関分析の結果、メディアリテラシーはいずれとも正の相関が見られたが（「インターネット利用動機：つながり」: $r = .51$, $p < .001$;「インターネット利用動機：情報収集・娯楽」: $r = .32$, $p < .001$; 社会関係資本: $r = .44$, $p < .001$）、情報リテラシーは、インターネット利用動機については「つながり」とは負の、「情報収集・娯楽」とは正の有意な相関が見られ（それぞれ $r = -.20$, $p < .001$, $r = .22$, $p < .001$）、社会関係資本との間には有意な相関は見られなかった（$r = -.06$, $n.s.$）。また、メディアリテラシーと情報リテラシーとの間には有意な正の相関が見られたが、相関係数はきわめて小さかった（$r = .07$, $p < .05$）。

---

[1]　オンラインのみで交流している人物の有無、実生活でもオンラインでも交流している人物の有無（オンラインメイン・実生活メインの2項目）について回答してもらい、オンラインのみまたはオンラインメインで交流している人物がいる回答者のみを対象として、Williams（2006）より抜粋した項目を用いた。

オンライン情報の確認・拡散と関連する変数

　真偽が疑わしいオンライン情報の確認、および誤ったオンライン情報の拡散に関する階層的重回帰分析結果はそれぞれ表6-2、表6-3のとおりである。Step1では説明変数として情報リテラシーとメディアリテラシー以外の変数を、Step2では情報リテラシーとメディアリテラシーを、Step3では交互作用項（情報リテラシー×メディアリテラシー）を投入した。なお、ネット・SNS積極利用とはLINE以外のSNSの利用や動画共有サイトの利用などに関する複数の質問項目の合成変数である。ネット上での社会関係資本は一部の回答者のみを対象とした設問であったため、ここでは分析に用いていない。

　真偽の疑わしいオンライン情報の確認については、ニュース・情報番組接触、政治的志向性、交互作用項以外で有意な関連が見られ、性別を除き関連はすべて正であった。また、誤ったオンライン情報の拡散については、ニュース・情報番組接触とオンライン上での交流に関する項目以外では有意な関連が見られ、性別・年齢のほかネットニュース接触、情報リテラシー、交互作用項では負の、メディアリテラシーを含むそれ以外の変数では正の関連が得られた。また、正しい情報としての拡散（つまり誤った情報を信じての拡散）、誤った情報としての拡散（つまり誤った情報であるとわかった上での拡散）とでは結果に大きな違いは見られなかった。

5.　考察

　調査からは、メディアリテラシーは真偽が疑わしいオンライン情報の確認とも、誤ったオンライン情報の拡散とも、正の関連があることが見出された。一方、情報リテラシーは拡散とは負の関連があり、誤ったオンライン情報の拡散については国際大学グローバル・コミュニケーション・センター（2020）と同様の傾向が得られた。また、正しい情報としての拡散と誤った情報としての拡散とでは、メディアリテラシーとの関連を含め、結果に大きな違いは見られなかった。

　調査で用いたメディアリテラシーに関する質問項目は批判的吟味の側面とコンテンツ作成の側面を含む4因子構造となることが想定されていたが、因子分析の結果1因子構造となり、α係数の数値も非常に高かった。また、誤った情報と知っての拡散について、拡散の意図を尋ねていなかったため、注意喚起の意図があったかどうかが不明確である。

　飯塚ら（Iizuka et al., 2022）は、COVID-19時のトイレットペーパー不足に関

表 6-2　真偽の疑わしいオンライン情報の確認に関する階層的重回帰分析結果

説明変数	Step1 β	Step2 β	Step3 β
性別（女性）	−0.02	0.00	0.00
年齢	−0.17***	−0.14***	−0.14***
ネットニュース接触	0.21***	0.13***	0.13***
ニュース・情報番組接触	0.05	0.01	0.01
政治的志向性（保守的）	0.04	0.03	0.03
ネット・SNS 積極利用	0.28***	0.14***	0.14***
オンラインのみでの交流あり	0.11***	0.06*	0.06*
オンラインメインの交流あり	0.07*	0.05*	0.05*
オンラインでも交流あり	0.14***	0.09***	0.09***
情報リテラシー		0.04†	0.04†
メディアリテラシー		0.40***	0.40***
情報リテラシー×メディアリテラシー			0.01
調整済み R^2	0.28	0.40	0.40

† $p<.10$, * $p<.05$, ** $p<.01$, *** $p<.001$

表 6-3　誤ったオンライン情報の拡散に関する階層的重回帰分析結果

説明変数	正しいと思って拡散 Step1 β	Step2 β	Step3 β	誤った情報として拡散 Step1 β	Step2 β	Step3 β
性別（女性）	−0.08**	−0.07**	−0.07**	−0.07*	−0.06*	−0.06*
年齢	−0.10***	−0.08**	−0.08**	−0.11***	−0.10***	−0.10***
ネットニュース接触	−0.07*	−0.06*	−0.06*	−0.09**	−0.10**	−0.09**
ニュース・情報番組接触	0.03	0.02	0.02	0.05†	0.04	0.04
政治的志向性（保守的）	0.05	0.05†	0.05†	0.03	0.03	0.03
ネット・SNS 積極利用	0.48***	0.39***	0.38***	0.47***	0.38***	0.38***
オンラインのみでの交流あり	−0.02	−0.02	−0.02	0.02	0.01	0.01
オンラインメインの交流あり	0.03	0.01	0.01	0.04	0.02	0.02
オンラインでも交流あり	0.06*	0.04	0.05†	0.07*	0.05†	0.05†
情報リテラシー		−0.16***	−0.16***		−0.12***	−0.12***
メディアリテラシー		0.18***	0.18***		0.19***	0.19***
情報リテラシー×メディアリテラシー			−0.08**			−0.07*
調整済み R^2	0.31	0.35	0.35	0.32	0.35	0.36

† $p<.10$, * $p<.05$, ** $p<.01$, *** $p<.001$

する誤情報について Twitter データと販売データを用いて検討し、Twitter 上で
は誤情報よりもそれを訂正する情報の方がずっと多く拡散していたこと、訂正情
報が過剰な購買行動を引き起こしたことを見出している。飯塚ら（Iizuka et al.,
2022）の結果は、誤った情報そのものだけでなく、それらの訂正情報が拡散され
ることによっても重大な社会的影響が生じうることを示している。

　メディアの歴史の中で、SNS 利用やオンライン上での情報の拡散は非常に新
しい問題である。それらについての研究は緒についたばかりであり、今後の展開
が注目される。

引用文献

Boh Podgornik, B., Dolničar, D., Šorgo, A., & Bartol, T. (2016). Development, testing, and
　validation of an information literacy test (ILT) for higher education. *Journal of the*
　Association for Information Science and Technology, 67(10), 2420–2436.
boyd, d. (2014). *It's complicated: The social lives of networked teens.* Yale University Press.
　〔野中モモ（訳）(2014). つながりっぱなしの日常を生きる：ソーシャルメディアが若者に
　もたらしたもの　草思社〕
Chen, D. -T., Wu, J., & Wang, Y. -M. (2011). Unpacking new media literacy. *Journal of*
　Systemics, Cybernetics and Informatics, 9(2), 84–88. http://www.iiisci.org/journal/sci/
　FullText.asp?var=&id=OL508KR
Craft, S., Ashley, S., & Maksl, A. (2017). News media literacy and conspiracy theory
　endorsement. *Communication and the Public, 2*(4), 388–401.
遠藤薫 (2018). ポスト・トゥルース時代のフェイクニュース　遠藤薫（編著）ソーシャルメ
　ディアと公共性：リスク社会のソーシャル・キャピタル（pp.205–235）　東京大学出版会
藤代裕之 (2019). 歴史：ソーシャルメディア社会の誕生　藤代裕之（編著）ソーシャルメ
　ディア論・改訂版：つながりを再設計する（pp.16–32）　青弓社
Gil de Zúñiga, H., Weeks, B., & Ardèvol-Abreu, A. (2017). Effects of the News-Finds-Me
　perception in communication: Social media use implications for news seeking and learning
　about politics. *Journal of Computer-Mediated Communication, 22*(3), 105–123.
橋元良明・北村智・森康俊・木村忠正・辻大介・片桐恵子・大野志郎 (2021). 情報行動の全
　般的傾向　橋元良明（編）日本人の情報行動 2020（pp.9–126）　東京大学出版会
Iizuka, R., Toriumi, F., Nishiguchi, M., Takano, M., & Yoshida, M. (2022). Impact of
　correcting misinformation on social disruption. *PLOS ONE, 17*(4), e0265734.
Jamieson, K. H., & Cappella, J. N. (2008). *Echo chamber: Rush Limbaugh and the*
　conservative media establishment. Oxford University Press.
Jones-Jang, S. M., Mortensen, T., & Liu, J. (2021). Does media literacy help identification of
　fake news? Information literacy helps, but other literacies don't. *American Behavioral*
　Scientist, 65(2), 371–388.
Kaplan, A. M., & Haenlein, M. (2010). Users of the world, unite! The challenges and
　opportunities of Social Media. *Business Horizons, 53*, 59–68.
片野浩一 (2021). ユーザー生成コンテンツの系統的レビュー　明星大学経営学研究紀要,
　17, 1–16.

金相美 (2003). インターネット利用に関する日韓大学生比較研究：利用動機・効用の分析を中心に　マス・コミュニケーション研究, *63*, 112–129.

北村智・佐々木裕一・河井大介 (2016). ツイッターの心理学：情報環境と利用者行動　誠信書房

小林勝人（訳注）(1972). 孟子（下）　岩波書店

Kobayashi, T., & Inamasu, K. (2015). The knowledge leveling effect of portal sites. *Communication Research, 42*(4), 482–502.

Koc, M., & Barut, S. (2016). Development and validation of New Media Literacy Scale (NMLS) for university students. *Computers in Human Behavior, 63*, 834–843.

国際大学グローバル・コミュニケーション・センター (2020). 日本におけるフェイクニュースの実態と対処策：Innovation Nippon 調査研究報告書　http://www.innovation-nippon.jp/reports/2019IN_report_full.pdf

Lin, T.-B., Li, J.-Y., Deng, F., & Lee, L. (2013). Understanding new media literacy: An explorative theoretical framework. *Educational Technology & Society, 16*(4), 160–170.

Luchman, J. N., Bergstrom, J., & Krulikowski, C. (2014). A motives framework of social media website use: A survey of young Americans. *Computers in Human Behavior, 38*, 136–141.

Metzger, M. J., Flanagin, A. J., & Medders, R. B. (2010). Social and heuristic approaches to credibility evaluation online. *Journal of Communication, 60* (3), 413–439.

みずほ情報総研株式会社経営・IT コンサルティング部 (2020). 日本におけるフェイクニュースの実態等に関する調査研究：ユーザのフェイクニュースに対する意識調査－報告書－https://www.soumu.go.jp/main_content/000715293.pdf

Naab, T. K., & Sehl, A. (2017). Studies of user-generated content: A systematic review. *Journalism, 18*(10), 1256–1273.

中橋雄 (2014). メディア・リテラシー論：ソーシャルメディア時代のメディア教育　北樹出版

Newman, N. with Fletcher, R., Schulz, A., Andi, S., & Nielsen, R. K. (2020). Reuters Institute Digital News Report 2020. https://reutersinstitute.politics.ox.ac.uk/sites/default/files/2020-06/DNR_2020_FINAL.pdf

O'Reilly, T. (2005). What is Web 2.0: Design patterns and business models for the next generation of software. https://www.oreilly.com/pub/a/web2/archive/what-is-web-20.html

Papacharissi, Z., & Rubin, A. M. (2000). Predictors of internet use. *Journal of Broadcasting & Electronic Media, 44*(2), 175–196.

Pariser, E. (2011). *The filter bubble: What the Internet is hiding from you.* Penguin Press.〔井口耕二（訳）(2016). フィルターバブル：インターネットが隠していること　ハヤカワ文庫〕

笹原和俊 (2018). フェイクニュースを科学する：拡散するデマ、陰謀論、プロパガンダのしくみ　化学同人

総務省 (2020). 新型コロナウイルス感染症に関する情報流通調査　https://www.soumu.go.jp/main_content/000693280.pdf

総務省 (2021). 令和 3 年版情報通信白書（PDF 版）第 2 部第 4 章第 2 節　「ICT サービスの利用動向」　https://www.soumu.go.jp/johotsusintokei/whitepaper/ja/r03/pdf/n4200000.pdf

梅田望夫 (2006). ウェブ進化論：本当の大変化はこれから始まる　ちくま新書

渡辺祥子 (2019). SNS を情報ツールとして使う若者たち：「情報とメディア利用」世論調査の結果から　放送研究と調査, 2019 年 5 月号, 38–56.

Williams, D. (2006). On and off the 'Net: Scales for social capital in an online era. *Journal of Computer-Mediated Communication, 11*(2), 593–628.

Zhang, Y., & Leung, L. (2014). A review of social networking service (SNS) research in communication journals from 2006 to 2011. *New Media & Society, 17*(7), 1007–1024.

第Ⅲ部

メディア・エンターテインメントの
受容と批判──ゲーム・ドラマ・バラエティ

第7章 ゲームキャラクターの多様性と
クリティカルな視点

渋谷明子

　ゲームの世界で印象的なキャラクターに出会ったことはあるだろうか。「最初は嫌いだったけど、とてもいいヤツだった」「最初は一目ぼれだった。性格もどストライクで好みのタイプだった」など、主人公や登場するキャラクターの性格や特徴はゲームをプレイする上で重要な要素である。本章ではまずゲームに登場するキャラクターをジェンダーの側面から論じた上で、若い世代のプレイヤー20人にインタビュー調査を行った研究を基に報告する。ゲームでは女性キャラクターが少ないといわれてきたが、近年ではどうだろうか。ゲームプレイヤーはどのようなキャラクターが好きなのだろうか。典型的なキャラクターをどのように捉えているだろうか。ゲームキャラクターについてクリティカルに考えるきっかけになれば幸いである。

1. メディア研究におけるゲーム研究の位置づけとジェンダー

　世界的にはゲーム研究はメディアコミュニケーション研究の新しい分野の一つとして位置づけられている。筆者が所属する国際コミュニケーション学会（International Communication Association）の中にも、ゲーム研究部会（Game Studies Division）があり、そこで活躍する研究者らは、ゲーム研究という小さな限定的な場所にとどまるだけでなく、ゲームを最先端のメディアと位置づけ、コミュニケーション研究をリードしようとしている（Chess & Consalvo, 2022）。

　日本企業である任天堂やソニーは、ファミリーコンピュータ（通称ファミコン）、ゲームボーイ、Wii、PlayStation、Nintendo Switchなど、ゲーム専用機器というハード面でゲーム産業を牽引してきた。これは、ゲームというメディアの「フォーマット」を担う日本企業がその中心的な役割を果たしてきたということであり、日本のハードメーカーは、ゲーム文化の倫理や規範作りなどでも貢献してきた。ゲームソフトの面でも、『スーパーマリオブラザーズ』、『どうぶつの森』、『ファイナルファンタジー』などのシリーズは日本だけでなく、グローバルな影

響力のあるメディアコンテンツとなっている。さらに、日本では携帯電話やスマートフォンなどのモバイルゲームの普及が早かったために、スマホアプリの課金システム、「ガチャ」をめぐる規定なども日本では独自の経緯をたどっており、欧米ゲーム市場よりも先んじて論じられてきた。

　その一方で、欧米では近年注目を集めてはいるものの、日本のメディアではあまり報じられておらず、建設的な議論や研究が不足しているテーマもある。その一つが、ゲームのジェンダー表現や女性プレイヤーをめぐる視点だ。欧米で注目を集めた背景には、ゲームの普及に伴い、子どもや若い男性が中心であったゲームプレイヤーに女性が増えてきたことが挙げられる。日本でも、2020年の調査では男性の40.6%、女性の34.2%が継続的にゲームをプレイしていた（一般社団法人コンピュータエンターテインメント協会，2020）。若い世代ではその割合はさらに高く、10代、20代前半の女性の6割以上が継続的にゲームをプレイしていた。デジタルゲームが多様な世代や属性の人たちにも人気になったことに伴い、多様なプレイヤーの嗜好やニーズに応える必要性がより高まってきたといえよう。

　このような社会的背景により、ゲームにおけるジェンダーステレオタイプの研究が欧米では多い。たとえば、ゲームに登場するキャラクターは男性が中心であり（Williams et al., 2009）、女性が描かれる場合も二次的な役割か、セクシーさが強調される点が欧米では問題になってきた（Lynch et al., 2016）。近年では、女性ゲームデザイナーがインターネット上で批判されたことに端を発し、ゲームのジェンダー表現を批判した研究者が一部のゲームユーザーから非難され、殺人予告まで出され、GamerGate問題として大論争にもなった（奥谷，2014）。その後も、フェミニズム、ゲーム・インターネット文化などの観点から論争は続いており、ゲームにおけるジェンダーやダイバーシティについての研究は欧米では注目されている。

　日本ではゲームとジェンダーに関する研究は少ない。その理由の一つとして、日本が男性中心社会だからであるとの指摘もある（Pelletier-Gagnon & Picard, 2015）。日本のジェンダーギャップ指数も146カ国中116位と先進国の中ではきわめて低い（World Economic Forum, 2022）。その一方で、日本ではアイドルゲーム、ロールプレイングゲーム、女性向けゲーム（「乙女ゲーム」と呼ばれる）なども独自の発展を遂げており、欧米とは異なる視点からの研究が可能である。また、当初は男性向けだったアイドルゲームなども、女性プレイヤーが増え、男女ともにキャラクター表現が多様化している。多様なプレイヤーの嗜好に応える形で、キャラクターが多様化している可能性もあり、プレイヤー視点からのキャラク

ター研究が求められている。

2. メディアとジェンダーに関する理論

　メディアに登場する男女の描かれ方は、ジェンダーステレオタイプの情報源となりうる。培養理論によれば、テレビを長時間視聴する人ほど、テレビの世界と同じような現実認識をしやすい傾向が見られた（Morgan, 2009）。培養理論はメディアにどのような男女が登場するかというジェンダー表象が性役割観やジェンダーステレオタイプ（仕事をするのは男性だ、男性は勇敢だ、女性は家庭にいて子育てをした方が幸せだなど）、セクシズム（性別の違いを固定的にとらえる性差別的な態度）と関連することを示している（Morgan, 1982, 1987）。

　日本では、岩男らがテレビドラマやアニメの登場人物（主要なキャラクター）の分析を行い、その7割が男性であることを示した（岩男, 2000）。メディア表現の影響という点では、斉藤（Saito, 2007）が調査を実施し、テレビを長時間視聴している女性は伝統的な性役割的な態度を抱く傾向が見られた。ただし、男性、学歴が低い層ではそのような傾向は見られていない。

　ジェンダーに関する映画やアニメの研究では、子どもや若い世代にとって、登場人物やキャラクターが重要であることが指摘されてきた。たとえば、ホフナーは7歳から12歳の児童へのインタビューを通して、男子のほとんどが同性で好きなテレビの登場人物を挙げたが、女子では約半数に過ぎなかったことを示した（Hoffner, 1996）。また、若い世代ほど、キャラクターを重視する傾向も指摘されており、ヴァリサロはファンタジー映画の研究で、16歳から25歳が他の世代よりもキャラクターを重視していることを示した（Välisalo, 2017）。日本におけるアニメ研究でも、須川（2013）は、女性視聴者が人気アニメキャラクターの男性性（カッコイイ）と女性性（カワイイ）の適切なバランスに高評価を与えていたことを示した。ゲームでもキャラクターとジェンダー表現に注目した研究が求められている。

3. ゲームとジェンダーについての研究

　ゲーム研究では、カワートらがゲームコンテンツと文化における排他性とセクシズムについての統合モデルを提唱している（Kowert et al., 2017）。このモデルは3層のプロセスからなり、第1層ではゲームプレイの社会化に焦点が当てら

れており、ゲームプレイは女子よりも男子にふさわしい活動と捉えられている。そして第2層ではゲーム産業におけるジェンダーバランスに焦点が当てられている。女性にとってゲームはふさわしい遊びではないとされると、女性のプレイヤーは少数派になってしまい、ゲーム産業で働く人も男性が多くなる。その結果、女性キャラクターはあまり登場しないかセクシーに描かれるなど表現に偏りが見られる。さらに最後の第3層では排他的なゲームコミュニティについて言及している。第1層、第2層の過程で、ゲームコミュニティで女性の参加が少なくなったことにより女性に対する差別的な態度が生じやすくなると説明する。

　日本でもゲームは女子よりも男子の間で人気である（白石，1998）。そして八木（2002）は、伝統的なロールプレイングゲームの主人公に男性が多い点を指摘している。湯地と森（1995）が、944のゲームパッケージを分析した際も、ゲームキャラクターの63.0％は男性であり、女性キャラクターは16.2％に過ぎなかった。さらにこの研究では80.1％の女性キャラクターが服従的な役割であり、支配的（主体的）に描かれた女性キャラクターは19.9％だった。

　ゲームキャラクターの分析については、最近になり、秦（2019）が『ドラゴンクエスト』と『ファイナルファンタジー』シリーズのプレイヤーキャラクター（プレイヤーがコントロールするキャラクター、この場合は複数）を分析した。その結果、女性はどちらのゲームでも31％であり、男性は『ドラゴンクエスト』シリーズで53％、『ファイナルファンタジー』シリーズでは63％だった。さらに秦は、HP（ヒットまたはヘルスポイント）は男性キャラクターの方が女性キャラクターよりも高い点などを指摘した。

　トンプキンズらは、動画共有サイトを用いて、日本と米国の女性ゲームキャラクターを比較した（Tompkins et al., 2016）。その結果、日本のゲームでは、米国のゲームに比べると、セクシーさはあまり強調されていなかったが、年齢は若い傾向が見られた。また、日本のゲーム開発者における女性の割合は、2018年においては15％であり、男性よりも若い傾向が見られた（一般社団法人コンピュータエンターテインメント協会，2019）。

　したがって、日本でも、テレビドラマ、映画、アニメなどの他のメディアと同様に、ゲームのジェンダー表象がジェンダーステレオタイプやジェンダー観に影響を及ぼす可能性はある。しかし、ゲームのジェンダー表現が及ぼす影響を検証した研究は日本ではまだ報告されておらず、ゲームプレイヤーがどのような男女のキャラクターをどのような理由で好きなのかを明らかにした研究も少ない。

4. ジェンダー化しつつも、個性的に発展した日本のゲーム

App Annie の調査によると、2018 年に世界で最も売上高が高かったゲームアプリは、『Fate/Grand Order（以下、FGO）』だった（App Annie, 2019）。この『FGO』は日本だけでなく韓国などでも人気ゲームだったことによるが、その基になった『Fate/stay night』の PC 版は成人向けゲームであったが、ファンが多かったことから、2015 年にスマートフォン向けに作成され、現在では男性だけでなく、女性にも人気のゲームとなった。この『FGO』だけでなく、日本では、スマートフォン市場が拡大しており、ロールプレイングゲーム、アイドルゲーム、女性向けゲームなども人気のジャンルとして定着している。このようなゲームジャンルやゲーム市場の違いにより、ジェンダー表現やその影響も、欧米とは異なる可能性がある。

アイドルゲームは、従来は男性プレイヤー向けに製作されてきた。人気があるアイドルゲームの一つは『THE IDOLM@STER（アイドルマスター)』シリーズである。プレイヤーキャラクター（通常は男性）が女性アイドルや女性アイドルグループのプロデューサーとなり、アイドルやアイドルグループを育成していくゲームである。アイドルゲームの中には、音楽ゲーム、リズムゲームの要素を取り入れることで、プレイヤーがスマートフォンをタッチしながら、音楽セッションに参加できるゲームもある。男性向けアイドルゲームの中にも、女性プレイヤーに人気のゲームが登場してきた。また、『あんさんぶるスターズ！』のように、男性アイドルや男性アイドルグループを育成するゲームも登場した。女性向けのアイドルゲームでは、男女の役割が逆になっており、プレイヤーキャラクターは通常女性であり、男性アイドルか男性アイドルグループのプロデューサーになったり、舞台となる学校に転入したりする。

近年では、アイドルゲームやアニメ化された作品のアイドルの声を担当した声優が人気になり、その声優たちが歌を歌ったり、トークを繰り広げたりするファンイベントが開催されてきた。また、ゲームやアニメからアイドルグループも誕生しており、NHK の紅白歌合戦にも出場した（カネコ, 2018）。アイドル産業は日本のエンターテインメント産業において収益面でも大きな部門の一つであり（矢野経済研究所, 2018）、ゲーム、アニメ、アイドル産業が統合されることはビジネスの成功につながる。だが、もしゲームのアイドルが伝統的なジェンダーステレオタイプに基づいて描かれているのなら、ゲームやアイドルのファンもステ

レオタイプ的なジェンダー観を抱く可能性がある。

　日本でゲームとジェンダーを考える上で、ユニークなジャンルは、「乙女ゲーム」と呼ばれる女性向けゲームの存在である。「乙女」とは「少女」を意味するが、このジャンルのゲームは少女だけでなく、大人の女性にも人気である。典型的な女性向けゲームでは、主人公となるプレイヤーキャラクターは通常女性である。主人公は魅力的な男性の中の一人を恋愛対象として選ぶことができる。日本で最初に作られた女性向けゲームは、『アンジェリーク』であり、コーエーの女性だけで構成されたルビーパーティーによって、1994年に製作された（Kim, 2009）。当時、襟川恵子（現在のコーエーテクモホールディングス代表取締役会長）は、女性の中でもロールプレイングゲームが人気になりつつあることに注目し、女性による女性のためのゲームを製作することをめざした。『アンジェリーク』は少女マンガの着想を得て製作され、その後もコーエーは『遥かなる時空（とき）のなかで』などの女性向けゲームを製作している。女性向けゲームでは、『薄桜鬼』、『刀剣乱舞 -ONLINE-』など日本の歴史上の有名な武将が登場するゲームも人気になった。その他にも、『ときめきメモリアル Girl's Side』などの女性向け恋愛シミュレーションゲーム、『アイドリッシュセブン』などの女性向けアイドルゲームも人気である。このように日本の女性向けゲームには20年以上の歴史があるが、研究はまだ少ない。たとえば、小出と尾鼻（2018）は乙女ゲームの歴史を紹介し、キャラクター、ストーリー、声優などが注目され、色で特徴づけられていることを示した。だが、女性プレイヤーがどのような視点から、どのような理由で、乙女ゲームを楽しんでいるのか、どのようなキャラクターがどのような理由で好かれているのかを論じた論文は少ない。日本では、男女プレイヤーがそれぞれ異なるキャラクターに触れ、好んでいる可能性があり、欧米のキャラクター嗜好とも異なる可能性がある。

5.　人気ゲームキャラクターの多様性

　では、若いゲームプレイヤーは具体的にどのようなキャラクターに魅力を感じているのだろうか。筆者らは、2018年6月から8月にかけて、男女20名を対象に半構造化インタビューを実施した。インタビュー対象者は、1週間で3時間以上デジタルゲームをプレイし、好きなゲームキャラクター（人間に近いキャラクター）がいるなどの条件をつけて募集した。その中で、好きな女性キャラクターはのべ36名、好きな男性キャラクターはのべ39名が挙がったが、同じキャ

ラクターが挙がったのは、『FGO』のエミヤ（アーチャー）と、『エースコンバット・ゼロ　ザ・ベルカン・ウォー』のピクシー（ラリー・フォルク）の2名のみだった（渋谷ほか，2022）。

　また、2020年11月に16歳から24歳のゲームプレイヤー（週3時間以上プレイする人）を対象に実施したインターネット調査でも、好きなゲームキャラクターを1名挙げてもらった。表7-1に示すように、マリオ（『（スーパー）マリオカート』（シリーズ）など）、初音ミク（『プロジェクトセカイ　カラフルステージ！feat. 初音ミク』）、リンク（『ゼルダの伝説　ブレス　オブ　ザ　ワイルド』）など、有名な中心的なキャラクターが上位には挙がった。また、中心的キャラクターというよりはプレイヤーへの助言者的な立場で、身近なキャラクターであるたぬきちとしずえ（ともに『あつまれ　どうぶつの森』）も上位に挙がった。さらに、『（ニンテンドウオールスター！）大乱闘スマッシュブラザーズ』シリーズでは、カービィが最も多かった。これは、カービィの可愛さもあるだろうが、対戦相手の技をコピーできる能力があり、多様な技を使い、多様な戦い方ができる点の方が大きいだろう。さらに、『ディズニー　ツイステッドワンダーランド』からは、フロイド・リーチ、リドル・ローズハートなど、合計10名ものキャラクターが上位26位のランキングに挙がった。同じゲームをプレイしていても、好きなゲームキャラクターが多様であり、ゲーム制作者側もゲームプレイヤーの多様な嗜好を考慮して、個性的なゲームキャラクターを表現しているといえるだろう。

6. 男性的な要素にも注目：
　　女性ゲームキャラクターへのクリティカルな視点

　筆者らが実施したインタビュー調査では、日本のゲームでは女性キャラクターは男性キャラクターよりも肌を露出しているという点に男女プレイヤーとも同意した。また、男性プレイヤーの中には、女性的な要素のある女性キャラクターを好む声も聞かれた。たとえば「日本の昔の女性のような控えめさ」、「優しいお姉さんタイプ」、「面倒見がよい」など女性的な特徴が好きなキャラクターの特徴に含まれていた。その一方で、好きなキャラクター画像の外見からは「かわいい」またはセクシーな要素が見られたものの、「内面的には芯が強い」、「性格がきつい」など、女性キャラクターの男性的な特徴にも好感を抱いていることが確認された。

　女性プレイヤーが挙げた好きな女性キャラクターの特徴としては、女性的な要

表 7-1　好きなゲームキャラクター（2020 年 11 月）

	キャラクター名	ゲームソフト名	人数
1	たぬきち	あつまれ どうぶつの森	21
2	マリオ	（スーパー）マリオカート（シリーズ）	19
3	しずえ	あつまれ どうぶつの森	18
3	初音ミク	プロジェクトセカイ カラフルステージ！ feat. 初音ミク	18
5	ちゃちゃまる	あつまれ どうぶつの森	15
5	フロイド・リーチ	ディズニー ツイステッドワンダーランド	15
7	リンク	ゼルダの伝説　ブレス オブ ザ ワイルド	14
8	ミッキー	LINE：ディズニーツムツム	12
9	マリオ	スーパーマリオ（シリーズ）	11
9	リドル・ローズハート	ディズニー ツイステッドワンダーランド	11
11	トレイ・クローバー	ディズニー ツイステッドワンダーランド	10
11	マリオ	（スーパー）マリオ（シリーズ）	10
13	エース・トラッポラ	ディズニー ツイステッドワンダーランド	9
13	ピカチュウ	ポケットモンスター（シリーズ）[注 1]	9
15	ジェイド・リーチ	ディズニー ツイステッドワンダーランド	8
15	ジャミル・バイパー	ディズニー ツイステッドワンダーランド	8
15	マレウス・ドラコニア	ディズニー ツイステッドワンダーランド	8
15	マレフィセント	LINE：ディズニーツムツム	8
19	イデア・シュラウド	ディズニー ツイステッドワンダーランド	7
19	カービィ	大乱闘スマッシュブラザーズ（シリーズ）[注 2]	7
19	リオネル・メッシ	ウイニングイレブン（シリーズ）[注 3]	7
19	ラギー・ブッチ	ディズニー ツイステッドワンダーランド	7
23	カリム・アルアジーム	ディズニー ツイステッドワンダーランド	6
23	ジュン	あつまれ どうぶつの森	6
23	シンデレラ	LINE：ディズニーツムツム	6
23	レイス	Apex Legends	6

［注 1］ポケットモンスター（シリーズ）の第 1 作は『ポケットモンスター 赤・緑』である。
［注 2］大乱闘スマッシュブラザーズ（シリーズ）の第 1 作は『ニンテンドウオールスター！ 大乱闘スマッシュブラザーズ』である。
［注 3］ウイニングイレブン（シリーズ）の第 1 作は『J リーグ実況ウイニングイレブン』である。

素のみの女性キャラクターを挙げるプレイヤーはむしろ少なく、強い、男性にこびていない、腹筋が割れている、感情を出さない、笑わないなど、男性的な要素を挙げている。また、「セクシーだけど、男性に依存的ではない、こびていない」、「かわいいけれども強い」など、男性的な要素と女性的な要素の両方を挙げる女性プレイヤーもいた。この点は、ゲームの進行上、戦いには勝ち負けがあり、女性キャラクターも強くなければ負けてしまう。また、ゲームの世界観によっては

使命があり、感情を殺す男性的な要素が不可欠になる場合も多いためであろう。

7. ライバルや弱さにも注目：
男性ゲームキャラクターへのクリティカルな視点

　ゲームで多い男性キャラクターについては、「筋肉質で、がっしりした、頼りがいがある男性キャラクターは確かにいる」、「武器が似合って、強さが強調された男性は戦い系ゲームでは多い」という声は男性プレイヤーから聞かれた。しかし、「かっこいいキャラとオタクキャラに二分されている」、「クセのあるキャラが多い」、「魔法系は細身のキャラが多い」、「少年系キャラも多い」など、男性ステレオタイプとは違う男性キャラクターも少なくないとの見方があった。

　男性プレイヤーが好きな男性キャラクターでは、ゲームシリーズの個性的で情に厚い脇役や魅力的な敵役なども多く含まれていた。また、そのゲームの世界観、ストーリーとともに、ゲームプレイで感動したことが大きかったことがうかがえた。たとえば『エースコンバット・ゼロ・ザ・ベルカン・ウォー』のピクシー（ラリー・フォルク）が好きな男性プレイヤーは、次のように語った。

　　主人公の相棒で最初から一緒に戦うんですけど、戦争の意義に疑問を抱いて、途中で裏切って敵側に行く。最後のステージでラスボスとして出てきて、主人公と信念をかけて戦う。その後に負けるんですけど、それでも「戦争はなんでやってるんだ、なんで戦争はあるんだ」という点を追い求めるために、ずっと戦場にいるよと最後にビデオレターで送ってくる。エピローグみたいな感じで。その生きざま、相棒としての頼もしさ、彼がいう戦争とは何なんだっていうことも考えさせられる。

　女性プレイヤーが語る特徴的な男性キャラクターのイメージは男性プレイヤーとはやや異なっていた。「乙女ゲームでは美少年やイケメンなお兄さんが多い。マッチョな男性は少ない。細いけど、脱いだらすごい筋肉がある『隠れマッチョ』のようなキャラクターはいる」、「線が細い人が多い、熱血は少ない、冷静タイプが多い」、「高圧的に見えて実は弱い一面があったり、逆に弱そうで実は芯があったりとかギャップがある男性が多い」などの声が聞かれた。

　また女性プレイヤーは、男性キャラクターの男性的で強い、残酷な要素と、弱く、人間的な要素の両面を見る傾向が見られた。さらに、男性キャラクターと主人公との恋愛関係も重要な要素となっていた。たとえば、『戦刻ナイトブラッド』

の柿崎景家が好きな女性プレイヤーは次のように語った。

　普段はヘタレだったり、うっかり屋さんなところがあるいじられキャラ。特別ストーリーで、あ、この人、大人なんだなというギャップがあってやられた。主人公（プレイヤー）と夜2人きりのときにお酒を飲んで酔っ払って、主人公が愛しいという表現で、ストレートに愛をささやく。普段は照れちゃったり、手をつなぐと赤くなったりするタイプ。でも、戦（いくさ）の時は、強くて、男らしくて、本当にかっこいいんですよ。

　ゲームでは戦いでの強さが重要な要素になっている場合もあり、女性プレイヤーからも、男性キャラクターの重要な要素として「強さ」が挙げられた。その一方で、男性キャラクターのかわいさを重視する女性プレイヤーもいた。たとえば、『あんさんぶるスターズ！』の仁兎なずなを好きな女性プレイヤーは、「過去、人形みたいで笑わない子だった。新しい居場所であるユニットを見つけたとき、1年生を守ろうと必死になって、笑顔が素敵なキャラになった。仁兎なずなは女性みたいにかわいいんです」と語った。

8.　ゲームプレイヤーから見たクリティカルな視点

　本稿では、ゲームプレイという体験を通して、若い世代のプレイヤーが好きだと思っているゲームキャラクターについて、インタビュー調査やインターネット調査（質問紙調査）を基に、論じてきた。
　まず、インターネット調査では、マリオ、初音ミクなどのキャラクターは多く挙がったが、『ディズニー ツイステッドワンダーランド』からは多様な男性キャラクターがランキングに挙がった。インタビュー調査でも2名以上が挙げたキャラクターは2人しかおらず、それぞれのプレイヤーが好みのキャラクターを多様な選択肢から選んでいるといえよう。日本では常識的な結論のように思われるかもしれないが、欧米で同じような調査をしようとすると、そもそも難しい可能性がある。欧米のゲームでは、ファーストパーソン・シューティングゲーム（first-person shooter, FPS）と呼ばれるゲームが主流であり、プレイヤー自身がゲームプレイの中心となるキャラクター（アバター）を動かし、プレイする場合が多い。実際に、このインタビュー調査でも、バトルロワイヤル系のゲームのみで遊んでいる人からインタビュー対象者になりたいとのメールを受け取ったが、

好きなゲームキャラクターは特にいないということでインタビュー対象者にできなかった人がいた。このようなインタビュー調査が成り立ち、好きなゲームキャラクターについて熱く語ってくれるプレイヤーが多かったという点で、日本のゲーム環境は世界的には個性的で、多様なキャラクターが存在するということだと思われた。

　そのような中で、日本の若いゲームプレイヤー20名としっかり向き合い、話を聞いたという体験そのものが、まず貴重だったように思われた。すべての声を限られた紙面に反映することは難しいが、それぞれのプレイヤーがプレイ体験で出会った架空のゲームキャラクターに思いを寄せたり、好感を抱いたりしている様子を垣間見ることができた。その特徴をあえてまとめると以下のようになる。

　男性キャラクターについては、女性プレイヤーからも「ギャップにやられた」という声が聞かれ、男性キャラクターのいつもとは違う、隠れた要素に注目していることが読み取れた。俗にいう「ギャップ萌え」と呼ばれるものだが、従来は男性が女性キャラクターを評価する際に用いられたことが多かった言葉だ。同様のことが、女性プレイヤーが女性キャラクターを評価する際にも見られ、かわいいけれども強いなどのように、女性的な要素だけでなく、男性的な要素も重要な要素として評価していた。このような傾向は、女性視聴者がアニメーションのキャラクターを評価する際、「かわいい」と「かっこいい」のバランスがよいキャラクターが人気だったとの須川（2013）の指摘と似ている。

　男性プレイヤーの評価においても、女性ゲームキャラクター嗜好としては、外見的には「かわいい」キャラクターが多かった。内面的には、おとなしい、内気、明るい、世話好きなど伝統的に女性的な特徴を挙げる人も少なくなく、女性らしいキャラクターを好むニーズが確認された。その一方で、気が強い、機械好きなど、非伝統的な女性のタイプを指摘する声も聞かれた。ゲームキャラクターでも「ツンデレ」など多様なキャラクターが用意されており、それぞれの好みを反映しているといえる。それに対して、男性キャラクターについては外見的には力強いタイプが多かった。内面的にも、正義感、信念があるなど、男性的な側面はより重視されていたが、個性的な魅力があり、典型的な主人公とはやや異なる男性キャラクターを好む傾向も見られた。

　ゲームの世界観やゲームの進行上、戦いには勝ち負けがあり、世界観によっては使命があり、感情を殺すなど、男性的な要素が不可欠になる場合も多い。その一方で、女性的な要素は正直な思いや感情、人間的な側面を表わし、キャラクターの魅力を高める要素になっているように思われた。また、女性プレイヤーに

とって、女性的な要素だけのキャラクターは選択されにくく、嫌うプレイヤーがいた点も興味深い。戦いなどで弱いというゲーム進行上の理由があると思われるが、ゲームを趣味にしている女性プレイヤーは、男性プレイヤーに人気の女性ステレオタイプ的なキャラクターを受容しているというよりは、女性的な要素も含みながらも男性的な要素がある女性キャラクターに共感していた。

その一方で、女性プレイヤーが「かわいい」などの女性的な要素を含んだ女性キャラクターに惹かれた点に注目すると、女性プレイヤー自身の女性的なステレオタイプは維持されている。同様に、女性プレイヤーは、男性的な要素を含んだ男性キャラクターにも惹かれており、女性的な要素のみの男性キャラクターを挙げた人は少ない。ゲームの進行上、戦いに強いという点は重要な場合も多く、これは女性キャラクター以上に難しい点かと思われる。

男性プレイヤーの中にも、女性キャラクターの男性的要素、女性的要素を挙げた人はいた。しかし、女性プレイヤーの嗜好と比較すると、男性キャラクターの男性性、女性キャラクターの女性性を好む傾向があり、特に前者においては強い傾向が見られた。このような差が見られた要因について、次の2つの理由があるだろう。一つは、ゲームは伝統的には女性向けとは見なされてこなかった点である。女性のゲームプレイヤーは、他の女性と比べると、自分の興味や関心に忠実で、より自由に、より自立した考え方をしており、より男性的な価値観を抱いている可能性がある。もう一つは、好きなゲームジャンルの違いである。女性プレイヤーからは、格闘ゲーム、ホラーゲーム、戦闘系ゲームなどの男性的なゲームジャンルはほとんど挙がらなかった。女性ゲームプレイヤーは男性的な男性キャラクターが支配的なゲームをあまりプレイしていない可能性がある。したがって、ゲームキャラクター嗜好はゲームジャンルによっても異なることが示唆された。

なお、女性プレイヤーに比べると、男性プレイヤーの方が同性キャラクターの生き方、人生観、哲学などの影響を受けている様子がインタビューからうかがえた。ゲームの女性主人公が嫌いだと語った女性プレイヤーもおり、女性を主人公にしたゲームで、女性プレイヤーがそのキャラクターから生き方、人生観、哲学などを学べるようなゲームがもっと開発されてもよいだろう。

引用文献

App Annie (2019).「モバイル市場年鑑 2019」https://www.appannie.com/jp/insights/market-data/the-state-of-mobile-2019/

Chess, S., & Consalvo, M. (2022). The future of media studies is game studies. *Critical Studies in Media Communication, 39*(3), 159–164.

秦美香子 (2019). プレイヤーキャラクターをジェンダーの視点から見る：「ドラゴンクエスト」と「Final Fantasy」の事例から　松井広志・井口貴紀・大石真澄・秦美香子（編著）多元化するゲーム文化と社会（pp.189–206）　ニューゲームズオーダー

Hoffner, C. (1996). Children's wishful identification and parasocial interaction with favorite television characters. *Journal of Broadcasting & Electronic Media, 40*, 389–402.

一般社団法人コンピュータエンターテインメント協会 (2019). ゲーム開発者の就業とキャリア形成 2018　https://2018.cedec.cesa.or.jp/docs/enquete_2018_final.pdf

一般社団法人コンピュータエンターテインメント協会 (2020). 2020 CESA 一般生活者調査報告書：日本ゲームユーザー＆非ユーザー調査　一般社団法人コンピュータエンターテインメント協会

岩男壽美子 (2000). テレビドラマのメッセージ：社会心理学的分析　勁草書房

カネコシュウヘイ (2018). 紅白歌合戦をアニメが席巻！ライブビジネス5年で約3倍増の凄み　Friday Digital, https://friday.kodansha.co.jp/article/25914

Kim, H. (2009). Women's games in Japan: Gendered identity and narrative construction. *Theory, Culture & Society, 26*(2-3), 165–188.

小出治都子・尾鼻崇（2018）.「乙女ゲーム」の歴史的研究：キャラクター分析を中心に　大阪樟蔭女子大学研究紀要, *8*, 69–74.

Kowert, R., Breuer, J., & Quandt, T. (2017). Women are from FarmVille, men are from ViceCity: The cycle of exclusion and sexism in video game content and culture. In R. Kowert & T. Quandt (Eds.), *New perspectives on the social aspects of digital gaming* (pp.136-150). Routledge.

Lynch, T., Tompkins, J., van Driel, I. I., & Fritz, N. (2016) Sexy, strong, and secondary: A content analysis of female characters in video games across 31 years. *Journal of Communication, 66*(4), 564–584.

Morgan, M. (1982). Television and adolescents' sex-role stereotypes: A longitudinal study. *Journal of Personality and Social Psychology, 43*, 947–955.

Morgan, M. (1987). Television, sex-role attitudes, and sex-role behavior. *Journal of Early Adolescence, 7*, 269–282.

Morgan, M. (2009). Cultivation analysis and media effects. In R. L. Nabi & M. B. Oliver (Eds.), *The SAGE handbook of media processes and effects* (pp.69–82). SAGE.

奥谷海人 (2014).「Access Accepted 第440回：北米ゲーム業界を揺るがす"ゲーマーゲート"問題」　https://www.4gamer.net/games/036/G003691/20141107133/

Pelletier-Gagnon, J., & Picard, M. (2015). Beyond Raplay: Self-regulation in the Japanese erotic video game industry. In M. Wysocki & E. W. Lauteria (Eds.), *Rated M for Mature: Sex and sexuality in video games* (pp.28–41). Bloomsbury.

Saito, S. (2007). Television and the cultivation of gender-role attitudes in Japan: Does television contribute to the maintenance of the status quo? *Journal of Communication, 57*, 511–531.

渋谷明子・大倉韻・祥雲暁代・麻生奈央子 (2022). ゲームキャラクターへの多様な読み：若いプレイヤーへのインタビュー調査から　メディア・コミュニケーション（慶應義塾大学メディア・コミュニケーション研究所紀要）, *72*, 85–101.

白石信子 (1998). "つきあい"にも欠かせないテレビとテレビゲーム：「小学生の生活とテレビ'97」調査から　放送研究と調査, *48*(4), 2–19.

須川亜紀子 (2013). 少女と魔法：ガールヒーローはいかに受容されたのか　NTT 出版

Tompkins, J. E., Lynch, T., Ingeborg van Driel, I. I., & Fritz, N. (2016). Kawaii killers and femme fatales: How Japanese and U.S. video game firms communicate the power of female characters. Paper was presented at the 66th annual International Communication Association conference.

Välisalo, T. (2017). Engaging with film characters: Empirical study on the reception of characters in The Hobbit films. *Fafnir: Nordic Journal of Science Fiction and Fantasy Research, 4*(3-4), 12-30.

Williams, D., Martins, N., Consalvo, M., & Ivory, J. D. (2009). The virtual census: Representation of gender, race and age in video games. *New Media and Society, 11*(5), 815-834.

World Economic Forum (2022). The global gender gap report 2022　http://www3.weforum.org/docs/WEF_GGGR_2022.pdf

八木千恵子 (2002).「ロールプレイ」とジェンダー：ゲームが語る物語　女性学年報, *23*, 177-194.

矢野経済研究所 (2018). ショートレポート『2018 クールジャパンマーケット / オタク市場の徹底研究』の概略版　https://www.yano.co.jp/press-release/more/press_id/2047

湯地宏樹・森楙 (1995). コンピュタゲームにおけるジェンダーと暴力　子ども社会研究, 創刊号, 93-104.

映像メディア情報（ゲームソフト）

『アイドリッシュセブン』G2studios（ギークス）, バンダイナムコオンライン, 2015. (iOS/Android)

『アンジェリーク』光栄, 1994. (SF)

『あんさんぶるスターズ！』Happy Elements, 2015. (Android/iOS)

『Apex Legends』Respawn Entertainment, Electronic Arts エレクトロニック, 2019. (PC/Nintendo Switch/PS4/PS5/ Xbox)

『あつまれ どうぶつの森』任天堂, 2020. (Nintendo Switch)

『ディズニー ツイステッドワンダーランド』f4samurai, アニプレックス, 2020. (Android/iOS)

『ドラゴンクエスト』チュンソフト, エニックス, 1986. (FC)

『どうぶつの森』任天堂, 2001. (NINTENDO64)

『エースコンバット・ゼロ ザ・ベルカン・ウォー』ナムコ , 2006. (PS2)

『ファイナルファンタジー』スクウェア, 1987. (FC)

『Fate/Grand Order』ディライトワークス, アニプレックス, 2015. (Android/iOS)

『Fate/stay night』TYPE-MOON, ノーツ, 2004. (PC)

『薄桜鬼』アイデアファクトリー, 2008. (PS2)

『遥かなる時空（とき）のなかで』コーエー, 2000. (PS/GBA)

『J リーグ実況ウイニングイレブン』コナミ, 1995. (PlayStation)

『LINE：ディズニーツムツム』NHN PlayArt, LINE, 2014. (Android/iOS)

『ニンテンドウオールスター！ 大乱闘スマッシュブラザーズ』ハル研究所, 任天堂, 1999. (NINTENDO64)

『ポケットモンスター 赤・緑』ゲームフリーク, 任天堂, 1996. (GB)

『プロジェクトセカイ カラフルステージ！feat. 初音ミク』クリプトン・フューチャー・メ

ディア／ Craft Egg, セガ，2020. (Android/iOS)

『戦刻ナイトブラッド』マーベラス，Kadokawa, オトメイト，2017. (Android/iOS)

『スーパーマリオブラザーズ』任天堂，1985. (FC)

『スーパーマリオカート』任天堂，1992. (SF)

『THE IDOLM@STER（アイドルマスター)』メトロ，ナムコ，2005. アーケード.

『ときめきメモリアル Girl's Side』コナミ，2002. (PS2)

『刀剣乱舞 -ONLINE-』DMM.com, 2015. (PC/Android/iOS)

『ゼルダの伝説 ブレス オブ ザ ワイルド』任天堂，2017. (Nintendo Switch/Wii U)

【謝辞】この章で紹介した研究は、公益財団法人科学技術融合振興財団（FOST）の平成 29 年度調査研究助成、JSPS 科研費 JP20K03318 の助成を受けて実施されたものである。

第8章　ドラマ視聴とオンライン　コミュニケーション

志岐裕子

　インターネットデバイス、とくにスマートフォンの普及によって、私たちのテレビ視聴スタイルは大きく変化してきた。その変化の代表的なもののひとつが、インターネットとテレビの同時並行利用だろう。スマホを片手に、視聴番組に関するコメントを見たり、書き込んだりしながらテレビを見るという光景は、いまや日常的なものになっている。1990 年代半ばにインターネットが一般家庭に普及しはじめてから約 30 年、大きく変化し多様化してきたのはテレビの話題が語られる「場」だといえる。かつてはお茶の間や学校、職場こそテレビの話題が語られる場だったが、いまやそれは Twitter や 5 ちゃんねる（旧・2 ちゃんねる）のような電子掲示板などに置き換わってきた。その他にもドラマについて記載されたポータルサイト記事に対するコメント欄や動画配信サービスのレビュー欄、個人のブログ等が存在し、その種類やそれぞれがもつ特性は多岐にわたる。それらの「場」は、字数制限の有無や場の雰囲気、閲覧者の反応の表示方法、書き込みの表示システム等、多くの異なる特徴をそれぞれにもっている。異なる特徴をもつ「場」を利用することによって得られるベネフィットもまた当然異なることが予想され、それは利用者の利用目的や投稿内容にも影響してくるだろう。

　本章では、ドラマ視聴者によるインターネット上のコメント等の閲覧・書き込み行動について、その実態を「場」に着目しながら検討する。まず、これまでの先行研究による知見を概観し、2021 年に実施した Web 調査の結果について報告する。

1.　テレビ番組に関する話題はオンラインコミュニケーションの場でどのように扱われてきたか

　一般視聴者による番組に関するオンライン上でのコメントは、現在は Twitter がその主要な場として注目されがちであるが、かつては 2 ちゃんねるの番組専用のスレッドや実況板でやりとりされることが多かった。当時はテレビ番組に関

する感想・批評を掲載したホームページやブログ、2ちゃんねるをはじめとした掲示板の実況スレッドは、オーディエンスによるテレビ・テクストの解釈であふれかえっていたという（平井，2009）。

　ネット上において、テレビ番組の話題を閲覧したり、書き込んだりする行動が見受けられるようになった頃は、その効用として「共有」「共同」といったキーワードが強調されてきた。2ちゃんねるに関しては、「たとえ実際的な空間としてはそれぞれ離れた場にいたとしても、同じ時間に同じ番組を見る視聴者として、書き込みを行い、書き込みを見ながらそのウェブ空間での視聴体験を共有」するという「視聴の共同性」という快楽が存在すること（西田，2009, p.166）、感情の共有や体験の共有といった自己表現・相互作用が書き込みを行う動機として考えられること、投稿者に向けての感想、ねぎらい、情報を求めるといった投稿者同士の連帯感がうかがえること等が指摘されている（山本，2011）。

　2008年に日本語版Twitterがリリースされ、日本人ユーザーが広く活用するようになると、テレビを話題としたコメントの閲覧・書き込みという行動も、その「場」をTwitterをはじめとしたSNSに拡大していった。2010年代初頭にはテレビを見ながらSNSを利用することが「ソーシャルテレビ」と呼ばれるようになったが（Screens編集部，2020）、その時期はTwitterの国内利用者が1,000万人を超えた時期（2010年）に重なっている（小川，2010）。テレビ番組に関するコメントを閲覧したり書き込んだりする「場」が電子掲示板のみならずSNSにも拡大し多様化した後も、それらとテレビを同時並行利用する利点として、前述の2ちゃんねるに関する研究と同様に「同時に番組を見ている人とSNSのやりとりを通じて共感・共有感覚を持てること（小島・執行，2014）」、「みんなでテレビを見ているような一体感を感じた（三浦・小林，2010）」といった報告がなされている。

　このように、テレビ番組を話題としたコメントの閲覧・書き込みという行動には他者との疑似的な共視聴、感情や知識の共有、仲間意識の醸成といった他者とのコミュニケーションを意識した動機がその背景に存在しており、諸研究においてもそうした点が強調されることが多かった。個々人の関心事が分散化し、それについて直接話す相手を周囲に見つけづらくなった時代のテレビ視聴者にとって、興味関心をもとに物理的に離れた他の視聴者とつながることを可能にするインターネットのインパクトは非常に大きく、テレビの話題に関するネット上の書き込みやその閲覧という行動に視聴者を駆り立てていたと考えられる（志岐, 2013）。

しかしその一方で、コメントを閲覧・書き込みする「場」が多様化したことは、単に活用される場所の数が増えたことだけを意味するのではなく、それぞれの「場」の仕様に即して視聴者が自分の書き込みに沿った「場」を選択することにつながったのではないかという指摘もある。志岐（2015, 2017）は、自らが実施した同一番組に対する2ちゃんねるとTwitterの書き込み内容の比較研究をふまえ、コメントが書き込まれる「場」によってその内容に異なった特徴が見られることを示唆した。例えば、Twitter上の書き込み内容の分析から、投稿者同士のやりとりがほとんど見られないこと、他の視聴者との意見や感情の共有というよりも自分の意見を表出したい、極端な場合は「排出」したいといった、いわば自己の放出欲求に基づいているものも数多く存在していると指摘している。テレビ番組についてTwitterに投稿する人々が他者と共有することを目的としているのかという問題に対しては、社会学者の鈴木謙介も懐疑的な姿勢を示しており、「ただ何かを言いたくて手が自然にTwitterと連動し、つぶやきになっている」のではないかと発言している（二瓶・関口, 2014）。またツイートの投稿に関する研究では、6人に1人が明確な理由や意図がなく投稿しており、多くのツイートは読み手を特に想定せずに投稿されているという（北村ほか, 2016）。これらのことからも、閲覧や書き込みを行う「場」によっては、これまで強調されてきた「共有」を意図しないユーザーも相当数存在するのではないかと考えられる。

　以下では、ドラマ視聴者によるインターネット上のコメント等の閲覧・書き込み行動について、その実態を「場」に着目しながら検討する。インターネットとテレビの並行利用が日常化し、視聴者の反応が投稿される「場」が多様化した現代において、テレビとネットの並行利用は視聴者にとってどのような意味をもつのだろうか。また、視聴者の閲覧・書き込みの動機と「場」の選択には関連があるのだろうか。このような関心のもと、筆者は2021年にWeb調査を実施した。以下ではこの調査結果の報告を通じて、現代のドラマ視聴者が番組とどのように関わり、番組を受容し、思いをネット上に表出しているのか、そのありようを探ることにしたい。

2. 視聴番組の選択とドラマ視聴状況

　ここからは、インターネット上におけるドラマ番組に対する視聴者のコメントの閲覧・書き込み行動に関する調査結果について報告する。2021年9月9日に調査会社のモニター会員を対象に、関東1都6県在住の20代から60代の年齢

層ごとに、男女100名ずつを割り付けて調査を実施した。有効回答数は1,000で、平均年齢は44.52歳（$SD=14.06$）であった。調査票は性別、年齢、テレビ番組の視聴契機、ドラマ視聴行動、ドラマに関するコメント等の閲覧／書き込み状況（利用状況、動機、投稿内容等）、インターネット上におけるコメントの閲覧や書き込みに対する態度などで構成されている。ここでは、上記の問題意識と関わる部分の分析結果について報告する。

視聴番組の選択

　視聴者は、視聴する番組をどのような基準で決めているのだろうか。調査対象者に「番組の出演者」「番組の内容」など10項目を提示し、番組視聴のきっかけとして当てはまる程度をそれぞれ5件法で尋ねたところ、「番組の内容（78.0%;「非常に当てはまる」「やや当てはまる」を合算した数値。以下同。）」が最も多く、次いで「番組の出演者（64.5%）」「番組の放送時間（55.8%）」であった。つまり、過半数の者は内容、出演者、放送時間といった番組の属性が自分の趣味嗜好やスケジュールと合致している番組を選択しているということである。一方で、「Twitter のトレンドなど、インターネット上での話題性（23.1%）」「インターネット上に掲載されている番組についての記事（25.5%）」「Twitter や Amazon のレビュー欄などに掲載されている視聴者のコメントや評価（19.1%）」など、他者の評価やコメントが番組視聴の契機となると回答した者も2割前後存在した。

　各項目の平均値をみると、「番組の内容」「番組の出演者」「周囲の人との会話」には性別による差が見られ、いずれも女性の方が男性より高かった。また、「周囲の人との会話」「インターネット上での話題性」「視聴者のコメントや評価」が契機となる程度に年代による差が見られ、20代の若年層ではそれ以上の年代と比較して、これらの項目も番組視聴のきっかけとして機能することが多かった（図8-1）。社会における流行や世の中のトレンドに敏感という若者の特性が、視聴番組の選択にも反映されているといえる。

ドラマ番組の視聴状況

　次に、ドラマ番組の視聴状況についてみていこう。本調査では、ドラマ番組（海外ドラマ、インターネット配信ドラマも含む）を週にどれくらい視聴するかを尋ねた。「全く見ない」から「週に7時間以上」まで10の選択肢を提示したところ、「全く見ない（23.3%）」の選択率が最も高かった。次いで「週に1時間〜2時間未満（15.3%）」が多く、「週に30分〜1時間未満（10.9%）」「週に2時間〜3時

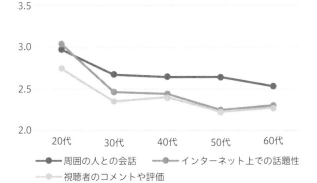

注：年代による有意差がみられた項目のみを示した。

図 8-1　番組視聴の契機（年代別平均値）（抜粋）

間未満（10.7%）」がそれぞれ1割強という結果であった。一方で「週に7時間以上（10.2%）」という重視聴者も1割程度存在していた。性別にみると、「全く見ない」を除いた場合、男女とも「週に1時間〜2時間未満」の選択率が最も高かった（男性：13.8%，女性：14.4%）。ただし女性は「週に7時間以上（13.8%）」も同等に多く、全体的にみると女性の方がドラマ視聴時間は長い傾向にあった。年代別にみると、20代は「週に30分〜1時間未満」の選択率が高く（13.5%）、30代〜60代は「週に1時間〜2時間未満」が多かった（30代：14.0%，40代：17.0%，50代：15.5%，60代：17.5%）。

　次に、ドラマ番組の視聴方法についてみてみよう。現在、ドラマ番組を視聴できる媒体は多様化しており、リアルタイムの放送はもちろん、インターネット上での見逃し配信、有料の動画配信サービスなど、その選択肢は多岐にわたる。調査では、ドラマ番組の視聴状況について「全く見ない」以外に回答した者（n=767）に「その他」を含む9つの視聴方法を提示し、それぞれの方法を使ってドラマ番組を視聴する頻度を5件法で尋ねた。「よく見る」「時々見る」の選択率をみると、「テレビ放送の録画で」視聴する者が最も多く（56.8%）、「リアルタイムのテレビ放送で（48.9%）」「テレビの再放送で（46.8%）」と続き、録画、リアルタイム、再放送といった放送を介した従来の視聴方法の選択率が半数近くに上った。一方で、「動画配信で（33.4%）」「見逃し配信で（29.2%）」といった、インターネットを介してドラマ番組を視聴するスタイルを約3割の人が日常的に採用していた。年代別にみると若年層と高齢層の間で明確な違いが見られた。

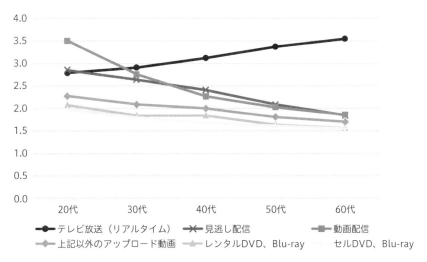

注：年代による有意差がみられた項目のみを示した。

図 8-2　各ドラマ視聴方法の利用頻度（年代別平均値）（抜粋）

年代による有意差が見られた項目のみを抜粋したのが図 8-2 である。これをみると、高齢層はリアルタイムの「テレビ放送」を介した視聴が若年層より多いことがわかる。一方、若年層、とくに 20 代、30 代は見逃し配信、動画配信、それ以外のアップロード動画といった「ネット」を介した視聴が高齢層より多かった。とくに 20 代ではリアルタイム、録画、再放送といったテレビ放送の利用よりも動画配信の利用頻度が上回っているという点が特徴的であった。近年、Tver（2015 年〜）、NHK プラス（2020 年〜）などインターネットを介した番組視聴が手軽になり、さらに Netflix（日本では 2015 年〜）、Hulu（日本では 2011 年〜）等の有料動画配信サービスの普及も進んでいる。ドラマを放送ではなくネットを介して見たことのある 20 代に対しその理由を尋ねた調査では「放送時間に家にいなかった」「家にいたがテレビを見られなかった」などの時間的事情がある一方で、放送の時点ではその番組に「興味がなかった」「知らなかった」という、番組の放送に対する意識の薄さを感じさせる理由を挙げた人もいたと報告されている（斉藤，2020）。上述したように、20 代はネット上での話題性や周囲の人との会話など、他者の存在が番組視聴のきっかけとなりやすい。その場合、番組を「見たい」と思ったときには、もうすでにその回の放送が終わっているというケースもあるだろう。インターネットでのドラマ配信はこのように「あとから見たいと思った」視聴者をすくい上げ、現在の放送回まで「追いつかせる」装置と

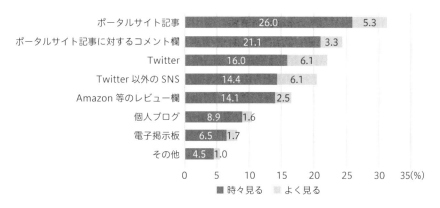

図 8-3　コメント等を閲覧する者の割合（場所別）

して機能しているといえる。今回の調査結果からは、これらのネットサービスが若年層を中心に利用が広まっていることがわかる。

3.　ドラマに関するコメント等の閲覧と「場」の関係

ドラマに関するコメント等の閲覧状況

ここからは、視聴者が「どのような場で」ドラマに対するコメント等を閲覧しているのかを確認したい。本調査では、他者の記述を読める場所として SNS や電子掲示板のほかに、Yahoo! 等のポータルサイトに掲載されている記事やそれに対するコメント欄、Amazon や Yahoo! テレビのレビュー欄等も対象とした。8 つの場所を提示し、それらの場所でドラマに関するコメント等をどの程度閲覧しているかをそれぞれ 5 件法で尋ねた。「よく見る」「時々見る」と回答した者の割合を示したものが図 8-3 である。まず、Yahoo! 等の「ポータルサイトの記事」を閲覧すると回答した者が最も多く（31.3%）、「ポータルサイト記事に対するコメント欄」（24.4%）の閲覧がそれに続く形となった。次いで、「Twitter」や「Twitter 以外の SNS（以下，SNS）」が続き、いずれも 2 割程度であった。閲覧する頻度の平均値を算出し比較すると、「ポータルサイト記事」「ポータルサイト記事に対するコメント欄」は男性よりも女性が、「電子掲示板」は女性よりも男性が閲覧する頻度が高かった。年代別にみると、特に 20 代の「Twitter」「SNS」の閲覧が他の年代より活発であるのが特徴的であった。しかし平均値はそのほとんどが 1 〜 3 点台であり全体的に低い値であった。

次に、ドラマに関するコメント等をネットで閲覧する動機についてみてみよう。

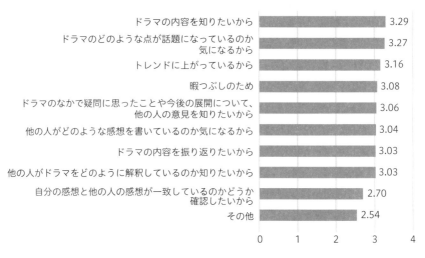

ドラマの内容を知りたいから	3.29
ドラマのどのような点が話題になっているのか気になるから	3.27
トレンドに上がっているから	3.16
暇つぶしのため	3.08
ドラマのなかで疑問に思ったことや今後の展開について、他の人の意見を知りたいから	3.06
他の人がどのような感想を書いているのか気になるから	3.04
ドラマの内容を振り返りたいから	3.03
他の人がドラマをどのように解釈しているのか知りたいから	3.03
自分の感想と他の人の感想が一致しているのかどうか確認したいから	2.70
その他	2.54

図 8-4　コメント等の閲覧動機（平均値）

上記に挙げたいずれかの場所で他者のコメント等を「よく見る」「時々見る」と回答した者（n=475）に 10 の閲覧動機を提示し、それぞれに当てはまる程度を 5件法で回答してもらった。各項目の平均値を図 8-4 に示す。これをみると、「ドラマの内容を知りたいから」の平均値が最も高い。つまり、ドラマの内容を把握していない視聴者がその内容を知るために他者の記述やコメントを先回りして閲覧するケースが最も多いということである。もしくは、ドラマは見ていても内容が十分に把握できていなかったり、自分では気づかない伏線等を他者のコメントを通じて把握したいというケースも考えられるだろう。次いで、「ドラマのどのような点が話題になっているのか気になるから」「トレンドに上がっているから」といった、世間一般の話題性を意識した閲覧動機が続いている。「ドラマのなかで疑問に思ったことや今後の展開について、他の人の意見を知りたいから」「他の人がどのような感想を書いているのか気になるから」などといった、いわゆる他者の意見や感想への興味は 5 件法の尺度において平均点が 3 点程度となっており、中位に位置していた。これらの結果から、今回の調査対象者においては、他者のコメント等を閲覧する動機として、これまで指摘されてきたいわゆる感情や視聴体験の「共有」と同等、もしくはそれ以上に、「ドラマ情報を（先回りして）取得したい」という情報獲得の欲求や「トレンドを追いたい」という欲求が働いていることが示唆された。

表8-1 コメント等の閲覧頻度（場所別）と閲覧動機の偏相関分析結果（抜粋）

		Twitter	Twitter以外のSNS	ポータルサイト記事	ポータルサイト記事に対するコメント欄	電子掲示板	Amazon等のレビュー欄	個人ブログ	その他
自分の感想と他の人の感想が一致しているのかどうか確認したいから	男性 (n=215)	.26***	.18*	.27***	.33***	.32***	.37***	.43***	.36***
	女性 (n=260)	.21*	.18*	.32***	.36***	.34***	.34***	.19*	.24***
他の人がどのような感想を書いているのか気になるから	男性	.27***	.17*	.23**	.22**	.21**	.35***	.36***	.32***
	女性	.13*	.12*	.34***	.41***	.20*	.34***	.18*	.18*
ドラマの内容を知りたいから	男性	.19*	.12†	.15*	.16*	.26***	.20*	.40***	.22**
	女性	.06	.10	.16*	.10	.21**	.22***	.15*	.11†
トレンドに上がっているから	男性	.36***	.30***	.24***	.28***	.19**	.25***	.38***	.27***
	女性	.21**	.27***	.21**	.15*	.15	.20**	.05	.09

n=475 †p＜.10, *p＜.05, **p＜.01, ***p＜.001
注1：年齢を統制変数とした分析である。
注2：薄い網掛けは偏相関係数が.30以上.40未満、濃い網掛けは.40以上であることを示す。

閲覧場所と閲覧動機の関係

　ドラマに関するコメント等を閲覧する場と、閲覧する動機とは関連があるのだろうか。今回調査対象とした各所でコメント等を閲覧する頻度と閲覧動機との関連を検討するために、男女別に年齢を統制した偏相関分析を実施した[1]。特徴的な結果が得られた箇所を抜粋して表8-1にその結果を示す。

　まず、「自分の感想と他の人の感想が一致しているのかどうか確認したいから」に関しては、男性は個人ブログの閲覧頻度との間に他所よりも強い相関関係が見られた。ポータルサイト記事に対するコメント欄、電子掲示板、Amazon等のレビュー欄の閲覧とは男女ともに弱い正の相関が見られ、TwitterやSNSよりもその係数は高い傾向にあった。「他の人がどのような感想を書いているのか気になるから」に関しても、男性ではとくに個人ブログやレビュー欄と、女性ではポータルサイト記事やそれに対するコメント欄、レビュー欄と有意な相関関係が見られた。

　コメント等の閲覧動機で最も平均値が高かった「ドラマの内容を知りたいから」に関しては、いずれの場所の閲覧頻度ともほぼ無相関かきわめて弱い相関しか確認できなかったが、男性に限定すると個人ブログの閲覧頻度との間に正の相関関係が見られた。

　TwitterやSNSはとくに男性において「トレンドに上がっているから」という

---

[1]　後掲の表8-2、表8-3についても同様の方法で分析を実施した。

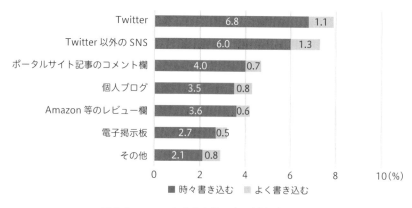

図8-5 コメントを書き込む者の割合（場所別）

動機と弱い相関があり、その他の動機とは無相関かきわめて弱い相関が見られるのみであった。

4. ドラマに関するコメントの書き込みと「場」の関係

ドラマに関するコメントの書き込み状況

ここからはドラマ視聴者の書き込み行動に注目してみよう。インターネット上の各所で調査対象者自身がドラマに関するコメントを書き込む頻度をそれぞれ5件法で尋ねた。図8-5に示したのは「よく書き込む」「時々書き込む」の選択率であるが、閲覧の場合と比較するとその割合はかなり少ない。例えば、Twitterでは他者のコメントを閲覧する者は22.1%であったが、自らコメントを書き込む者は7.9%になっている。性別でみると、TwitterおよびSNS以外の全ての場所で差が見られ、いずれも男性の方が書き込みに積極的であった。Twitterは少ない分量で気軽に書き込みやすい一方、それ以外の場所は自分の意見をある程度まとめて記述する必要があるところも多い。こうした傾向が男性書き込み者の傾向とフィットしているのかもしれない。年代別にみると、いずれの場所においても20代の平均値が最も高く書き込みに積極的であった。とくにTwitterおよびSNSではその傾向が顕著であり、20代とその他の全ての年代との間に有意差が確認された。

次に、コメントを書き込む動機についてみてみよう。上記のいずれかの場所でドラマに関するコメントを「よく書き込む」「時々書き込む」と回答した者

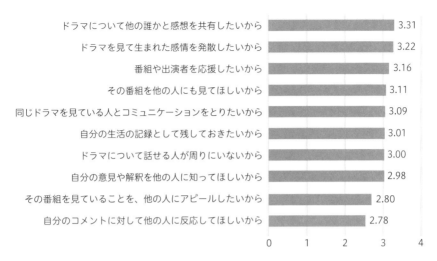

ドラマについて他の誰かと感想を共有したいから　3.31
ドラマを見て生まれた感情を発散したいから　3.22
番組や出演者を応援したいから　3.16
その番組を他の人にも見てほしいから　3.11
同じドラマを見ている人とコミュニケーションをとりたいから　3.09
自分の生活の記録として残しておきたいから　3.01
ドラマについて話せる人が周りにいないから　3.00
自分の意見や解釈を他の人に知ってほしいから　2.98
その番組を見ていることを、他の人にアピールしたいから　2.80
自分のコメントに対して他の人に反応してほしいから　2.78

図 8-6　コメントを書き込む動機（平均値）

（*n*=143）に書き込む動機を 10 項目提示し、それぞれについて当てはまる程度を 5 件法で回答してもらった。各項目の平均値を示したのが図 8-6 である。これをみると、「ドラマについて他の誰かと感想を共有したいから」の平均値が最も高く、疑似的な共視聴感覚を味わいたいという思いがコメントの書き込みにつながっているといえる。次いで、「ドラマを見て生まれた感情を発散したいから」が続いている。これは先に見たような「他の誰かと共有したい」というよりもむしろ、自分の中に湧き出た思いを解消したいといった自己完結的で「消極的な共有（志岐，2015）」を志向しているといえよう。これらの 2 項目が上位に挙がっているという事実は、コメントを書き込む動機には、他者の存在を求め積極的に感想を共有することを志向する方向と、自らの中に湧き出た感情を解消したり吐き出したりすることを志向する方向とが存在することを示している。続いて「番組や出演者を応援したいから」「他の人にも見てほしいから」というファン行動の一環とも捉えられる項目が挙がった。

　各所にコメントを書き込む動機の平均値を性別・年代で比較したところ、「自分の生活の記録として残しておきたいから」「その番組を見ていることを、他の人にアピールしたいから」「自分のコメントに対して他の人に反応してほしいから」で性別による有意差が見られ、いずれも男性の方が平均値が高かった。年代による差は見られなかった。

表 8-2　コメントを書き込む頻度（場所別）と書き込む動機の偏相関分析結果（抜粋）

		Twitter	Twitter以外のSNS	ポータルサイト記事に対するコメント欄	電子掲示板	Amazon等のレビュー欄	個人ブログ	その他
ドラマを見て生まれた感情を発散したいから	男性 (n=66)	.28*	.21†	-.01	.05	.11	-.06	-.09
	女性 (n=77)	.42***	.19†	.17	.29*	.22†	.23*	.24*
自分のコメントに対して他の人に反応してほしいから	男性	.26*	.23†	.20	.33**	.24†	.33**	.27*
	女性	.17	.27*	.49***	.54***	.49***	.50***	.39***
ドラマについて話せる人が周りにいないから	男性	.10	-.01	.11	.30*	.08	.27*	.14
	女性	.31**	.14	.43***	.54***	.44***	.47***	.37***
自分の意見や解釈を他の人に知ってほしいから	男性	.34**	.29*	.21†	.31*	.15	.27*	.19
	女性	.26*	.16	.25*	.40***	.41***	.49***	.43***
その番組を見ていることを、他の人にアピールしたいから	男性	.29*	.31*	.31*	.40**	.28*	.44***	.38*
	女性	.33**	.24*	.42***	.56***	.49***	.64***	.51***

$n=143$　†$p<.10$, *$p<.05$, **$p<.01$, ***$p<.001$
注 1：年齢を統制変数とした分析である。
注 2：薄い網掛けは偏相関係数が .30 以上 .40 未満、濃い網掛けは .40 以上であることを示す。

書き込む場所と書き込む動機の関係

　各所にドラマに関するコメントを書き込む頻度と書き込む動機との間に関連が見られるか検討するため、偏相関分析を実施した。ここでは比較的高い相関が見られた箇所を中心に結果を概観したい（表 8-2）。

　まず、とくに女性で、「ドラマを見て生まれた感情を発散したいから」という動機と Twitter への書き込み頻度との間に他の場所より強い相関が見られた。男性にも係数の値は低いものの同様の傾向が見られた。「自分のコメントに対して他の人に反応してほしいから」「話せる人が周りにいないから」といった他者の存在を求める欲求や「自分の意見や解釈を他の人に知ってほしいから」「その番組を見ていることを、他の人にアピールしたいから」といった自己主張的な動機は、とくに女性の間で電子掲示板やレビュー欄、個人ブログ、ポータルサイト記事に対するコメント欄への書き込み頻度と比較的強い相関が見られた。

　Twitter への書き込み頻度は男女ともに電子掲示板や個人ブログと比べて「他の人に反応してほしいから」との関連が弱く、「同じドラマを見ている人とコミュニケーションをとりたいから」といった疑似的共視聴願望とも相関が弱かった（偏相関係数は男性で .07、女性で .23 であった）。

書き込む場所と書き込む内容の関係

　では、インターネット上にドラマに関する書き込みをする際、その内容はどの

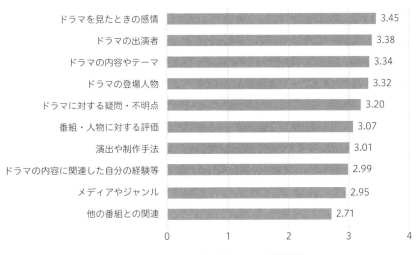

図 8-7　コメントに書き込む内容（平均値）

ようなものが多いのであろうか。調査では10種類の書き込み内容を提示し、その内容について書き込む頻度を5件法で回答してもらった（*n*=143）。書き込み内容の項目作成においては、一部西田（2009）の研究を参考にした。各項目の平均値を示したものが図8-7である。これをみると、「ドラマを見たときの感情」が最も平均値が高く、続いて「ドラマの出演者」「ドラマの内容やテーマ」など、ドラマに直接関連する内容が上位を占めていた。一方、「ドラマの内容に関連した自分の経験等」「メディアやジャンル」「他の番組との関連」といった番組そのものというよりその周辺情報とでもいうべき内容はそのほとんどが中点の3点を下回っており、書き込まれる頻度はそれほど高くないようである。

　性別にみると、「メディアやジャンル」「他の番組との関連」「ドラマの内容に関連した自分の経験等」の3項目で性差が見られ、いずれも男性の方が平均値が高かった。上記のように、このような周辺情報とでもいうべき内容の書き込み頻度は全体的にみるとそれほど高くはないが、男性の方が女性より積極的であるといえよう。この点では男性の方がより番組分析的な見方をしているといえるかもしれない。一方で、「感情」や「出演者」など、ドラマに直接関連する内容についての書き込み頻度には性差は見られなかった。なお、書き込む内容に年代による差は見られなかった。

　次に、各所でコメントを書き込む頻度と書き込む内容の関連をみてみよう。比較的高い偏相関係数が見られた項目の結果を表8-3に示す。まず、書き込む内容

表8-3 コメントを書き込む頻度（場所別）と書き込む内容の偏相関分析結果（抜粋）

		Twitter	Twitter以外のSNS	ポータルサイト記事に対するコメント欄	電子掲示板	Amazon等のレビュー欄	個人ブログ	その他
ドラマを見たときの感情	男性 (n=66)	.40**	.06	.31*	.09	.07	.12	.04
	女性 (n=77)	.34**	.07	.10	.16	.12	.11	.20 †
ドラマの登場人物	男性	.34**	.03	.15	.10	-.05	.11	.05
	女性	.30**	.26*	.12	.07	.12	.19 †	.07
他の番組との関連	男性	.08	.13	.28*	.33**	.42***	.50***	.45***
	女性	.29*	.40***	.52***	.63***	.56***	.56***	.54***
演出や制作手法	男性	.30*	.17	.17	.45***	.44***	.18	.29*
	女性	.41***	.26*	.41***	.53***	.52***	.38**	.34**

n=143　† $p<.10$, * $p<.05$, ** $p<.01$, *** $p<.001$
注1：年齢を統制変数とした分析である。
注2：薄い網掛けは偏相関係数が.30以上.40未満、濃い網掛けは.40以上であることを示す。

として最も平均値が高かった「ドラマを見たときの感情」については、男女ともにTwitterと弱い〜中程度の相関関係が確認された。ドラマを見ながら湧いてきた感情をネット上に書き込む人ほどTwitterへの書き込み頻度が高いことがわかる。その他の場所では、男性でポータルサイト記事に対するコメント欄への書き込み頻度との間に弱い相関が見られたのみであり、感情を書き込むという行動とTwitterとの相性の良さがうかがえる結果となった。「ドラマの登場人物」とTwitterへの書き込み頻度との間にも、係数の値はやや低いものの同様の傾向が確認された。

　一方で、「他の番組との関連」についての書き込み頻度は、女性ではTwitter以外の全ての場所の書き込み頻度とやや強い相関が見られた。男性においても、個人ブログ、レビュー欄、電子掲示板等への書き込み頻度との相関関係が確認された。「演出や制作手法」については、男女ともTwitterへの書き込み頻度と有意な相関が見られたものの、電子掲示板やレビュー欄への書き込み頻度との相関の方が強かった。ドラマのストーリーそのものから離れた周辺的な情報や番組分析的な内容の書き込みをする人ほど、レビュー欄や電子掲示板等への書き込み頻度が高いといえる。

5. むすびに代えて

　本章では、ドラマ視聴者によるインターネット上のコメント等の閲覧・書き込み行動について、その実態を「場」に着目しながら検討してきた。ここでは書き

込みに関する調査結果を中心に考察を行う。

　まず、Twitter へ書き込む頻度は、書き込む動機との関連においても、書き込む内容との関連においても、感情の発散に関わる項目との相関が高いことが明らかになった。ドラマを見たときの感情をネット上に書き込むことで発散したい人や感情について書き込むことが多い人ほど、Twitter への書き込み頻度が高かった。感情の発散に関わる項目と相関が見られたのはほぼ Twitter への書き込み頻度のみであり、その他の場所の書き込み頻度とはほぼ無相関、もしくは Twitter より弱い相関関係であった。これらのことから、Twitter はドラマを視聴して生まれたドキドキ、イライラといった感情を発散したり、吐き出したりするために使用される傾向が他の場所に比べると強いのではないかと考えられる。

　一方で、「自分のコメントに対して他の人に反応してほしい」「話せる人が周りにいない」といった他者の存在を求める欲求や「自分の意見や解釈を他の人に知ってほしい」「その番組を見ていることを、他の人にアピールしたい」といった自己主張的な動機は、とくに女性で、電子掲示板やレビュー欄、個人ブログ、ポータルサイト記事に対するコメント欄への書き込み頻度と比較的強い相関が見られることが多かった。また、「他の番組との関連」や「演出や制作手法」といったドラマのストーリーそのものから離れた周辺的な情報や番組分析的な内容を書き込む頻度は、性別や項目により有意な相関関係が見られる場所が多少異なっていたが、電子掲示板、レビュー欄に書き込む頻度との間には一貫して有意な相関関係が確認された。

　今回の調査では、コメントを書き込む７つの「場」を提示し、書き込む頻度と書き込む動機や内容との関連を検討したが、場所によって異なる結果が得られることが大半であった。このことからも、それぞれの「場」がもつ強みや特性を見極め、書き込みを行っている視聴者の姿がうかがえる。その関係性についても考察しておきたい。

　Twitter の魅力としては、いいねやリツイート、リプライといった様々な形での反応のやりとりや、共通した興味関心をもつ者たちを結びつけるコミュニケーションツールとしての役割があるとしばしば言及されてきた。しかし調査結果をみると、そのようなコミュニケーション願望が Twitter への書き込み頻度を他の場所よりも特別に活性化させているわけではないようである。Twitter への書き込み頻度は電子掲示板や個人ブログと比べて「他の人に反応してほしい」との関連が弱く、「同じドラマを見ている人とコミュニケーションをとりたい」といった疑似的共視聴願望とも関連が弱かった。Twitter は、そのとき湧き出た感情を

深く考えなくても気軽に即書けるという点が重宝されているのではないだろうか。そこでは、他者とのやりとりも電子掲示板等ほどには期待されていないし、比較的自己完結型のコメントの書き込みと相性が良い傾向がうかがえた。Twitter の字数制限も、感情を即時的に書き込みたい場合はその目的にフィットしているだろう。だが一方で、Twitter のそのような特性や仕様は、他の視聴者と深い議論をしたいと考える利用者にとってはそれほど有用なものではないかもしれない。書き込み行動が他者を想定した動機に基づいている場合、議論が発展しやすい仕様である場の方がその目的を叶えやすい。例えば、視聴者が特定のスレッドの元に集まり、コミュニケーションがリニアに動いていく電子掲示板と、それぞれが個別に投稿した書き込みがハッシュタグ等で集約される Twitter とでは、前者の方が継続的な議論に発展しやすいだろう。

　もちろん Twitter や SNS においても、いわゆる "バルス祭り" や UGC（user generated content: ユーザー生成コンテンツ）の拡散など、視聴者同士で盛り上がるという文化が存在しているのは確かである。ただそこでの盛り上がりは、他者の存在を意識しているという点ではコミュニケーションを志向しているとも捉えられるが、深い内容のやりとりというよりも、むしろ量的な盛り上がりから快楽を得ている場合も多いのではないだろうか。

　インターネット上におけるコメント等の閲覧・書き込み行動はテレビ視聴者の間で広く浸透してきたことが指摘されているものの、本調査のようにドラマに限定した場合となると、日常的にそれらの行動をとっている者は（とくに書き込み行動に関しては）いまだ少数のようであった。ドラマ視聴者がコメントの閲覧・書き込みに至るまでの経緯や、そこでの「場」の選択にかかわる変数についてより詳細に検討するためにも、量的調査のほかに様々なケースを丁寧に拾っていく質的調査等も合わせてその実態を解明していくことが求められるだろう。

引用文献

平井智尚 (2009). ネットユーザーはテレビをどう見てきたのか：史資料のカケラ　平井智尚・大淵裕美・藤田真文・島国哉・小林義寛・小林直毅　ポピュラー TV（pp.11–77）風塵社

北村智・佐々木裕一・河井大輔 (2016). ツイッターの心理学　誠信書房

小島博・執行文子 (2014). テレビとインターネット：番組関連の同時利用の実態を探る〜 E ダイアリーとデプスインタビューによるケーススタディーの結果から〜　放送研究と調査, *64*(7), 82–100.

三浦基・小林憲一 (2010). "テレビの見方が変わる"：ツイッターの利用動向に関する調査　放送研究と調査, *60*(8), 82–97.

二瓶亙・関口聰 (2014). 2014 年 春の研究発表とシンポジウム "ソーシャル" が生むテレビ視聴熱⁉：あまちゃん現象が投げかけたもの　放送研究と調査, *64*(6), 2–17.

西田善行 (2009).「視聴者の反応」を分析する：インターネットから見るオーディエンス論　藤田真文・岡井崇之（編）プロセスが見えるメディア分析入門：コンテンツから日常を問い直す（pp.145–169）　世界思想社

小川たまか (2010). 国内利用者数 1000 万人突破のツイッター「こうなったら依存症だと思う」ことは？　https://diamond.jp/articles/-/9017

斉藤孝信 (2020). メディア多様化時代の 20 代とテレビ　放送研究と調査, *70*(2), 2–15.

Screens 編集部 (2020). ネットが盛り上がれば何かが起こる？番組制作と SNS 活用【2019 レポート】　https://www.screens-lab.jp/article/22933

志岐裕子 (2013). インターネット世代のテレビ・コミュニティ：大学生のテレビ視聴　萩原滋（編）テレビという記憶：テレビ視聴の社会史（pp.177–196）　新曜社

志岐裕子 (2015). テレビ番組を話題とした Twitter 上のコミュニケーションに関する検討　メディア・コミュニケーション（慶應義塾大学メディア・コミュニケーション研究所紀要）, *65*, 135–148.

志岐裕子 (2017). テレビ番組を話題とした 2 ちゃんねる上のコミュニケーションに関する検討　メディア・コミュニケーション（慶應義塾大学メディア・コミュニケーション研究所紀要）, *67*, 83–96.

山本明 (2011). インターネット掲示板においてテレビ番組はどのように語られるのか　マス・コミュニケーション研究, *78*, 149–167.

第9章　テレビのバラエティ番組に対する「許容度」

正木誠子

　現在、日本では様々なジャンルのテレビ番組が放送されている。その中でも、視聴者はバラエティ番組をどのように見ているのだろうか。本章では、視聴者によるテレビ番組に対する「許容度」（特定の描写や内容を許せるか、それとも許せないか）という点から「クリティカル・オーディエンス」について検討したい。

　本章の構成について説明する。1節ではバラエティ番組の定義に関する議論と、日本におけるバラエティ番組の変遷について整理する。2節ではバラエティ番組と視聴者との関係について、「文化装置」と「批判」というキーワードを用いて説明する。3節では現在放送されているバラエティ番組において、どのような描写、内容が問題視されているのかを検討する。そして4節・5節ではWeb調査の結果を概観し、バラエティ番組に対する許容度にどのような態度や価値観が影響を与えうるのかを論じる。

1. バラエティ番組の定義と変遷

「バラエティ番組」とは

　「バラエティ番組」といわれて、どのような番組を思い浮かべるだろうか。トークやクイズ、グルメやお笑い、音楽などを扱う番組を思い浮かべる人が多いのではないだろうか。さらにトーク番組の中でもお笑い色の強いものやそうでないものもあり、グルメ番組といってもレストランを紹介するものから、街で会った一般の人にその日の食事を紹介してもらうものもある。まさに「バラエティ（variety）」という単語が意味する「多様」「種々」である。

　しかし、バラエティ番組の明確な定義は、積極的に議論されていないように見受けられる。テレビ研究や笑い研究において「バラエティ番組」「娯楽番組」が対象となることは多いが、「何をもってバラエティ番組とするか」については明記されておらず、「きわめて多種多様になっている」（太田，2019, p.109）、「まったくテイストの異なる番組が、『バラエティ』の名のもとにテレビの中でひしめ

き合っているのが現状」（太田，2016, p.70）などと言及されている。鹿島（2011）はバラエティ番組を「辞書的な定義」「法律・放送基準による定義」「番組を制作する上での定義」など様々な視点から議論しているが、それらをふまえた普遍的なバラエティ番組の定義には至っていない。

　このように、現在の日本のテレビ番組編成においてバラエティ番組が何を指すかは曖昧であり、何をもって「バラエティ番組」を意味するか、明確に定義することは困難であると考えられる。

　以上をふまえ、本章では「バラエティ番組とは何か」について細かく検討することはしない。ドラマやニュース、スポーツ番組などに「含まれない」ものを広く「バラエティ番組」と想定し、議論を進めたいと考える。

「バラエティ番組」のこれまで

　本項では、日本においてバラエティ番組がどのような変遷をたどってきたのか、できる限りその時代を象徴する主な番組を挙げながら簡単に整理する。

　日本でテレビ放送が開始されたのは 1953 年である。放送開始当時は NHK が『ジェスチャー』（〜1968 年）や『私の秘密』（1956〜67 年）などクイズ形式の番組のほか、『番頭はんと丁稚どん』（毎日放送、1959〜61 年）、『とんま天狗』（読売テレビ、1959〜60 年）、『てなもんや三度笠』（朝日放送、1962〜68 年）など関西のお笑い番組、『光子の窓』（日本テレビ、1958〜60 年）[1]、『夢であいましょう』（NHK、1961〜66 年）、『シャボン玉ホリデー』（日本テレビ、1961〜72 年）などの音楽を中心としたバラエティ番組を制作・放送していた（萩原，2013）。

　1970 年代前後からは、いわゆる「コント番組」が放送され、人気を博すようになる。代表的な番組として『8 時だヨ！全員集合』（TBS、1969〜85 年）がある。この番組は公開生放送であり、毎週大勢の観客の前でコントや歌の実演を放送し、最高視聴率 50.5％を記録したことで「お化け番組」「怪物番組」などと呼ばれた（太田，2007a）。その一方で、同番組は「ふざけすぎる」という批判もあり（伊豫田ほか，1998）、PTA による「子どもに見せたくない番組」の常連でもあった（佐藤，2008）。

　1980 年代に入ると、「アイドル」と「ニューミュージック」の延長線上にある「おニャン子ブーム」と「イカ天ブーム」が巻き起こる（太田，2007b）。前者は『夕焼けニャンニャン』（フジテレビ、1985〜87 年）のブームを指し、「フツーの女

---

[1]　これらの番組はコメディドラマ、喜劇であったが、お笑いの要素が強いため、本章ではバラエティ番組として位置づけた。

の子」が学校のクラブ活動のノリでお笑いタレントとのやりとりを楽しむという内容であり、同番組から生まれた“おニャン子クラブ”が歌う『セーラー服を脱がさないで』は 30 万枚を超えるヒットとなった（伊豫田ほか，1998）。後者は土曜深夜に放送された若者向け音楽バラエティ番組『平成名物 TV』（TBS、1989〜91 年）内の一企画「いかすバンド天国」のことであり、アマチュアのロックバンドの出演がロックバンドブームに火をつけ、若者の間で爆発的な盛り上がりを見せた（伊豫田ほか，1998）。

　また、この頃は『THE MANZAI』などに代表される漫才ブームも生まれた。『THE MANZAI』は、フジテレビ系『花王名人劇場』（1979〜96 年）内の一企画である「激突！漫才新幹線」が高視聴率を記録したのをきっかけに生まれた番組である（太田，2019）。1982 年から 11 回にわたって放送された『THE MANZAI』は、様々な漫才コンビが客前で漫才を演じるというシンプルな寄席中継形式の番組であったが、視聴率が 32.6 ％を記録する回もあり、漫才ブームを牽引する役割を果たす番組となった（太田，2013）。

　1990 年代は、テレビ東京の『浅草橋ヤング洋品店』（1992〜96 年）や『TVチャンピオン』（1992〜2006 年）によって、「素人」が台頭したといわれている。前者は下町・庶民をコンセプトにしたファッション・情報バラエティであり、ヒロミチ・ナカノが下町の洋品店主のファッションコーディネートをする「お洋服水戸黄門」コーナーなどをもち、後者はあらゆるジャンルの知識・技能を競う視聴者参加型のコンテスト番組であり、ただの素人でなくその道のマニアを集めたところが特徴であった（伊豫田ほか，1998）。

　「素人」を番組に起用するという手法は、当時テレビ東京がテレビの開拓者としての存在感を増した原動力であったといわれている（太田，2019）。バラエティ番組における素人はプロの芸人も及ばないような面白さや魅力をもつと指摘されている（太田，2018）。それ以前も 1970 年から 80 年代にかけて萩本欽一が「欽ドン」シリーズ（フジテレビ系）などで素人を積極的に起用していたが、その頃の素人はプロの芸人によって面白さを引き出される存在であり、テレビ東京がフィーチャーしたのはそれだけで面白く、感嘆させられるような凄さを有していたという（太田，2019）。

　そして 1990 年から 2000 年代にかけて、「追い込む」という、これまでと異なる形で「素人」にフィーチャーする番組が登場する。それが『ロンドンハーツ』（テレビ朝日、1999 年〜）である。この番組ではカップルの男性側の浮気心を調査するドッキリ企画や、賞金のために彼女が他の一般男性とキスをすることをどこ

まで許すかを試す企画など、一般の若者のリアルな恋愛に踏み込む内容が目玉となった（太田，2013）。

そして現在、主にどのようなバラエティ番組が放送されているのだろうか。太田（2016）は、あらかじめ決められたテーマ（お題）や取材されたVTRに対し、お笑い芸人がウィットに富んだコメントやツッコミをして笑いを誘うという形式のものが多いと指摘し、このような空間では場の空気を読み、臨機応変に「適度な笑い」を生み出すといった"打率の良さ"が求められ、これは集団に対する順応力がなければできないことであると述べている。

まとめ

本節では、バラエティ番組の定義についての現状を説明するとともに、日本でバラエティ番組がどのような変遷をたどってきたのか、その時代を象徴する主な番組を挙げながら整理をした。

時代によって、象徴的な番組や人気を博すような内容が異なるのは当然のことである。しかし、バラエティ番組の変遷を振り返ると、基本的にお笑いやトーク、クイズ、音楽など様々なジャンルが混在してきたということは明らかである。したがって、前項でまとめた内容は、バラエティ番組を定義することの難しさを裏づける内容であるといえるのではないだろうか。

2. バラエティ番組と視聴者の関係

前節をふまえ、本節ではバラエティ番組が視聴者にどのような影響を与えているか、そしてバラエティ番組に対して視聴者がどのような見方をしているかについて概観する。

「文化装置」としてのバラエティ番組

ここではバラエティ番組の「文化装置」という側面に言及しながら、その影響力の大きさについて説明する。

よく「若者のテレビ離れ」などが謳われるが、本当にそうなのだろうか。インターネットメディアの登場によって人々のメディア行動が大きく変わったことは事実であるが、テレビの影響力は減少したのだろうか。

太田（2016, 2018）は、インターネットが登場した現代においてもテレビは支配的な影響力をもち、テレビはある種の「社会」であり世間に近いものであると

言及している。そのため、人々は知らず知らずのうちに、テレビから影響を受けることもあるだろう。特にバラエティ番組は、私たちに対して強い影響力をもつと考えられる。

　国広（2012）は、娯楽番組を研究することは文化装置としてのテレビの役割を考える上で重要であるとし、その理由として娯楽番組は人々に共有されているジェンダーに関する常識に依存して企画・制作・放送され、視聴者の意識を敏感にキャッチして新たな現実を作り出す力をもつことを挙げている。ここでは「ジェンダー」に関する常識と表記されているが、それ以外の常識に関しても同様のことがいえると考えられる。また娯楽番組は報道番組のように真実や事実の伝達でなく、視聴者をいかに楽しませるかを追求する虚構の世界であり、そこには制作側の常識が様々な形で動員され、番組内容に映し出されるとも言及されている（国広，2012）。

　同様の指摘は他でもされており、正木（2020a）は報道には扱うべきニュースがあり視聴者はそれを客観的に報じることを期待するが、バラエティ番組は作り手の自由度が許容されていると指摘している。また、太田（2007c）は人気を博したコント番組『巨泉・前武のゲバゲバ90分！！』（日本テレビ、1969〜71年）について、「CMが一つのメッセージを持った作品であるように、（中略）ギャグやコントも同様の作品であり、出演者は、その作品の意図を完璧に表現するための素材のひとつ」（p.29）と述べている。

　以上をふまえると、バラエティ番組は他のテレビジャンルと異なり、制作側の意図が反映されやすい性質をもつことがうかがえる。そのため、新たな「現実」を作り出し、それを視聴者に植え付ける力をもっている。それが「文化装置」としてのバラエティ番組の側面であると考えられる。

　しかし近年、バラエティ番組の「文化装置」としての側面にも変化が生じていると考えられる。なぜなら、インターネットの発達と普及によって、視聴者はテレビの内容に疑問や違和感があればその旨をインターネットメディアに投稿したり、他者の投稿を見たりすることが可能になり、「文化装置」としてのテレビ内容をそのまま受け入れない可能性があるからである。

　視聴者がテレビの内容を批判することは、テレビ登場時から確認されていた。前述『8時だョ！全員集合』の項でも述べたとおり、バラエティ番組は昔から批判の対象であった。他にもテレビが登場した1950年代、大宅壮一氏による「一億総白痴化」が話題となった。これは大宅氏が1957年に『週刊東京』のコラム「時評　あげて"お貸下げ"時代」の中で、テレビには紙芝居以下の白痴番

組ばかりが並び、これでは一億総白痴化運動が進んでいるようなものである、と差別的な表現を用いて論じたことを発端としている（桜井，1994）。また、日本PTA全国協議会が「子どもに見せたくない番組」を調査し、ランキングを発表していた時期があった。このランキングにはバラエティ番組がランクインすることが多く（朝日新聞，2006；毎日新聞，2005）、この調査への回答意識には、保護者によるバラエティ番組批判が働いていたことがうかがえる。[2]

　このように、バラエティ番組に対する批判は以前から存在していたが、頻繁に表出することはなかった。しかし近年、インターネットの急激な発展と普及により、人々が意見を投稿することが容易になった。これまではあまり表に出てこなかった「バラエティ番組に対する批判」が可視化され、視聴者はバラエティ番組から「社会」や「現実」をそのまま受け取らず、その内容を評価するようになったのではないか。以上をふまえると「文化装置」としてのバラエティ番組は現在、曲がり角にさしかかっているのかもしれない。

近年のバラエティ番組を取り巻く状況

　インターネットの登場だけでなく、近年の人々の意識の変化もバラエティ番組の立ち位置に影響を与えていると考えられる。テレビについて論じる際、「コンプライアンス」という言葉を聞いたことはないだろうか。コンプライアンスとは法令や社会規範の順守を指し、バラエティ番組の制作に影響を与えていることが指摘されている（朝日新聞，2022）。つまり近年、バラエティ番組には法令や社会規範を守ることが求められていると考えられる。

　また近年はジェンダー平等の意識も高まり、メディアの表現によって無意識な偏見が生じないよう、ジェンダーに対する表現を見直す動きがみられる。2022年に新聞労連ジェンダー表現ガイドブック編集チームが出版した『失敗しないためのジェンダー表現ガイドブック』ではメディアにおけるジェンダー表現の実践と知識が共有されており、テレビにおける表現についても改善が求められている。[3]

　さらに前田（2016）は日本人の考え方の特徴として、日本人は公的規範（法律

---

[2]　「子どもに見せたくない番組」は日本PTA全国協議会が行っていた「子どもとメディアに関する意識調査」の一部であったが、毎年このランキングばかりがメディアに取り上げられるようになり、他の調査結果が取り上げられないという理由から、2013年からこのランキングに関する設問を取りやめた（朝日新聞，2013）。

[3]　たとえとして、報道番組で若い女性アナウンサーが質問し、年長の男性キャスターが解説する描写は「女性はいつでも聞き役であるもの」という固定観念を促しかねないとして、女性の解説者や男性の聞き役を増やすことが必要だと述べている（新聞労連ジェンダー表現ガイドブック編集チーム，2022）。

で定められるような規範や義務）から逸脱する行為については「許せない」と思いやすい傾向にあると指摘している。したがって、視聴者はテレビという公共性のあるメディアが放送する内容については「公的規範」を求めやすく、たとえバラエティ番組であっても、倫理的に問題があったり偏っていたりする内容を放送することは「公的規範」に反するとして、許容しにくいのではないだろうか。

このようなコンプライアンスやジェンダー表現に対する意識の高まりや、日本人の考え方の特徴もあいまって、バラエティ番組を取り巻く環境は以前とは異なるものになっていると考えられる。つまり、昔は「面白い」「自由だ」とされていたバラエティ番組の表現であっても、近年では許容されない場合も増えていると想定できる。

3. 近年問題視されたバラエティ番組の描写・内容

これまでの議論をふまえ、本章では視聴者のバラエティ番組の見方について、「許容度」という視点から検討する。

ただし、一言で「バラエティ番組に対する許容度」といっても、その背景には様々な態度が存在するだろう。たとえば、「自分はこういう内容は笑えない、楽しくない。だから許容できない」という、自身の「笑い」や「何を楽しいと思うのか」に関する価値観が影響する可能性もあるだろうし、「こういう内容は自分の人権感覚と反するから許せない」といった人権や差別に関する価値観が影響する場合もあるだろう。もしくは、自身が普段どのようなテレビ番組を見ているか、どれくらいテレビを見ているかという、メディア接触状況も影響するかもしれない。さらに、冒頭でも述べたとおり、「バラエティ番組」という言葉は多義的である。そのため、「バラエティ番組のどのような描写、内容なのか」という点も許容度の程度に関わる要因となるだろう。

以上をふまえ、本章で行う調査は、バラエティ番組に対する許容度を検討するための足がかりであると位置づけ、どのような変数が「バラエティ番組に対する許容度」に影響を与えるのかについて、探索的かつ概括的に検討する。

そこでまず近年、バラエティ番組のどのような点が問題視されているのかについて調べる。そのために、ここ数年のうちに起こったバラエティ番組への批判や「炎上」の類型を、新聞記事検索によって整理した。具体的には、2017 年 1 月 1 日から 2021 年 10 月 31 日までの朝日新聞、読売新聞、毎日新聞の記事の中から、「テレビ」というワードを含むものを対象とし、その中から「バラエティ番組の

表 9-1　バラエティ番組に対する許容度の因子分析結果

	1	2	共通性
第一因子　虚偽の疑い・ミスリード（α =.852，平均値 = 1.93，SD=0.63）			
優れたスポーツ選手を紹介する際、過去の試合映像を早回しし、野球の投球などが実際より速く見えるように加工する	0.809	−0.071	0.570
珍しい生物を捕まえる企画で、スタッフが事前に用意していた生物を、その場で発見し、捕まえたように見せる	0.702	0.063	0.566
番組内で放送された VTR のナレーションや構成、字幕が、過去に他局の番組で放送されたものと酷似している	0.616	0.022	0.401
番組内で週刊誌に掲載されている内容を紹介したが、週刊誌からの引用であることを明記せず、また許可も取っていなかった	0.554	0.206	0.527
ある方法によって体調不良を克服した人の体験談を放送したが、その方法は、かつて医療現場を混乱させたものであった	0.463	0.238	0.443
番組内で、ある著名人のこれまでの発言をまとめたが、それは Twitter に掲載された偽の情報であり、実際にそのような発言はされていなかった	0.398	0.362	0.515
第二因子　ハラスメント・侮辱（α =.815，平均値 = 1.90，SD = 0.67）			
番組のコメンテーターが、特定の国の国民のことを侮辱するような発言をする	−0.062	0.838	0.625
お笑い芸人が番組内で、同性愛者を馬鹿にするようなキャラクターを演じる	0.017	0.766	0.607
会社勤めのため仮面をつけて出演した一般人女性に対して、出演者であるタレントが「顔をさらせ」と強い口調で迫る	0.209	0.556	0.534
司会者が、お笑い芸人の容姿や身体的なことをからかって笑いを取る	0.095	0.549	0.391

特定の内容が問題視された」という文脈の記事を選定し、KJ 法によって分類した。その結果、差別表現や虚偽情報の提示、「やらせ」が疑われるような内容など、9 カテゴリを生成した。この詳細については、次節で言及する。

4.　バラエティ番組に対する「許容度」を規定するものとは

調査の概要

　ここからは、2022 年 2 月 17 日に全国の 1,000 名（男女各 500 名、20、30、40、50、60 代が 200 名ずつ、平均年齢 44.7 歳、SD=14.0）を対象に行った Web 調査の結果をみてみよう。3 節で収集した 9 カテゴリに関して、網羅性を高めるために正木（2020b）で扱った「司会者が、お笑い芸人の容姿や身体的なことをからかって笑いを取る」という文言を加えた 10 項目を提示し、それぞれの場面を見た際の許容度を「許せる」から「許せない」の 4 件法で尋ね、探索的因子分析（最尤法・promax 法）を行った。その結果、表 9-1 のように分類することができた。

　第一因子は、内容の真偽が問われるような内容や誤解を与える内容と関連づけられるため、「虚偽の疑い・ミスリード」と命名した。第二因子は、他者を傷つけるような内容や、特定の国を侮辱するような内容と関連づけられているため、「ハラスメント・侮辱」と命名した。

そして、どのような態度がバラエティ番組への許容度に影響を与えているかを確認した。その規定因として、以下に着目した。

他者・自分に与える影響の見積もり

「テレビ番組が人々にどれくらい影響を与えるか」についての見積もり（＝予想）である。先述のように、テレビ番組への批判には「誰々に悪影響を与える可能性があるから」という意識があったことがうかがえるため、質問項目に設定した。これまでの研究ではその「誰々」として他者を想定することが多かったが、「自分がその描写や内容を嫌だと思うから（≒自分がその描写や内容に影響を受けると思うから）、許容できない」と思う人もいるだろう。そのため、影響を受ける対象として「他者」「自分」の2つを設定し、それぞれがテレビからどのくらい影響を受けるかを尋ねた。質問項目については正木（2019, 2020a）を参照し、「性的な描写に影響を受ける」「暴力的な描写に影響を受ける」など9項目を扱い、それぞれに対して「他者」と「自分」がどれくらい影響を受ける可能性があると思うか、「まったく可能性はないと思う」から「おおいに可能性があると思う」の4件法で尋ねた。

攻撃的ユーモア志向

3節でも述べたとおり、バラエティ番組への許容度には、自身の「笑い」や「何を楽しいと思うか」に関する価値観が影響を与えている可能性がある。そのため、本章では「ユーモア志向」という概念に着目し、中でも「笑いには多少毒があったほうがおもしろい」「友人を軽く皮肉ったりして楽しむことがある」「過激な冗談が好きだ」などを含む「攻撃的ユーモア志向」を扱った。このユーモア志向の高さが、バラエティ番組の過剰な、いきすぎた内容に対する許容度を高める可能性があると考えたからである。質問項目については上野（1993）を参照した。「笑いには多少毒があったほうがおもしろい」「友人を軽く皮肉ったりして楽しむことがある」「過激な冗談が好きだ」など8項目を扱い、それぞれについて自分の考えや自身にあてはまるかどうか、「あてはまらない」から「あてはまる」の4件法で尋ねた。

人権意識・差別に対する意識

3節でも述べたとおり、バラエティ番組への許容度には「こういう内容は自分の人権感覚と反するから許せない」という、人権や差別に関する価値観が影響す

る可能性もあるだろう。実際に、3節の新聞記事検索によって得られた項目の中には特定の属性に対する侮辱と捉えられるような内容や、差別を促しうるような内容が含まれていた。そのため、人権や差別に対する意識を尋ねる項目を扱った。人権感覚に関する質問内容は橘川（2009）を参照し、「血液型性格によって、会社の採用・不採用が決められる」「犯罪被害者のプライバシーが守られない」、「職業によって人の偉さが決まるという考え方」など11項目を扱い、それぞれに対してどの程度問題があると思うか、「問題がないと思う」から「問題があると思う」の4件法で尋ねた。差別に対する意識は山田・関本（2018）の「差別撲滅」と「差別容認」に関する項目を参照した。前者については「差別は人間として恥ずべき行為の一つだ」「あらゆる差別をなくすことは大切なことである」「差別は法律で禁止する必要がある」の3項目、後者については「差別を完全になくすことはできない」「能力や適性等によって格差や差別が生じるのは仕方がない」の2項目を設定した。それぞれに対して、自分の考えにどの程度あてはまるか、「あてはまらない」から「あてはまる」の4件法で尋ねた。

テレビ接触状況

　普段のテレビ接触状況との関連を検討するため、「よく見るテレビジャンル」と「テレビ視聴時間」を設定した。「よく見るテレビジャンル」に関する質問は江利川・山田（2012）を参照し、「定時ニュース」「教養・ドキュメンタリー」「ドラマ」「お笑い番組」など15項目を扱い、それぞれの番組をどれくらい視聴するか「まったく見ない」から「よく見る」の4件法で尋ねた。その後、探索的因子分析（最尤法・promax法）によって、「ニュース・情報」と「娯楽」に分類した。「テレビ視聴時間」は一日のテレビ視聴を時間で尋ねた。

調査結果

　これらの変数がバラエティ番組の許容度に与える影響について検討するため、重回帰分析を行った。結果を表9-2に示す。また補足として、各変数間の相関分析結果も表9-3に示す。

　まず、「虚偽の疑い・ミスリード」に対する許容度に、それぞれの変数がどのような影響を与えているのかについてみてみよう。表9-2をみると、テレビが自分に影響を与えると見積もるほど、攻撃的なユーモアを好むほど、そして娯楽番組をよく見るほど、許容度が高いことがわかる。また、人権感覚が低いほど、年齢が若いほど、このような内容に対する許容度が高いことがわかる。

表 9-2　バラエティ番組への許容度を従属変数とした重回帰分析結果

従属変数	虚偽の疑い・ ミスリード	ハラスメント・ 侮辱
他者への影響	-0.012	0.028
自分への影響	0.083*	0.064*
攻撃的ユーモア志向	0.288**	0.332**
人権感覚	-0.154**	-0.181**
差別撲滅	-0.027	-0.166**
差別容認	0.013	0.106**
よく見るテレビジャンル：ニュース・情報	-0.007	0.015
よく見るテレビジャンル：娯楽	0.073*	0.057[†]
テレビ視聴時間	-0.034	0.017
年齢	-0.054[†]	-0.004
性別ダミー（男性 = 0, 女性 = 1）	0.037	-0.067*
R^2	0.175**	0.300**
調整済み R^2	0.166	0.292

n=1,000　[†] $p < .10$, * $p < .05$, ** $p < .01$
数値は標準偏回帰係数 β を記載した。なお、VIF はいずれも 1 点台であった。

　次に、「ハラスメント・侮辱」に対する許容度についてみてみよう。テレビが自分に与える影響を高く見積もるほど、攻撃的ユーモアを好むほど、差別容認感覚が高いほど、そして娯楽番組をよく視聴するほど、許容度が高いことがわかる。また、人権感覚や差別撲滅意識が低いほど、男性であるほど、許容度が高いことも示された。

5.　おわりに

　本章では「バラエティ番組に対する許容度」という視点から調査を行った。バラエティ番組の「文化装置」という側面が揺らぎつつある現在、視聴者がバラエティ番組をどのように視聴しているかについて「許容度」というアプローチを用いて明らかにすることには、意義があったと考えられる。本節では、調査から明らかになったことについて考察してみたい。
　まず、他者・自分に与える影響の見積もりについて述べる。正木（2019, 2020a）が行った「テレビに対する批判」に関する研究では、テレビが他者に影響を与えるだろうという見積もりが高いほど、批判的態度を抱きやすいことが示唆された。しかし本調査では、テレビが他者に与える影響の見積もりが許容度に及ぼす影響は認められず、「自分がテレビから影響を受ける」という見積もりが高いほど、「虚偽の疑い・ミスリード」「ハラスメント・侮辱」両方に対する許容

表 9-3　[補足] 各変数間の相関分析結果と平均値、標準偏差（相関関係が認められたものを網掛け表示）

	1	2	3	4	5	6	7	8	9	10	11	12	13	平均値	SD
1. 年齢	—	-.005	-.129**	-.081*	-.026	-.063*	-.123**	.118**	.102**	.046	.254**	-.095***	.171**	44.70	14.00
2. 性別（男性=0, 女性=1）		—	-.056†	-.181**	.041	-.001	-.230**	.126**	.117**	.028	-.055†	-.011	.115**	0.50	0.50
3. 虚偽の疑い・ミスリード			—	.737**	.065*	.179**	.369**	-.239**	-.155**	-.019	.031	.118**	-.011	1.91	0.63
4. ハラスメント・侮辱				—	.089**	.192**	.469**	-.326**	-.278**	.032	.066*	.127**	.027	1.89	0.68
5. 他者への影響					—	.490	.197**	.211**	.285**	.354**	.199**	.207**	.027	2.44	0.68
6. 自分への影響						—	.301**	-.011	.113**	.127**	.205**	.220**	.087**	2.20	0.67
7. 攻撃的ユーモア志向							—	-.260**	-.173**	.046	.154**	.229**	.038	2.07	0.53
8. 人権感覚								—	.601**	.311**	.151**	.150**	.074*	3.09	0.66
9. 差別撲滅									—	.334**	.192**	.142**	.085**	2.88	0.73
10. 差別容認										—	.033	.101**	.010	2.81	0.75
11. よく見るテレビジャンル：ニュース・情報											—	.498**	.372**	2.39	0.68
12. よく見るテレビジャンル：娯楽												—	.356**	2.47	0.77
13. テレビ視聴時間													—	4.17	2.90

n=1,000　†*p* < .10, * *p* < .05, ** *p* < .01

度が高いことが明らかになった。「自分がテレビから影響を受ける」という見積もりの高さは、テレビ番組の内容に対する受容の高さと関連する可能性がある。以上をふまえると、テレビへの「批判」（不快感やいやな気持ち）と「許容度」（許せるか、許せないか）ではそれを規定する要因が異なることがうかがえる。

　次に、攻撃的ユーモア志向について述べる。この志向が高いほど、「虚偽の疑い・ミスリード」「ハラスメント・侮辱」両方に対する許容度が高いことが明らかになった。毒のある笑いや、他者を"いじる"ような笑いを好むほど、バラエティ番組の多少行き過ぎた内容に対して抵抗を感じず、その結果許容度が高くなるのだと想定できる。

　そして人権意識、差別に対する意識について述べる。人権意識については、その感覚が低いほど、「虚偽の疑い・ミスリード」「ハラスメント・侮辱」両方に対する許容度が高いことが示された。本調査で収集したバラエティ番組の内容は「虚偽の疑い・ミスリード」「ハラスメント・侮辱」に分類されたが、全体的に「不当なこと」を表す内容であるといってよいだろう。人権感覚の低さは、テレビ番組における「不当なこと」に対する抵抗の感じにくさと関連し、その結果、許容度が高いのではないだろうか。

　また、差別に対する意識については、差別撲滅意識と容認意識ともに「ハラスメント・侮辱」のみに影響を与えており、差別撲滅意識が低いほど許容度が高く、差別容認意識が高いほど許容度が高いことが明らかになった。「虚偽の疑い・ミスリード」は番組で扱う情報の真偽に関する項目で構成されているため、それに差別に対する意識が影響を及ぼさないということは理解できる。一方、「ハラスメント・侮辱」については、特定の国に対する侮辱や容姿へのからかいなど、差別を助長させるような内容を含んでいる。そのため、「あらゆる差別をなくすことは大切だ」、「差別は恥ずべき行為だ」などを含む差別撲滅意識が弱いほどこれらの内容を「許せる」と思う傾向にあり、「差別を完全になくすことはできない」「格差や差別が生じるのは仕方がない」などを含む差別容認意識が強いほど、これらの内容を「許せる」と思う傾向にあることは、整合性のある結果であったと考えられる。

　テレビ視聴状況について述べる。よく見るテレビジャンルについては、ニュース・情報番組視聴は「虚偽の疑い・ミスリード」「ハラスメント・侮辱」のどちらにも影響を与えなかった。その一方で、娯楽番組視聴は「虚偽の疑い・ミスリード」「ハラスメント・侮辱」両方に影響を与えており、娯楽番組をよく視聴するほど許容度が高いことが明らかになった。娯楽番組をよく視聴することは、

バラエティ番組における様々な描写や内容に対する慣れを促し、その結果許容度が高まると推測することができる。なお、テレビ視聴時間については、「虚偽の疑い・ミスリード」「ハラスメント・侮辱」のどちらにも影響を与えなかった。

　最後に、デモグラフィック変数との関連について述べる。年齢については、若いほど「虚偽の疑い・ミスリード」への許容度が高いことが明らかになった。表9-3の相関分析結果をみてみると、年齢と「よく見るテレビジャンル：ニュース・情報」「テレビ視聴時間」との間に統計的に有意な正の相関が、「よく見るテレビジャンル：娯楽」との間に統計的に有意な負の相関が見られた。この結果から、若年層はテレビ視聴時間が短いが、バラエティ番組をよく見る傾向にあると解釈できる。このような若年層特有のテレビ視聴形態が、「虚偽の疑い・ミスリード」への許容度の高さにどのような形で影響を与えるのか今後検討する必要があるだろう。性別については、男性の方が「ハラスメント・侮辱」への許容度が高いことが示された。これについても表9-3の相関分析結果をみてみると、性別と「テレビ視聴時間」との間に統計的に有意な正の相関が見られ、女性の方がテレビ視聴時間が長いことがうかがえる。また、「よく見るテレビジャンル：ニュース・情報」については統計的に有意な負の相関が見られ、男性の方がこれらのジャンルを視聴する傾向が認められた。このように男女で異なるテレビ視聴形態が「ハラスメント・侮辱」への許容度にどのような影響を与えるのかについて、詳細に検討することが求められる。

　本章では、テレビのバラエティ番組の「許容度」に影響を与えうる要因について、探索的に検討をした。ただ、冒頭でも述べたとおりバラエティ番組は多種多様な内容を扱うテレビジャンルである。人々のメディア環境の変化と相まって、今後バラエティ番組とオーディエンスの関係はさらに形を変えていくだろう。その変化を捉えながら、さらなる研究の蓄積をしていきたい。

引用文献

朝日新聞（2006年5月18日）.「ロンドンハーツ」1位　子どもに見せたくないテレビ番組, 朝刊37面
朝日新聞（2013年6月17日）. テレビ・漫画、親の評価急落　ＰＴＡ全国協議会、子どもへの影響調査, 朝刊38面
朝日新聞（2022年5月6日）.（記者レビュー）「コンプラ」とバラエティー＝訂正・おわびあり, 朝刊12面
江利川滋・山田一成 (2012). 改訂版テレビ親近感尺度の信頼性と妥当性　心理学研究, *82*(6), 547-553.
萩原滋 (2013). 日本のテレビ小史　萩原滋（編）テレビという記憶：テレビ視聴の社会史

（pp.1–17）　新曜社

伊豫田康弘・上滝徹也・田村穣生・野田慶人・八木信忠・煤孫勇夫 (1998). テレビ史ハンドブック（改訂増補版）　自由国民社

鹿島我 (2011). テレビ番組におけるバラエティ番組の位置づけ　京都光華女子大学短期大学部研究紀要，*49*, 69–80.

橘川真彦 (2009). 中学生における人権感覚及び人権行動に関する分析 (1)：人権感覚について　日本教育心理学会第 51 回総会発表論文集，15.

国広陽子 (2012). テレビ娯楽の変遷と女性：テレビドラマを中心に　国広陽子（編）メディアとジェンダー（pp.65–108）　勁草書房

前田幸男 (2016). 社会観　池田謙一（編）日本人の考え方 世界の人の考え方：世界価値観調査から見えるもの（pp.103–226）　勁草書房

毎日新聞（2005 年 5 月 18 日）. テレビ：子どもに見せたくない番組「ロンドンハーツ」：ＰＴＡ全国協が調査，朝刊 28 面

正木誠子 (2019). テレビ批判態度の規定因：テレビが他者に与える影響の見積りと第三者効果との関連を中心に　社会情報学，*7*(3), 1–16.

正木誠子 (2020a). テレビ視聴に関する諸要因がテレビ番組に対する批判的な態度に与える影響　マス・コミュニケーション研究，*96*, 83–100.

正木誠子 (2020b). テレビ番組に対する批判的な行動意図の生起とその規定因に関する検討　マス・コミュニケーション研究，*97*, 143–161.

太田省一 (2007a). 資料 七〇年代を代表するテレビ番組の基礎知識『8 時だョ！全員集合』長谷正人・太田省一（編著）テレビだョ！全員集合：自作自演の 1970 年代（pp.235–239）青弓社

太田省一 (2007b). 視るものとしての歌謡曲：七〇年代歌番組という空間　長谷正人・太田省一（編著）テレビだョ！全員集合：自作自演の 1970 年代（pp.55–79）青弓社

太田省一 (2007c). 開拓者の時代：七〇年代バラエティというフロンティア　長谷正人・太田省一（編著）テレビだョ！全員集合：自作自演の 1970 年代（pp.28–54）青弓社

太田省一 (2013). 社会は笑う：ボケとツッコミの人間関係（増補版）　青弓社

太田省一 (2016). 芸人最強社会ニッポン　朝日新聞出版

太田省一 (2018).「素人」の笑いとはなにか：戦後日本社会とテレビが交わるところ　若林幹夫・立岩真也・佐藤俊樹（編）社会が現れるとき（pp.165–195）　東京大学出版会

太田省一 (2019). 平成テレビジョン・スタディーズ　青土社

齋藤誠子 (2016). 日本のテレビ番組に対する批判の類型：BPO に寄せられた視聴者意見の分析　慶應義塾大学大学院社会学研究科紀要，*82*, 75–92.

桜井哲夫 (1994). TV 魔法のメディア　ちくま新書

佐藤卓己 (2008). テレビ的教養：一億総博知化への系譜　NTT 出版

新聞労連ジェンダー表現ガイドブック編集チーム (2022). 失敗しないためのジェンダー表現ガイドブック　小学館

上野行良 (1993). ユーモア現象に関する諸研究とユーモアの分類化について　社会心理学研究，*7*(2), 112–120.

山田智之・関本惠一 (2018). いじめと差別意識の関係に関する研究　上越教育大学研究紀要，*37*(2), 407–415.

第IV部
広告を避ける・批判する

第10章　インターネット広告の不快感と
　　　　　広告回避からみる広告批判

李　津娥

　私たちが日常生活を送る社会空間やメディア空間には広告が溢れており、消費者の広告への接触やその効果については、様々な研究領域からアプローチされてきた。広告に対する社会心理学的なアプローチは、広告にどのような説得効果があるのかという観点から研究されてきており、広告を避け、抵抗する消費者の心理に焦点を当てた研究は広告の説得効果に関する研究に比べて遅れている。これは、社会的影響の問題を扱ってきた社会心理学の分野で、同調や影響への抵抗といった心理過程よりも、他者の意見への同調や影響を導く要因に関心が集まってきた（Jetten & Hornsey, 2012=2017）ことも一因であろう。

　特にインターネットは、情報を探したり、エンターテインメントを楽しんだりといった目的志向的な動機で利用されることが多い。また、インターネットには、情報、エンターテインメント、広告が混在しており、消費者はこれらのコンテンツを区別することなく接することが多い（嶋村, 2021）。そのため、情報を検索したり、エンターテインメントを利用したりする際に、消費者は広告に「侵入された」と感じ、不快に感じたり、避けたりすることが多い。

　インターネットを利用する際に、不要な広告に悩まされた経験、広告に使われている表現や手法に不快感を覚えたことは誰にでもあるだろう。日本インタラクティブ広告協会（JIAA）が2019年に実施した調査によると、消費者はインターネット広告に対してネガティブなイメージや嫌悪感を抱いており、嫌悪感の主な要因は「広告表示の仕方」、「広告の表現内容」、「ターゲティング」、「業種やサービス」であった（日本インタラクティブ広告協会, 2019）。また、インターネットユーザーの大多数は、広告の役割や価値を認識しながらも、広告の個人情報活用に関して不安を感じていた。同協会が2020年に実施した定性調査では、ターゲティング広告の内容や過剰な繰り返し表示に対して嫌悪感や不安感などを抱いている一方で、その仕組みを理解することで不安感が軽減できる可能性、ターゲティングの精度やクリエイティブなどが向上すれば広告を受容する可能性が示された（日本インタラクティブ広告協会, 2021）。

序章で述べたように、カウン（Kaun, 2014）は、ハーシュマン（Hirschman, 1970=2005）の「離脱」と「声」の概念をふまえ、メディアと積極的に関わり批判することなく、メディアを利用しないという判断と、オーディエンスがメディアと積極的に関わり否定的な態度を形成し、表明することをメディア批判の実践として指摘している。この議論はニュースに焦点を当てたものであるが、広告に対する批判的態度を検討する上でも有効な研究枠組みである。このような観点から、本章では、広告回避に関する先行研究に基づき、インターネット広告に対する不快感や回避、関連要因について検討する。次章では、社会や企業の変化をふまえ、広告とジェンダー問題に対する消費者の批判的態度について検討する。

1. 広告はどのように見られているか

広告に対する消費者の態度

　ベーカーとマーシンソン（Baker & Martinson, 2001）は、倫理的な説得の原則として、①メッセージの真実性、②説得者の真正性、③説得対象者への敬意、④説得アピールの公正さ、⑤公共の利益のための社会的責任を指摘している。広告の倫理や社会的責任については、企業や広告関連団体において自主規制などの取り組みが行われている。しかし、人を欺くような広告活動や事例が依然として頻発しており、人々はしばしば広告に対して疑念を抱き、それが広告全体に対する批判的な態度に拡大することも多い。特定広告への批判的態度が、広告全体に対する否定的な態度に拡大しやすい傾向については序章で論じたとおりである。

　広告の社会的、文化的影響に関する社会科学と人文学のアプローチを検討したポレイ（Pollay, 1986）は、われわれは広告の影響から逃れることができないとし、広告の研究者たちは、広告を、物質主義や冷笑、社会的競争、無力感、自尊心の喪失を強化するものとして捉えていると述べている。こうした認識は、広告に対する消費者の態度に関する研究からも明らかになっている。ポレイとミタル（Pollay & Mittal, 1993）の研究では、広告に対する態度として、①商品情報、社会的イメージ情報、快楽的有用性といった広告の個人的有用性を評価する態度、②広告による経済の活性化などの広告の社会経済的側面の有用性を評価する態度を明らかにしている。一方、広告による物質主義の促進や不健全な価値観の助長、虚偽広告などを批判する態度も確認された。また、コールターら（Coulter et al., 2001）は、広告ビジュアルに対する消費者の反応について質的分析を行っている。消費者は、情報や娯楽の提供、経済成長の促進といった個人・社会的側面での広

告の有用性を評価する一方で、広告の遍在性や侵入性，操作性・欺瞞性、理想化された内容やイメージによるネガティブな影響を問題視していた。いずれの研究も、広告に対して懐疑的で批判的な消費者の存在を浮き彫りにしている（李, 2021）。

広告に対する懐疑的態度

「従来の広告への態度に関する研究に消費者の価値判断要素を加味」（五十嵐, 2009, p.186）した概念として「広告懐疑」がある。オーバーミラーとスパンゲンバーグ（Obermiller & Spangenberg, 1998）は、広告懐疑を「広告の情報的主張を信じない傾向」（p.7）と定義し、その要因として、冷笑、自尊感情、年齢、教育などを指摘している。オーバーミラーらの研究（Obermiller et al., 2005）では、広告への懐疑的な態度が強い人は、雑誌を読むときに記事と広告の両方に目を通したり、初めて商品を買うときに広告を参照したりすることが少ないなど、テレビ CM や雑誌広告などを避ける傾向があることが明らかにされている。

一方で、山田（2020）は、広告に対する懐疑的態度の概念上の問題を指摘し、懐疑を「対象と積極的に関わり、対象を疑うこと」、冷笑を「否定的に決めつけ、その結論を変えず、それ以上対象と深く関わらないこと」（山田，2020, p.126）と対比し、広告に対する懐疑と冷笑からなる「広告不信」概念の検討が必要であると指摘している。

同様に、広告研究の分野以外での懐疑の概念的検討として、デッカーとマイエリンク（Dekker & Meijerink, 2012）は、政治的シニシズムの概念的検討において、懐疑的態度は疑問をもち情報を求める態度であるとする。クォリングら（Quiring et al., 2021）もメディア報道に対する懐疑的態度は複数の情報源を確認、参照するなどのメディアに対する批判的関与や評価と関連していると指摘している。しかし、メディアの報道とは異なり、広告の文脈では、広告内容や企業の意図に対して抱く疑念が、積極的な関与や情報処理ではなく、むしろ広告に注意を払わないといった広告回避につながる可能性が考えられる。

2. 消費者は説得の試みにどのように反応し、対処しているか

消費者の説得知識

消費者は単に説得の試みにさらされているだけでない。消費者はすでに説得の経験があり、広告を疑い、しばしば説得の試みに積極的に反応する。フリースタ

ドとライト（Friestad & Wright, 1994）は、人々は説得の送り手の目標や戦略についての知識をもっており、説得の試みを理解し評価することを十分に考慮していないと説得研究を批判している。これは、「オーディエンスが説得について何を知り、何を考え、何を感じているのか、そしてこれらの認識が説得プロセスにどのような影響を与えるのか」（Ham & Nelson, 2019, p.124）を検討する必要があるという主張であり、このような観点からの研究は「説得知識モデル」（persuasion knowledge model）と呼ばれる。

　説得知識モデルは、説得全般、説得の送り手、説得のトピックに関する知識が、様々な説得体験からどのように形成され、人々が説得の試みにどのように反応するかを検討するものである（Friestad & Wright, 1994）。説得知識が活性化されることで、消費者は説得を理解し、解釈し、効果的に反応できるようになるという意味で、説得知識は消費者をエンパワーメントするスキルとして捉えることができる（Friestad & Wright, 1994）。

　アイザックとグレイソン（Isaac & Grayson, 2017）によれば、説得知識と懐疑的態度の関係に関する研究では、消費者は、説得知識が活性化すると、説得の送り手やメッセージをあまり好意的に評価しないことが明らかにされている。一方で、説得の送り手が信頼性の高いメッセージを用いている場合には、説得知識は説得メッセージに対する懐疑的態度よりも、信頼性を高める可能性があることも示されている。

広告回避

　広告回避とは、「メディア利用者が広告への露出を減らすために行うあらゆる行動」（Speck & Elliott, 1997, p.61）である。目的志向的利用が多いインターネット上で展開される広告については、広告回避が起こりやすいことが指摘されてきた（例えば、Cho & Cheon, 2004）。インターネット広告の回避としては、広告を意図的に無視する「認知的回避」、広告に対するネガティブな感情や感情的反応の表出を含む「感情的回避」、注意の欠如以外にも回避行動を取る「行動的回避」が検討されている（Cho & Cheon, 2004; Seyedghorban et al., 2016）。

　広告の説得効果に関する研究に比べると立ち遅れてきたものの、近年のデジタルメディアの拡大により、広告回避に関する研究成果が蓄積されている（李, 2021）。これまで、インターネット広告の特徴に由来する問題、具体的には、インターネット利用の妨害、インターネット上の広告混雑度、ネガティブな経験（Cho & Cheon, 2004）、プライバシー侵害懸念（Baek & Morimoto, 2012）、侵入性

（Edwards et al., 2002）などが、広告回避と関わる要因として検討されてきた。

　竹内（2017）は、これまでの研究をレビューし、単一の国や地域で実施された研究において、広告回避の要因は①広告媒体への懐疑心、侵入性、知覚広告クラッター（広告混雑度：筆者追加）、負の事前経験、②信用性、プライバシー侵害の懸念、有用性が検討され、広告情報の信用性、有用性以外が広告回避を高める要因であることを示している。複数の国や地域で比較を行った研究では、結果に共通性が見られた要因もあったが、国や地域によって結果が異なる場合もあった。

3. インターネット広告を避ける心理

　ここでは、広告に対する懐疑的態度、説得知識、インターネット広告に対する評価や不快感などを中心に、インターネット広告を避ける心理と関連要因について検討を行う。2020 年 8 月 17 日に調査会社のモニター会員を対象に、関東 1 都 6 県在住の 20 代から 60 代以上の年齢層ごとに、男女 100 名ずつを割り付けて調査を行った。有効回答数は 1,000 名で、平均年齢は 45.29 歳（SD=15.580）であった。質問項目は、広告に対する懐疑的態度、説得知識、インターネット広告の評価、インターネット広告の不快感、インターネットの利用動機、インターネット広告の回避と受容度などである（具体的な尺度は表 10-1 を参照）。

インターネット広告の評価：情報性、エンターテインメント性、受容度
　まず、消費者はインターネット広告の情報性、エンターテインメント性をどのように評価しているだろうか。インターネット広告は、情報性（M=2.68, SD=0.852）、エンターテインメント性（M=2.72, SD=1.005）ともに中点の 3 点未満でやや低い評価であった。一方で、「無料でネットのサービスを利用できるなら、ネット広告はあっても良い」（M=3.13, SD= 0.988）で測定したインターネット広告の受容度は比較的高い方であった。インターネット広告の評価と受容度との関連性を検討した結果、予想どおり、インターネット広告の情報性、エンターテインメント性などの評価が高いほど、インターネット広告の受容度が高かった（表 10-2）。インターネット広告に対する評価や受容度には性別による差はなく、年齢との相関もほとんどなかった。

インターネット広告の不快感
　インターネット広告に対する不快感について因子分析（主因子法、プロマック

表 10-1　測定変数と尺度

変数	尺度	出典
1.　インターネット広告の評価 　　情報性（α = .910）	「ネット広告はいろいろ知らなかったことを知ることができるので役に立つと思う」 「ネット広告があるおかげで、普通に調べて手に入る以上の情報が手に入る」 「ネット広告があるおかげで、ネット上での情報収集がより効率の良いものとなっている」 「ネット広告があるおかげで、自分の欲しい情報がすぐに手に入る」	情報性は、チョとチェン（Cho & Cheon, 2004）に基づいて西村（2010）が作成した尺度（一部修正）
エンターテインメント性	「ネット広告は楽しくて面白いことが多い」	
2.　インターネット広告の不快感	表 10-3 参照	
3.　広告懐疑（α = .745）	「たいていの広告は真実を提供してくれるといってよい」＊ 「広告は、製品の品質や性能に関する信頼性の高い情報源である」＊ 「広告は、巧みに語られた真実である」＊ 「一般的に広告は対象となる製品の本当の姿を提供している」＊ 「たいていの広告を目にした後、正確な情報を得たと感じる」＊ 「広告は信用できない」 「広告では、消費者や社会より企業の利益が何よりも優先される」	オーバーミラーとスパンゲンバーグ（Obermiller & Spangenberg, 1998）の SKEP 尺度に基づき、五十嵐（2018）が作成した尺度のうち、5 項目と最後の 2 項目を追加 ＊逆転項目
4.　説得知識（α = .851）	「自分は、広告の説得テクニックがすぐに分かる」 「自分は、広告の『うますぎる話』を見抜くことができる」 「自分は、買い物をさせようとする広告の送り手のテクニックはお見通しである」	ベアデンら（Bearden et al., 2001）の 6 項目のうち、五十嵐（2018）が修正した 3 項目
5.　インターネットの利用動機 　　対人関係性（α = .898）	「自分の考えを人に知ってもらう」 「自分の感情を人に知ってもらう」 「多種多様な人々と交流するため」 「自分と同じ関心や考えを持つ人と交流するため」 「家族・知人・友人との関係を維持するため」	柏原（2011）の尺度のうち、9 項目（一部修正）
情報（α = .841）	「知識を広げるため」 「ニュースや情報を検索するため」	
娯楽（α = .832）	「時間をつぶすため」 「気分転換のため」	
6.　インターネット広告の受容度	表 10-2 参照	
7.　インターネット広告の回避	表 10-5 参照	

注：1 ～ 4, 6：「全くそう思わない」から「とてもそう思う」までの 5 件法
　　5, 7：「全くあてはまらない」から「とてもあてはまる」までの 5 件法
　　複数項目で測定した尺度は、単純平均値を尺度得点とした。

表10-2　インターネット広告の情報性、エンターテインメント性、広告受容度との相関

項目	M(SD)	情報性	エンターテインメント性
1. 無料でネットのサービスを利用できるなら、ネット広告はあっても良い	3.13 (0.988)	.403***	.199***
2. ネットのサービスの有料・無料にかかわらず、ネット広告はあっても良い	2.69 (0.948)	.641***	.415***
3. ネット広告はネットの情報やコンテンツを見るために必要なものだ	2.87 (0.979)	.507***	.624***

***$p<.001$
注：インターネット広告の受容度は日本インタラクティブ広告協会（2019）による調査のうち2項目（1, 2）、ポレイとミタル（Pollay & Mittal, 1993）の1項目（3、研究内容に合わせて修正）を用いて「全くそう思わない」から「とてもそう思う」までの5件法で測定した。
　　3項目の信頼性係数が低かったため、個別項目で分析を行った。

ス回転）を行い、広告の表現や手法に起因する「パーソナル化嫌悪・欺瞞」、「誇張・刺激」と関連する不快感、メディア利用目的の阻害に起因する「侵入・混雑」、インターネット利用の行動履歴に基づいた個人情報の利用に対する不安に起因する「プライバシー侵害懸念」の4因子が得られた（表10-3）。

　そのうち、広告の表現や手法に関連した不快感、すなわち「誇張・刺激」（$M=$3.53, $SD=$0.975）、「パーソナル化嫌悪・欺瞞」（$M=$3.51, $SD=$0.924）が強く、次いで「侵入・混雑」（$M=$3.39, $SD=$0.886）、「プライバシー侵害懸念」（$M=$3.27, $SD=$0.841）であった。性別、年齢による差はなかった。

広告に対する懐疑的態度と関連要因

　次に、広告に対する懐疑的態度と関連要因について検討を行った。回答者の広告に対する懐疑的態度は比較的強く（$M=$3.22, $SD=$0.607）、性別、年齢による違いはなかった。広告に対する懐疑的態度と関連する要因を調べるため、広告懐疑度を目的変数、性別と年齢、インターネット広告の評価、インターネット広告の不快感を説明変数とした重回帰分析を行った（表10-4）。

　まず、予想どおり、インターネット広告の情報性、エンターテインメント性評価が高いほど、広告懐疑度が低かった。また、インターネット広告の誇張・刺激に関連する不快感が強いほど、広告懐疑度も高かった。一方で、プライバシー侵害懸念が高くなっても、広告懐疑度は高まらず、パーソナル化嫌悪と欺瞞、侵入・混雑と広告懐疑度との関連も見られなかった。

　総じて、誇張や刺激などの広告表現に起因する不快感が広告懐疑度と関連しており、プライバシー侵害懸念やパーソナル化嫌悪と欺瞞、侵入・混雑のようなイ

表 10-3　インターネット広告の不快感に対する因子分析の結果

項目	パーソナル化嫌悪・欺瞞 ($\alpha = .922$) M=3.51 SD=0.924	誇張・刺激 ($\alpha = .882$) M=3.53 SD=0.975	侵入・混雑 ($\alpha = .849$) M=3.39 SD=0.886	プライバシー侵害懸念 ($\alpha = .738$) M=3.27 SD=0.841
1. ネット上に自分が見た企業や商品の広告ばかり出てくるのは、気持ち悪い	1.018	-.071	-.071	.008
2. 違う端末で同じ広告が表示されると気味が悪い	.832	-.013	-.062	.104
3. ネット上に同じ広告が何度も表示されると嫌悪感を感じる	.535	.220	.262	-.106
4. ネット上の記事の見出しの間に表示される記事調の広告は、紛らわしく感じる	.495	.234	.227	-.060
5. ネット広告は騙されたり、怪しいサイトに飛ばされたりしそうで怖い	.347	.128	.148	.256
6. ネット広告は注意を引くために誇張的な表現を使うことが多い	.014	.895	-.045	.036
7. ネット広告は注意を引くために刺激的な表現を使うことが多い	-.005	.851	.071	-.055
8. ネット広告のせいで検索しようとする情報をうまく検索できない	-.075	-.076	.834	.119
9. ネット広告はネット利用の邪魔になる	.009	.196	.716	-.065
10. ネット上の広告の量に腹立たしさを感じている	.218	-.005	.533	.120
11. ネット広告で私の個人情報が露出されてしまうことが心配	.023	.176	-.033	.685
12. 私がネット広告にいいねを押したり反応したのを他の人に知られるのが気になる	.020	-.150	.071	.630
13. 私の個人情報やネットの閲覧履歴がネット広告に活用されるのは不安だ	.035	.261	.078	.435

注：チョイら（Choi et al., 2018）のSNS広告に対する不快感尺度のうち、6項目（6〜9, 11, 12）、チョとチェン（Cho & Cheon, 2004）に基づいた西村（2010）の尺度2項目（5, 10）、日本インタラクティブ広告協会のインターネット広告の具体的な手法に関する不快感4項目（1〜4：下線部を追記）。
「全くそう思わない」から「とてもそう思う」までの5件法。尺度得点は、各因子の項目の単純平均値である。

ンターネット広告の仕組みに起因する不快感は広告懐疑度と関連していなかった。

インターネット広告の回避と関連要因

　次に、インターネット広告の認知的回避、感情的回避、行動的回避について検討した（表10-5）。まず、インターネット広告に対する不満や嫌悪感などの「感

表10-4　広告懐疑度を目的変数とした重回帰分析の結果

	広告に対する懐疑的態度 β
性別 [a]	–.015
年齢	–.049
インターネット広告の評価	
情報性	–.286***
エンターテインメント性	–.212***
インターネット広告の不快感	
パーソナル化嫌悪・欺瞞	.046
誇張・刺激	.185***
侵入・混雑	–.030
プライバシー侵害懸念	–.151***
調整済み R^2	.230***

***$p < .001$
[a] 男性：0、女性：1

情的回避」（M=3.32, SD=0.893）、インターネット広告をクリックしない、動画広告をスキップするなどの「行動的回避」（M=3.31, SD=0.839）は、「認知的回避」（M=3.20, SD=0.871）よりやや高い得点であった（表10-5）。性別、年齢による差は見られなかった。

　それでは、インターネット広告の回避にどのような要因が関連しているだろうか。広告懐疑、説得知識、インターネット広告の情報性・エンターテインメント性評価、メディアの利用目的の阻害による不快感、広告手法・表現による不快感が、インターネット広告の回避とどのように関係しているのか分析した（表10-6）。

　まず、予想どおり、パーソナル化嫌悪・欺瞞や広告の侵入・混雑に関連する不快感が強いほど、インターネット広告の認知的・感情的・行動的回避度が高くなることが示された。また、説得に関する知識レベルが高いほど、認知的・感情的・行動的回避度が高く、消費者は説得の試みに対して、広告を避けるという形で反応していることが示された。広告に対する懐疑的態度は行動的回避と有意に関連していた。

　また、インターネット広告の情報性評価が高いほど、感情的回避、行動的回避のレベルは低くなるが、インターネット広告のエンターテインメント性評価と広告回避のレベルには関係が見られなかった。

消費者の類型化とインターネット広告の不快感、受容度との関連性

さらに、消費者を類型化し、インターネット広告に対する不快感、広告回避度、

表 10-5　インターネット広告の回避

インターネットで広告があった際に…	項目
認知的回避 (α = .832, M=3.20, SD=0.871)	1.　私はどんなネット広告も意図的に目に入れない 2.　私は意図的にネット広告を無視している 3.　私は意図的にどんなネット広告にも注意を払わない
感情的回避 (α = .867, M=3.32, SD=0.893)	4.　私はどんなネット広告もひどく嫌っている 5.　ネットに広告がなければ気分が良いだろう 6.　私はネットに広告が<u>表示される</u>ことに不満を感じる 　　（下線部修正）
行動的回避 (α = .816, M=3.31, SD=0.839)	7.　たとえネットの広告が目を引いたとしても、どんな広告も意図的にクリックしない 8.　私はネット広告を回避するためのどんなことでもする 9.　ネット広告を見たり聴いたりするのを避ける 10.　ネット上の動画広告はすぐにスキップする

注：チョとチェン（Cho & Cheon, 2004）に基づいた西村（2010）の尺度のうち、8項目（1〜8）に、2つの
　　項目（9, 10）を加え、測定した。
　　「全く当てはまらない」から「とても当てはまる」までの5件法。

表 10-6　インターネット広告の回避を目的変数とした重回帰分析の結果

	認知的回避 β	感情的回避 β	行動的回避 β
性別 [a]	-.044	-.029	-.041
年齢	-.008	-.024	.003
広告態度と説得知識			
広告懐疑	.052	.019	.056*
説得知識	.138***	.090***	.132***
インターネット広告の評価			
情報性	-.041	-.112***	-.070*
エンターテインメント性	-.036	-.040	-.011
インターネット広告の不快感			
パーソナル化嫌悪・欺瞞	.304*	.381***	.333***
誇張・刺激	.031	-.061	-.012
侵入・混雑	.223*	.405***	.330***
プライバシー侵害懸念	-.022	-.042	.003
調整済み R^2	.340***	.526***	.478***

*p<.05, ***p<.001
[a] 男性：0、女性：1

　受容度との関係を検討した。具体的には、性別、年齢、対人関係性・情報・娯楽
といったインターネットの利用動機、インターネット広告の情報性・エンターテ
インメント性評価から、非階層クラスター分析（k-means 法）を行い、3つのク
ラスターが適切であると判断した（表 10-7）。
　まず、第1クラスターの「中年中間評価群」（CL1）は、すべて40代で、イン

表 10-7　インターネットの利用動機とインターネット広告の評価によるクラスター

	CL1 中年 中間評価群 (*n*=200)	CL2 中高年情報性 重視群 (*n*=400)	CL3 若年エンター テインメント性 重視群 (*n*=400)
性別			
男	50%	50%	50%
女	50%	50%	50%
年齢			
20 代	0%	0%	50%
30 代	0%	0%	50%
40 代	100%	0%	0%
50 代	0%	50%	0%
60 代以上	0%	50%	0%
インターネットの利用動機			
対人関係性	2.45	2.34	**2.82**
情報	3.60	**3.72**	3.58
娯楽	3.47	3.28	**3.51**
インターネット広告の評価			
情報性	2.64	2.67	**2.70**
エンターテインメント性	2.76	2.57	**2.84**

表 10-8　クラスター別にみたインターネット広告の不快感と受容度

	CL1 中年 中間評価群 (*n*=200)	CL2 中高年情報性 重視群 (*n*=400)	CL3 若年エン ターテイン メント性 重視群 (*n*=400)	$F(df)$	多重比較 (Scheffe)
不快感					
パーソナル化嫌悪・欺瞞	3.59(0.929)	3.57(0.897)	3.40(0.940)	4.294(2,997)*	CL2>CL3
受容度					
ネット広告はネットの情 　報やコンテンツを見るた 　めに必要なものだ	2.79(0.954)	2.76(0.950)	3.01(1.006)	7.581(2,997)**	CL3>CL1 CL3>CL2

*$p < .05$, **$p < .01$
注：有意な結果のみを示した。

ターネットの利用動機とインターネット広告のエンターテインメント性の評価で
2 番目に高い得点を示していた。第 2 クラスターの「中高年情報性重視群」(CL2)
は、50 代、60 代が半々で、インターネットの利用動機のうち、情報と関連する
動機の得点が最も高く、娯楽動機の得点が最も低かった。また、インターネット
利用の対人関係性動機、インターネット広告のエンターテインメント性評価が最
も低い得点であった。第 3 クラスターである「若年エンターテインメント性重

視群」（CL3）は、20代と30代が半々で、インターネット利用の対人関係性動機、娯楽動機が最も高く、インターネット広告の評価も最も高かった。

　これらのクラスターによって、インターネット広告に対する不快感や受容度がどのように異なるかを分析した（表10-8）。最も特徴的なのは、「若年エンターテインメント性重視群」であった。パーソナル化嫌悪・欺瞞による不快感は、「若年エンターテインメント性重視群」（*M*=3.40, *SD*=0.940）が最も低く、「中高年情報性重視群」（*M*=3.57, *SD*=0.897）より、有意に低いことがわかった。

　「ネット広告はネットの情報やコンテンツを見るために必要なものだ」という項目で測定したインターネット広告の受容度は、「若年エンターテインメント重視群」（*M*=3.01, *SD*=1.006）が最も高く、「中年中間評価群」（*M*=2.79, *SD*=0.954）、「中高年情報性重視群」（*M*=2.76, *SD*=0.950）よりも有意に高くなっている。

　全体として、インターネットの利用動機、インターネット広告の評価においてエンターテインメント性を重視する若年層は、インターネット広告のパーソナル化嫌悪や欺瞞に関してそれほど不快感をもたず、インターネットの情報やコンテンツを閲覧するために広告が必要であると認識していることがわかった。

広告の不快感と忌避感から拡大しやすい広告全体への批判的態度

　インターネット利用者を対象とした調査から、インターネット広告の表現や手法に対する不快感は、主に①インターネット利用の阻害要因と広告の表現や手法による不快感、②インターネット利用の行動履歴から判明する個人情報利用への不安感であることがわかった。このうち、広告表現の誇張・刺激、パーソナル化や欺瞞に対する不快感が最も強かった。また、誇張・刺激など、広告表現による不快感は、広告に対する懐疑的態度を高めることが明らかになった。

　広告回避については、広告のパーソナル化嫌悪・欺瞞といった広告手法から生じる不快、広告の侵入性や混雑といったインターネット広告の仕組みから生じる不快感が高いほど、インターネット広告の認知的、感情的、行動的回避度も高くなっていた。冒頭で述べた侵入性については、エドワードら（Edwards et al., 2002）の研究でも、人は行動の自由が脅かされると、自由を回復させようとする心理的リアクタンス理論に基づいて、広告への強制的な露出による侵入性の知覚が広告回避につながることを示している。また、消費者は説得の試みを認識し評価できる説得知識によって、対処戦略として広告回避を選択する傾向が示された。一方、プライバシー侵害に関しては、予想に反して、消費者の不快感はそれほど強くなく、インターネット広告回避との関連は見られなかった。

さらに、インターネットの利用動機とインターネット広告の評価に基づいて消費者を分類し、検討したところ、若年層で最も特徴的な結果が得られた。つまり、インターネット利用やインターネット広告においてエンターテインメント性を重視する若年層は、インターネット上のコンテンツを閲覧するために広告が必要であると認識しており、インターネット広告におけるパーソナル化や欺瞞的手法・表現に対してそれほど不快感を抱いていないことがわかった。デジタルメディアの双方向性などの特徴に慣れている若年層は、広告のコントロール感（寳ほか，2020）や、広告を含むインターネット上の情報に対する有効性感覚が高い可能性が考えられる。

序章で指摘したように、特定のメディアコンテンツに対する批判的態度は、メディア全体に対する不信感や批判的態度に拡大しやすい。欺瞞的な広告活動や不快な広告表現は、広告全体に対する批判的態度に拡大しうる。また、広告の商業主義に対する批判的態度は、公共広告や政治広告などの社会的広告や、メディア全体に対する否定的態度を助長する可能性がある。メディア機関や制度への信頼は民主主義社会の基盤であり、広告を含むメディアコンテンツに対する批判的態度やその関連要因については、さらなる検討が必要である。

引用文献

Baek, T. H., & Morimoto, M. (2012). STAY AWAY FROM ME: Examining the determinants of consumer avoidance of personalized advertising. *Journal of Advertising, 41*(1), 59–76.

Baker, S., & Martinson, D. L. (2001). The TARES test: Five principles for ethical persuasion. *Journal of Mass Media Ethics, 16*(2–3), 148–175.

Bearden, W. O., Hardesty, D. M., & Rose, R. L. (2001). Consumer self-confidence: Refinements in conceptualization and measurement. *Journal of Consumer Research, 28*(1), 121–134.

Cho, H. H., & Cheon, H. (2004). Why do people avoid advertising on the Internet?. *Journal of Advertising, 33*(4), 89–97.

Choi, J., Cheong, Y., & Lee, H. (2018). Developing a scale to measure the unpleasantness toward social media advertising. *Journal of Korean Association of AD & PR, 20*(1), 214–249. (in Korean)

Coulter, R. A., Zaltman, G., & Coulter, K. S. (2001). Interpreting consumer perceptions of advertising: An application of the Zaltman metaphor elicitation technique. *Journal of Advertising, 30*(4), 1–21.

Dekker, H., & Meijerink, E. (2012). Political cynicism: Conceptualization, operationalization, and explanation. *Politics, Culture and Socialization, 3*(1–2), 33–48.

Edwards, S. M., Li, H., & Lee, J. H. (2002). Forced exposure and psychological reactance: Antecedents and consequences of the perceived intrusiveness of pop-up ads. *Journal of*

Advertising, 31(3), 83-95.

Friestad, M., & Wright, P. (1994). The persuasion knowledge model: How people cope with persuasion attempts. *Journal of Consumer Research, 21*(1), 1-31.

Ham, C. D., & Nelson, M. R. (2019). The reflexive persuasion game: The persuasion knowledge model (1994-2017). In S. Rodgers & E. Thorson (Eds.), *Advertising theory* (2nd ed., pp.124-140). Routledge.

Hirschman, A. O. (1970). *Exit, voice, and loyalty: Responses to decline in firms, organizations, and states.* Harvard University Press.〔矢野修一（訳）(2005). 離脱・発言・忠誠：企業・組織・国家における衰退への反応　ミネルヴァ書房〕

五十嵐正毅 (2009). 広告懐疑に関する研究の展開と課題　商学研究科紀要（早稲田大学大学院商学研究科），*69*, 185-199.

五十嵐正毅 (2018). 消費者の広告への懐疑意識が広告の受容に与える影響　日経広告研究所報，*300*, 12-19.

Isaac, M. S., & Grayson, K. (2017). Beyond skepticism: Can accessing persuasion knowledge bolster credibility?. *Journal of Consumer Research, 43*(6), 895-912.

Jetten, J., & Hornsey, M. J. (2012). Conformity: Revisiting Asch's line-judgment studies. In J. R. Smith & S. A. Haslam (Eds.), *Social psychology: Revisiting the classic studies.* Sage.〔樋口匡貴・藤島喜嗣（監訳）(2017). 社会心理学・再入門：ブレークスルーを生んだ12の研究（pp.97-115）　新曜社〕

柏原勤 (2011). Twitterの利用動機と利用頻度の関連性：「利用と満足」研究アプローチからの検討　慶應義塾大学大学院社会学研究科紀要，*72*, 89-107.

Kaun, A. (2014). 'I really don't like them!'–Exploring citizens' media criticism. *European Journal of Cultural Studies, 17*(5), 489-506.

李津娥 (2021). 広告　李光鎬・渋谷明子（編）鈴木万希枝・李津娥・志岐裕子（著）メディア・オーディエンスの社会心理学（改訂版，pp.78-98）　新曜社

日本インタラクティブ広告協会 (2019). 2019年インターネット広告に対する意識調査　https://www.jiaa.org/wp-content/uploads/2020/01/20191211_jiaa_user_survey_report_2019.pdf

日本インタラクティブ広告協会 (2021). 2020年インターネット広告に対する意識調査（定性）　調査結果からの示唆　https://www.jiaa.org/wp-content/uploads/2021/03/20210309_user_chosa_report_2020.pdf

西村洋一 (2010). インターネット利用者が検索連動型広告を回避する要因の検討：広告への態度の影響　広告科学，*52*, 15-30.

Obermiller, C., & Spangenberg, E. (1998). Development of a scale to measure consumer skepticism toward advertising. *Journal of Consumer Psychology, 7*(2), 159-186.

Obermiller, C., Spangenberg, E., & MacLachlan, D. L. (2005). Ad skepticism: The consequences of disbelief. *Journal of Advertising, 34*(3), 7-17.

Pollay, R. W. (1986). The distorted mirror: Reflections on the unintended consequences of Advertising. *Journal of Marketing, 50*(2), 18-36.

Pollay, R. W., & Mittal, B. (1993). Here's the beef: Factors, determinants, and segments in consumer criticism of advertising. *Journal of Marketing, 57*(3), 99-114.

Quiring, O., Ziegele, M., Schemer, C., Jackob, N., Jakobs, I., & Schultz, T. (2021). Constructive skepticism, dysfunctional cynicism? Skepticism and cynicism differently determine generalized media trust. *International Journal of Communication, 15*, 3497-3518.

Seyedghorban, Z., Tahernejad, H., & Matanda, M. J. (2016). Reinquiry into advertising avoidance on the Internet: A conceptual replication and extension. *Journal of Advertising, 45*(1), 120–129.

嶋村和恵 (2021). 広告と社会倫理：インターネット時代にいっそう求められる広告倫理　田中洋・岸志津江・嶋村和恵（編）現代広告全書：デジタル時代への理論と実践（pp.85–103）　有斐閣

Speck, P. S., & Elliott, M. T. (1997). Predictors of advertising avoidance in print and broadcast media. *Journal of Advertising, 26*(3), 61–76.

竹内亮介 (2017). 消費者の広告回避に関する国際比較　マーケティングジャーナル，*37*(2), 150–156.

寶雪・片倉淳子・谷口智宏・清家嵩人・古山皓大 (2020). オンライン動画広告の消費者心理に関する実証的研究：広告侵入感に着目して　日本広告学会第51回全国大会報告要旨集, 47–50.

山田一成 (2020). 懐疑と冷笑：オンライン消費者の広告不信　安藤清志・大島尚（監修）北村英哉・桐生正幸・山田一成（編）心理学から見た社会：実証研究の可能性と課題（pp.117–132）　誠信書房

第11章 「フェムバタイジング」
——女性エンパワーメント広告に対する消費者の批判的態度

李　津娥

　広告におけるジェンダーバイアスは、長年にわたって問題視されてきた。しかし、近年、人々のジェンダー意識の高まりや社会の変化に伴い、女性のエンパワーメントや多様性を促進するキャンペーンを展開する企業が増えている。たとえば、ダヴの「リアルビューティー スケッチ」（Real Beauty Sketch; Dove, n.d.）、オールウェイズの「ライクアガール」（Always, n.d.）などが、女性エンパワーメント広告として注目され、同様のキャンペーンが増えている（Åkestam et al., 2017）。

　本章では、広告におけるジェンダー描写とその影響に関する研究、近年、注目されている「フェムバタイジング」の特徴と影響に関する研究をレビューし、社会や企業、消費者意識の変化をふまえ、「フェムバタイジング」に対する消費者の認識と批判的態度について検討する。

1. 「フェムバタイジング」：研究の背景

フェムバタイジングとは

　女性のライフスタイルに関するオンラインメディアのシーノーズ・メディア（SheKnows Media, n.d.）は、広告専門誌が主催するイベントの「アドウィーク2014」（AdWeek 2014）で「フェムバタイジング」（femvertising; feminism とadvertising を掛け合わせた造語）という新しい用語を発表し、2015 年に「フェムバタイジング賞」を立ち上げた。同社は、フェムバタイジングを、「女性・女児をエンパワーメントするために、女性を擁護する才能、メッセージ、イメージを採用する広告」（SheKnows Media, 2015, April）と定義する。

　国際的な広告賞のカンヌライオンズ（Cannes Lions）も、有害なジェンダーステレオタイプを打ち破る優れたクリエーティブに授与する「グラス：ザーライオンフォーチェーンジ」（GLASS: THE LION FOR CHANGE; Cannes Lions, n.d.）を創設した。また、国連女性機関（UN Women）が主導するアンステレオタイプ

アライアンス（Unstereotype Alliance）が、「企業の広告活動がポジティブな変革を起こす力となり、社会から有害なステレオタイプを撤廃することを目的とし、持続可能な開発目標（SDGs）、特にジェンダー平等と女性・女児のエンパワーメント（SDGs 5）の達成」（Unstereotype Alliance, n.d.）を目指す活動を行うなど、同様の試みが相次いでいる。

日本におけるフェムバタイジングと広告の炎上パターン

　日本では、日本経済新聞社と日経 BP が国連女性機関と連携し、「日経ウーマンエンパワーメントプロジェクト」を立ち上げ、「日経 UNSTEREOTYPE 広告賞」を授与している。2020 年第 1 回日経 UNSTEREOTYPE 広告賞を受賞したユニ・チャームの「#NoBagForMe PROJECT」では、生理用品を購入する際に店員が紙袋に入れて商品を渡す習慣や、日本では生理がタブー視されていることに疑問を投げかけた（Unstereotype Alliance, 2020, 11 月 27 日）。それ以外にも、P＆G のヘアシャンプーブランド「パンテーン」による「#HairWeGo」キャンペーンが、髪に関する校則や就職活動のあり方に挑戦するなど（Pantene, n.d.）、日本でも女性を応援する広告やキャンペーンを目にする機会が増えている。

　こうしたフェムバタイジングは、ジェンダー問題に取り組む企業の姿勢を示し、社会の変化をもたらす上で重要な役割を果たしうる。しかし、明確なメッセージを示さないフェムバタイジングは、むしろ批判される可能性がある。百貨店のそごう・西武のキャンペーンが、その典型的な例だろう。女性出演者にクリームパイを投げつけるシーンとともに、「女だから、強要される。女だから、無視される。女だから、減点される。女であることの生きづらさが報道され、そのたびに、『女の時代』は遠ざかる」というコピーで始まる広告は、「活躍だ、進出だともてはやされるだけの『女の時代』なら、永久に来なくていいと私たちは思う。時代の中心に、男も女もない。わたしは、私に生まれたことを讃えたい。来るべきなのは、一人ひとりがつくる、『私の時代』だ…」（朝日新聞デジタル，2019 年 6 月 13 日）と続く。SNS では「男目線からの女の活躍しか考えられない政府や社会への批判」（朝日新聞デジタル，2019 年 6 月 13 日）と支持する声がある一方で、吉良（2021 年 4 月 8 日）は「『わたしは、私』というメッセージは…ジェンダー不平等の問題を女性の個人的努力の問題にすり替えている」と批判している。

　このように、近年、広告キャンペーンが、ジェンダーバイアスを理由にインターネット上で炎上するケースが増えている。問題となったメディア表現がインターネット上で広範囲に拡散され、簡単に閲覧できるようになったことでより多

くの人が批判に関わるようになったことがその背景にある（守，2022）。

　炎上広告を4つのタイプに分類した瀬知山（2020）も、「女性を応援したつもりなのに」炎上したパターンを指摘しており、フェムバタイジングが明確なメッセージを提示しない場合、反発を受ける可能性が示唆されている。炎上広告の4つのタイプは、①「『女性』を応援したつもりなのに『性役割』の固定化・強化と受け取られ炎上したパターン」、②「『女性』を応援したつもりなのに容姿や外見の面で『性差別』と受け取られ炎上したパターン」、③「一般に受け入れられると思って作られた…性的メッセージが強く、男性の願望の表出となっていたため炎上したというパターン」、④「『男性』への共感を示したつもりが『性役割』の固定・強化と受け取られ炎上したパターン」（pp.31-33）、である。

2. フェムバタイジングの特徴とその影響

広告におけるジェンダー表現とフェムバタイジングに対する消費者の認識

　グラウとゾトス（Grau & Zotos, 2016）のレビューによると、広告のジェンダー表象に関する内容分析では、主に身体的特徴、職業的地位、役割や特徴が検討されてきた。これまでの研究によれば、広告における女性の役割は装飾的なものに限定され、家庭での役割描写が多いのに対し、職業と関連する役割が少なく、控えめな役割で描かれることが多かった。一方、男性は広告において、自立的、権威的、職業と関連する役割が多く、年齢や容姿はあまり重視されない傾向があった。このような広告におけるジェンダー描写の影響に関する理論的な視点としては、第三者効果、培養理論、低関与説得モデルなどがある。序章で述べた第三者効果の観点から、消費者は広告におけるジェンダーバイアスが自分自身よりも世間一般に大きな影響を与えると認識している可能性がある。また、ザイウィズザ＝ライリー（Zawisza-Riley, 2019）は、テレビへの長期的な接触が視聴者の現実認識を培うとする「培養理論」と、広告の効果は受動的な広告接触によって現れることがあるとする「低関与説得モデル」に基づき、広告は「暗黙学習の源」（p.55）だとし、簡単に変えられない長期的態度につながる可能性を指摘する。

　広告のジェンダー表現に関する人々の意識について、朝日新聞デジタル（2017）が実施した「ジェンダーとメディア」に関する調査結果を紹介したい（調査期間は2017年7月20日〜8月2日、n=661）。調査では、メディアが「男女の役割分担を固定的に発信している」（44.5％）、「身体的なイメージを強調したり、性的な対象として描いたりしている」（21.0％）と回答した人が多かった。また、「メディ

アの表現は、ジェンダーをめぐる社会の認識をつくる元になる」（38.6%）、「メディアの表現は、その時点のジェンダーをめぐる社会の認識を映し出している」（32.7%）という回答も多く見られた。また、「メディアの表現は、ジェンダーをめぐる社会の認識やイメージから遅れている」（22.1%）とメディアのジェンダー表現を批判する回答も見られた。ジェンダー表現の炎上については、「ステレオタイプな表現を考え直すきっかけになり、よいことだ」（60.4%）とポジティブに捉える意見が多かった。全体として、ジェンダー問題におけるメディアの役割の重要性を指摘する声が多かった。

　国際 NGO プラン・インターナショナル（Plan International, 2019）は、ジェンダーと広告に関する若者の意識を調査している（回答者は 15〜24 歳の 392 名、男性：n=54、女性：n=330、その他：n=8）。広告について、41.8% の人が「不快に感じた広告があった」と回答しており、不快感・違和感をもった理由として最も多かったのは、「ジェンダーの固定観念を助長している」であった。同調査では、イギリスの広告基準協議会（Advertising Standards Authority）のガイドラインに基づいた質問も行っている。イギリスの広告基準協議会は、「ある種のジェンダーステレオタイプは、性別によって、自分がどう見えるべきか、どう振舞うべきか、また他人がどう見えるべきか、どう振舞うべきかという考えを否定的に強化し、個人と社会にとって有害な結果をもたらす恐れがある」（ASA CAP, n.d.）と指摘し、広告に有害なジェンダーステレオタイプを含んではならないと定めている。

　具体的には、①特定の性別から連想される職業や役割を描く（役割）、②特定の性別から連想される特徴や行動を描く（性格）、③ジェンダーの固定観念に合致しない人の振る舞いや見た目をからかう（からかい）、④性的な対象として人を描いている（性的対象）、⑤体や体の一部をフォーカスして描く（女性のモノ化）、⑥「痩せている体型がいい」といった体に対する不安をかき立てるように描く（ボディイメージ）、である（Plan International, 2019 の訳）。調査の結果、「『痩せている体型がいい』といった体に対する不安をかき立てるように描く」広告をよく見るという回答が最も多かった。

　マーケティング的な観点からは、概して、フェムバタイジングのポジティブな効果が示されている。例えば、ドレイク（Drake, 2017）は、女性参加者に、同一ブランドの従来のテレビ CM とフェムバタイジングのいずれかに接触させる実験で、フェムバタイジングへの接触で広告やブランドの評価、購買意図、ブランドへの感情的なつながりが肯定的になることを明らかにしている。

また、アケスタムら（Åkestam et al., 2017）は、フェムタバイジングが女性消費者の広告への抵抗感を低下させ、広告やブランドへのポジティブな態度につながることを指摘した。ジェンダーステレオタイプに対する反発が、広告全体への否定的な態度をもたらすという研究も報告されている（Huhmann & Limbu, 2016）。いずれも、広告におけるジェンダー描写やフェムバタイジングの効果過程を理解する上で興味深い結果である。

フェムバタイジングに対するクリティカルな視点

　広告関連コンテンツで女性の対象化（objectification）に依存してきた広告業界は、女性をエンパワーメントし、女性消費者に「理解され、評価されている」と感じさせる広告キャンペーンの展開に目を向けている（Gupta, 2017, 5月30日）。しかし、女性に商品の消費を促すフェムバタイジングは、女性のエンパワーメントは社会的・政治的実践にあるというフェミニストの主張と矛盾する（Abitbol & Sternadori, 2016）。ゴールドマンら（Goldman et al., 1991）は、こうした傾向を「商品フェミニズム」（commodity feminism）と批判し、ブランドを女性解放の価値や意味づけのマーケティングと結びつけ、「女性誌は、女性が日常的に遭遇し交渉する関係を一連の『態度』として解釈し『身につける』ことによって、商品を通じてフェミニズムを再定義しようとする」（Goldman et al., 1991, p.336）と論じている。女性の自立と自由といったフェミニズムの理想が、企業の販売促進のために広告に利用されているという主張である（Becker-Herby, 2016）。

　この点について、ウィンデルスらは（Windels et al., 2020）は、女性の集団的権利やジェンダー平等はすでに達成されたと主張するポストフェミニズムは、フェミニズムの過激な側面を批判し、個人の自己啓発や決定を重視するという点で、フェミニズムの政治的力を無力化させる可能性があると指摘し、フェムバタイジングに見られるポストフェミニズムの要素や言説を分析した。

　フェムバタイジング26事例の質的分析と106事例の量的分析から、フェムバタイジングには、「商品フェミニズム」、「個人化」、「自己モニタリング」、「女性らしさを受け入れる新しいレンズ」、「自信崇拝（文化）」、「自分の体を愛する」（表11-1）といったポストフェミニズムの要素や言説が頻繁に使用されていることが示された。また、フェムバタイジングの理想に反して、自社のミッションや実際の組織構造をジェンダー平等と明確に結びつけている企業は少なく、女性のエンパワーメントに関する企業の社会的取り組みは不誠実だという批判も根強い（Becker-Herby, 2016; Abitbol & Sternadori, 2016）。

表 11-1　ウィンデルスら（Windels et al., 2020）によるフェムバタイジングのポストフェ
　　　　ミニズム的要素と言説の分析項目

ポストフェミニズム的 要素と言説	コーディング項目
商品フェミニズム	・広告で、解放、エンパワーメント、コントロール、自立、自己定義といったフェミニズムの価値をブランドの記号表現として用い、フェミニズムをブランドとともに購入し、身につける非政治的な商品機能へと縮小させているか。
個人化	・広告で、女性の成功や失敗を、社会的な圧力や文化的な影響に左右されることなく、個人の選択、努力、実力に基づくものであると示唆しているか。
自己モニタリング	・広告で、女性が自分の体をよく観察し、注意深く見て、管理するよう促しているか（例：運動、衣服、化粧、筋肉など）。 ・広告で、女性が自分の行動をよく観察し、注意深く見て、管理するよう促しているか（例：状況への対処や他者への行動の仕方を変える）。 ・広告で、女性が自分の考えをよく観察し、注意深く見て、管理するよう促しているか（例：自分自身や他者についての考え方、意見、態度を改善する）。
女性らしさを 受け入れる 新しいレンズ	・広告で、通常は広告で見られない女性を登場させるものの、依然として異性愛規範的な女性らしさや標準的な美の理想に従っているか（例：長い髪、完璧な肌、スタイリッシュな服装など）。
自信崇拝（文化）	・広告で、女性は自信を失っており、自信をもつために内面に目を向け、心理的な調整方法を用いるべきであると提案しているか。 ・広告で、女性が自信をもつことを、自分のための個人的なプロジェクトとして位置づけているか。
自分の体を 愛する	・広告に、身体に関する否定的な自己表現、または女性の身体に関する否定的な社会的見解が含まれているか。 ・広告で、女性が自分の体についてもっとポジティブに考えるよう促しているか。 ・広告で、女性の体はありのままで美しいと伝えているか。

注：Windels et al., 2020, p.26

　消費者側も、フェムバタイジングに対して相反する見解をもっていることが確認されている。アビトボルとスタナドリ（Abitbol & Sternadori, 2016）が若年消費者に行ったインタビューでは、企業の社会的取り組みに一定の支持を示す人がいる一方で、フェムバタイジングの背景にある企業の意図に疑問を呈する人もいた。

3.　広告におけるジェンダー描写に対する若年層の評価

　ここでは若年層を対象とした広告全般や、広告のジェンダー描写に対する態度に関する調査を紹介する。予備調査では、学部・大学院でメディア関連科目を履修している学生 56 名に協力してもらった（男性：$n=25$、女性：$n=31$、年齢：

M=20.12、*SD*=1.063、調査期間：2021 年 12 月 1 日～ 24 日）。

　まず、近年の変化について言及しながらも、「まだまだ男女の性差別が根底にあるような描かれ方をされている」（男性）、「女性はこうあるべき、男性はこうあるべきといった固定概念がまだ残っている」（女性）と、依然として広告にジェンダーステレオタイプが蔓延していることが指摘されていた。また、意識的に強い女性像を描いている広告があるものの、「未だ女性は可愛らしく、男性はカッコ良くというイメージがある」（女性）という指摘もあった。

　しかし、「最近はジェンダーの描き方には慎重になる広告が多い…広告に、社会がジェンダーや性役割意識から脱却している傾向が現れていることは、個人的には社会をより良くする事象」（男性）と変化の兆しが見られていることを好意的に評価する意見もあった。一方、「洗濯洗剤の CM では男性俳優が洗濯をするようになったが、それでも化粧品の CM では『美』を表現するものが多い」（女性）、「洗濯洗剤の CM…で男性俳優が洗濯するようになったと感じる。食品の CM…でも、男性が料理するなど進化が見られる。一方、化粧品の CM では『美しさ』を是とする表現や、子供向けおもちゃの CM ではジェンダーを固定化したものが多い」（女性）と、商品やターゲットによるジェンダー描写の偏りを指摘する声もあった。

　また、洗剤や食品 CM で、洗濯や料理をする際の男女の役割を「逆転」させた広告があることについて、「男性俳優が料理などをする広告も増えているが、今まで女性がやっていた役目をただ男性に置き換えればいいとしか考えていないように思える」（女性）、「むしろそれは普通の男性に対して…洗濯や料理がまともにできない場合は『不能』の烙印が押されるという一種の逆差別的なイメージが固定化されてしまう可能性があるのではないか」（男性）と批判していた。

　広告の炎上については、「世間がしっかりと反応できている。古い固定概念に対して炎上するようになったのは良いこと」（女性）と評価する一方で、企業の炎上リスク管理、現実と広告的理想のギャップに対する厳しい批判もあった。具体的には、「多様性を重んじるというよりも、『批判を受けないように』という観点からジェンダーに配慮している」（女性）、「現実も同様にジェンダーから脱却できているかと言われると、広告で表象されているほどではなく、広告が先走りしているようにも感じられる」（男性）という意見である。

4. 若年層のフェムバタイジングに対する態度と効果の認識

　先行研究と前述の質的調査をふまえ、広告におけるジェンダー描写の変化、フェムバタイジングの効果に対する認識を検討するため、調査会社のモニターを対象とした Web 調査を行った（調査期間：2022 年 1 月 28 日〜29 日、n=1,800）。ここでは、若年層の意識を検討するため、18 歳から 29 歳の回答者 540 名を対象に分析した結果を報告する（男性：n=270、女性：n=270、年齢：M=23.65、SD=3.678、18 歳から 19 歳：22.2 %、20 歳から 24 歳：32.6 %、25 歳から 29 歳：45.2％）。調査では、フェムバタイジングを「ジェンダーの固定観念を変え、女性をエンパワーメントする広告」と定義した。質問項目と尺度を表 11-2 に示す。

　質問項目のうち、広告内容との関連づけ（self-referencing）は、消費者が広告内容を自分の個人的な経験や記憶にどれくらい関連づけるかを意味しており（Burnkrant & Unnava, 1995）、フェムバタイジングの効果にポジティブな影響を与えると予想した。感情欲求（need for emotion）は、「感情的または情緒的な状況を追求し楽しむ傾向、および世界との相互作用の手段として感情を用いることを好む傾向」（Raman et al., 1995, p.537 の定義を修正）で、カプールとムンジャール（Kapoor & Munjal, 2019）は、消費者の感情欲求が高いほど、フェムバタイジングに対して好意的になることを示している。

　また、消費者が自分の価値観や信念に合致した広告を好むという先行研究をふまえ、女性の権利を支持する人やフェミニストを自認する人は、フェムバタイジングを好意的に評価していることを示したスタナドリとアビトボル（Sternadori & Abitbol, 2019）に基づき、平等主義的性役割態度をもっているほど、広告のジェンダー描写と関連する不快感が強いほど、フェムバタイジングを好意的に評価すると予想した。

広告におけるジェンダー描写、広告批判に対する認識
　表 11-3 は、広告におけるジェンダー描写、広告批判に対する認識である。「性別にとらわれない自己表現について描く広告を見かけるようになった」（M=3.03, SD=1.063）、「全体的に、広告における女性の描写は良くなってきている」（M=2.96, SD=0.977）と、最近の広告のジェンダー描写に関してはある程度肯定的に認識していた。炎上広告に対しては、「性差別的な広告に対して世間がしっかりと反応できているのは良いと思う」（M=3.22, SD=1.084）と評価していた。

表 11-2　測定変数と尺度

変数	尺度	出典
1. 広告におけるジェンダー描写、広告批判に対する認識	表 11-3 参照	
2. フェムバタイジングに対する態度	表 11-4 参照	
3. ジェンダー描写と関連する広告不快感	「広告における女性の描写は不快なものが多い」	
4. 広告内容との関連づけ （α = .812）	「ジェンダーに関する固定観念を変え、女性をエンパワーメントする広告の内容は、自分自身にも関係があると感じる」 「ジェンダーに関する固定観念を変え、女性をエンパワーメントする広告に登場する人物やモデルに共感できる」 「ジェンダーに関する固定観念を変え、女性をエンパワーメントする広告の内容を自分のことのように思う」	マーティンら（Martin et al., 2004）を修正
5. 感情欲求 （α = .738）	「私は自分の感情や気分を大切にする」 「私を感動させる何かがあればとよく思う」 「私は意思決定をするときに気分や感情の状態に影響される」	ラマンら（Raman et al., 1995）を修正
6. 性役割態度 （α = .901）	「人は性別に関係なく、積極的で活動的であり、思いやりがあって人に優しく接することができる」 「人は性別に関係なく、平等に扱われるべきだ」 「人が男なのか女なのか考えるのはやめて、他の特徴に集中すべきだ」 「作業の種類や仕事内容と関係なく、男性も女性も能力を発揮できる」 「男性も女性も責任ある地位に就くことができる」 「男性だからといって、また、女性だからといって、ふさわしくない仕事はない」 「家庭での活動も、職業と関連する活動も重要だと考える」 「家事は性別で割り当てるべきではない」 「男の子も女の子も同じ育て方をするべきだと思う」 「母親も父親も、子育てに同じようにかかわるべきだ」	ガルシア・クエトら（García-Cueto et al., 2015）の尺度を日本の文脈や表現を考慮して修正
7. フェムバタイジングの効果の認識		
a 広告態度	「ジェンダーに関する固定観念を変え、女性をエンパワーメントする広告に好感が持てる」	
b ブランド態度	「ジェンダーに関する固定観念を変え、女性をエンパワーメントする広告の商品やブランドに好感が持てる」	
c 購買意図	「ジェンダーに関する固定観念を変え、女性をエンパワーメントする広告を見ると、その商品やブランドを買いたくなる」	
d 転送意向	「ジェンダーに関する固定観念を変え、女性をエンパワーメントする広告をネットで見かけたら、共有してもいい」	
e ジェンダー意識の社会的変化	「ジェンダーに関する固定観念を変え、女性をエンパワーメントする広告で社会の意識が少しずつ変わると思う」	

注：1 ～ 3, 6, 7e：「全くそう思わない」から「とてもそう思う」までの 5 件法
　　4, 5, 7a ～ d：「全くあてはまらない」から「とてもあてはまる」までの 5 件法
　　複数項目で測定した尺度は、単純平均値を尺度得点とした。

表 11-3　広告におけるジェンダー描写、広告批判に対する認識

項目	M	(SD)
広告におけるジェンダー描写に対する認識		
1.　私は以前よりも広告における女性の描写に敏感だ	2.58	(1.101)
2.　広告における女性の描写は不快なものが多い	2.67	(1.091)
3.　全体的に、広告における女性の描写は良くなってきている	2.96	(0.977)
4.　最近、女性を応援し、エンパワーする広告を見かけるようになった	3.05	(0.992)
5.　性別にとらわれない自己表現について描く広告を見かけるようになった	3.03	(1.063)
6.　企業は広告において、ジェンダーに対する多様な価値観に配慮すべきである	3.21	(1.113)
広告批判に対する認識		
7.　性差別的な広告に対して世間がしっかりと反応できているのは良いと思う	3.22	(1.084)
8.　性差別的な広告に対して炎上するようになったのは良いことだと思う	2.95	(1.106)
9.　多様性を重んじるというよりも、批判を受けないようにという観点から、広告における性別の描かれ方に配慮しているような印象がある	3.15	(1.052)

注：質問項目は予備調査をもとにしたもの（7～9）、独自に作成したもの（1～6）を用いた。

表 11-4　フェムバタイジングに対する態度

項目	M	(SD)
ジェンダーに関する固定観念を変え、女性をエンパワーメントする広告…		
1.　…には好感が持てる	3.04	(1.042)
2.　…の商品やブランドに好感が持てる	2.95	(1.030)
3.　…の企業に好感を持つ	2.99	(1.046)
4.　…の商品を買ったり、サービスを利用したくなる	2.84	(1.005)
5.　…を見たら、その広告と関連する情報を調べる	2.67	(1.056)
6.　…は、もっと拡散されてほしい	2.91	(1.024)
7.　…をネットで見かけたら、いいねを押してもいい	2.87	(1.083)
8.　…をネットで見かけたら、共有してもいい	2.74	(1.063)
9.　…を見たら、スキップすると思う	2.77	(1.019)
10.　…が増えると良い	3.05	(1.060)
11.　…で社会の意識が少しずつ変わると思う	3.11	(1.049)
12.　…は企業の姿勢をよく表す	3.04	(1.022)
13.　…といっても、どうせ企業の宣伝のためである	3.03	(1.018)

これは、前述の朝日新聞デジタルの調査結果で、ジェンダー表現の炎上について、回答者の6割が「ステレオタイプな表現を考え直すきっかけになり、よいことだ」と、その意味を肯定的に捉える意見が多かった結果と一致する。一方で、「多様性を重んじるというよりも、批判を受けないようにという観点から、広告における性別の描かれ方に配慮しているような印象がある」（M=3.15, SD=1.052）と、企業の姿勢に対する批判も強かった。

フェムバタイジングの効果の認識と関連要因

表 11-4 はフェムバタイジングに対する態度である。ブランド、企業に対する

表 11-5　広告態度、ブランド態度、購買意図を目的変数とした重回帰分析の結果

	広告態度	ブランド態度	購買意図
性別 [a]	.035	.113***	.052
年齢	.066*	.019	.018
ジェンダー描写関連広告不快感	.075*	.043	.120***
広告内容との関連づけ	.498***	.532***	.580***
感情欲求	.071	.057	.103*
性役割態度	.179***	.163***	.029
調整済み R^2	.414***	.442***	.458***

*$p<.05$, ***$p<.001$
[a] 男性：0、女性：1。数値は β。

表 11-6　フェムバタイジングメッセージの転送意向とジェンダー意識の社会的変化を目的
変数とした重回帰分析の結果

	転送意向	ジェンダー意識の社会的変化
性別 [a]	-.038	.004
年齢	-.012	.027
ジェンダー描写関連広告不快感	-.024	.096**
広告内容との関連づけ	.653***	.382***
感情欲求	.107*	.146***
性役割態度	-.058	.248***
調整済み R^2	.430***	.406***

*$p<.05$, **$p<.01$, ***$p<.001$
[a] 男性：0、女性：1。数値は β。

態度、購買意図、転送意向に対するフェムバタイジングの効果の認識は、3点以下でそれほど高くなかったが、「ジェンダーに関する固定観念を変え、女性をエンパワーメントする広告は企業の姿勢をよく表す」（M=3.04, SD=1.022）とフェムバタイジングを評価する傾向、こうした広告が「増えると良い」（M=3.05, SD=1.060）、「社会の意識が少しずつ変わると思う」（M=3.11, SD=1.049）という期待はある程度高かった。一方で、「ジェンダーに関する固定観念を変え、女性をエンパワーメントする広告といっても、どうせ企業の宣伝のためである」（M=3.03, SD=1.018）といった批判もある程度強かった。

　表 11-5、11-6 は、フェムバタイジングの効果の認識を目的変数とした重回帰分析結果をまとめたものである。予想どおり、広告内容との関連づけは、広告やブランドに対する好意的な態度、購買意図と強く関連し、感情欲求が高いほど、

フェムバタイジングの転送意向も高く、フェムバタイジングが社会のジェンダー意識に変化をもたらすと考えていた。また、平等主義的な性役割態度をもつほど、広告やブランドをポジティブに評価する傾向があった。ジェンダー描写に関する広告全般への不快感が、フェムバタイジングに対するポジティブな態度と関連していることも興味深い。

5. フェムバタイジングへの期待とクリティカルな視点

　本章では、広告におけるジェンダー描写やフェムバタイジングに対する若年消費者の意識について検討した。質的調査では、企業が安易に男女の役割を入れ替え、消費者から批判されないことばかりを考えていると批判する声もあった。むしろ、広告が炎上するということは、世間がジェンダーステレオタイプに対して批判的な視点で反応し、問題提起しているという評価もあった。その意味で、ジェンダー表現の炎上とその課題を検討することは、社会をエンパワーメントするきっかけにもなりうる（村田，2018）。

　量的調査の結果、広告内容との関連づけが高いほど、すなわちフェムバタイジングのメッセージに自分を重ねられるほど、広告やブランドに対してよりポジティブな態度や購買意図をもつ傾向があることがわかった。さらに、広告内容との関連づけ、および感情欲求が高いほど、フェムバタイジングの転送意向が高く、フェムバタイジングが社会のジェンダー意識に変化をもたらすことを期待していることが示された。そして、平等主義的な性役割態度をもつほど、フェムバタイジングとそのブランドをより高く評価する傾向があった。また、ジェンダー描写に関する広告全般への不快感が、フェムバタイジングへの選好と関連していたことも注目に値する。

　若年層は、最近のジェンダーをめぐる広告の動向を評価しつつも、広告におけるジェンダーの描写に否定的な態度を示していた。フェムバタイジングに対してポジティブな反応を示す傾向がある一方で、企業のマーケティング目的に対しては厳しい意見が多く、フェムバタイジングが広告やブランド、購買意図、メッセージの転送意向に与える影響の認識はそれほど高くなかった。しかし、若い世代は、ジェンダーの固定観念を変え、女性をエンパワーメントするような広告が増えることや、ジェンダーの固定観念を変え、女性をエンパワーメントする広告を通じて、社会全体のジェンダー意識が徐々に変化していくことに期待をもっていた。

本章ではフェムバタイジングに焦点を当てたが、広告の家事表現で「逆転」した男女の役割が描かれることは、男女平等ではなく別のジェンダーステレオタイプにつながるという批判や、「消臭剤のＣＭで男性が女性に取り囲まれ臭いなどと批判を受けている場面は女尊男卑のように思える」（朝日新聞デジタル，2017の自由回答）という批判の声もある。

　また、男性らしさを再定義しようとする啓発的なマンバタイジング（manvertising）に関する研究も行われている（Sternadori & Abitbol, 2022）。今後は、広告における性別にとらわれない多様性の表現と変容する消費者意識をより広い視点から検討していくことが必要である。

引用文献

Abitbol, A., & Sternadori, M. (2016). You act like a girl: An examination of consumer perceptions of femvertising. *Quarterly Review of Business Disciplines, 3*(2), 117–138.

Åkestam, N., Rosengren, S., & Dahlen, M. (2017). Advertising "like a girl": Toward a better understanding of "femvertising" and its effects. *Psychology & Marketing, 34*(8), 795–806.

Always (n.d.). https://www.always.com/en-us/about-us/our-epic-battle-like-a-girl

ASA CAP (n.d.). Harm and Offence: Gender stereotypes. https://www.asa.org.uk/advice-online/harm-and-offence-gender-stereotypes.html

朝日新聞デジタル（2019年6月13日）. 炎上広告から記者が学ぶジェンダー　パイ浴び広告炎上にモヤモヤ「応援では」そごう・西武　https://www.asahi.com/articles/ASM6661VJM66ULFA03D.html

朝日新聞デジタル (2017). ジェンダーとメディア　https://www.asahi.com/opinion/forum/051/

Becker-Herby, E. (2016). The rise of femvertising: Authentically reaching female consumers. https://conservancy.umn.edu/bitstream/handle/11299/181494/Becker-Herby_%20Final%20Capstone_2016.pdf?sequence=1

Burnkrant, R. E., & Unnava, H. R. (1995). Effects of self-referencing on persuasion. *Journal of Consumer Research, 22* (1), 17–26.

Cannes Lions (n.d.). Glass: The Lion for Change Grand Prix Case Study: The Last Ever Issue. https://www.canneslions.com/enter/awards/good/glass-the-lion-for-change/last-issue-case-study

Dove (n.d.). ダヴ　リアル　ビューティー　スケッチ　https://www.dove.com/jp/stories/campaigns/real-beauty-sketches.html

Drake, V. E. (2017). The impact of female empowerment in advertising (femvertising). *Journal of Research in Marketing, 7*(3), 593–599.

García-Cueto, E., Rodríguez-Díaz, F. J., Bringas-Molleda, C., López-Cepero, J., Paíno-Quesada, S., & Rodríguez-Franco, L. (2015). Development of the Gender Role Attitudes Scale (GRAS) amongst young Spanish people. *International Journal of Clinical and Health Psychology, 15*(1), 61–68.

Goldman, R., Heath, D., & Smith, S. (1991). Commodity feminism. *Critical Studies in Mass Communication, 8*(3), 333–351.

Grau, S. L., & Zotos, Y. C. (2016). Gender stereotypes in advertising: A review of current research. *International Journal of Advertising, 35*(5), 761–770.

Gupta, S. (2017, May 30). Femvertising: How corporates co-opt feminism to sell us things. https://feminisminindia.com/2017/05/30/femvertising-corporates-feminism/

Huhmann, B. A., & Limbu, Y. B. (2016). Influence of gender stereotypes on advertising offensiveness and attitude toward advertising in general. *International Journal of Advertising, 35*(5), 846–863.

Kapoor, D., & Munjal, A. (2019). Self-consciousness and emotions driving femvertising: A path analysis of women's attitude towards femvertising, forwarding intention and purchase intention. *Journal of Marketing Communications, 25*(2), 137–157.

吉良智子（2021 年 4 月 8 日）.〈炎上考〉ジェンダー不平等を女性の個人的努力の問題にすり替えたパイ投げ動画広告　*TOKYO web*. https://www.tokyo-np.co.jp/article/96387

Martin, B. A. S., Lee, C. K.-C., & Yang, F. (2004). The Influence of ad model ethnicity and self-referencing on attitudes: Evidence from New Zealand. *Journal of Advertising, 33*(4), 27–37.

守如子 (2022).「女性とメディア」研究から「ジェンダーとメディア」研究へ：「炎上」を手がかりに　マス・コミュニケーション研究, *100*, 13–21.

村田玲子 (2018). 今 TVCM に求められる「家事表現」に関する考察（下）　日経広告研究所報, *301*, 8–13.

Pantene (n.d.). #HairWeGo. https://pantene.jp/ja-jp/hair-we-go

Plan International (2019). 広告でのジェンダー描写に関するユースの意識調査　https://www.plan-international.jp/news/girl/pdf/191009_girlsleadership.pdf

Raman, N, V., Chattopadhyay, P., & Hoyer, W. D. (1995). Do consumers seek emotional situations: The need for emotion scale. *Advances in Consumer Research, 22*(1), 537–542.

瀬地山角 (2020). 炎上 CM でよみとくジェンダー論　光文社新書

SheKnows Media (2015, April). #Femvertising A new kind of relationship between influencers and brands. *iBlog magazine,* 16. http://cdn.sheknows.com/corporate.sheknows.com/production/nodes/attachments/24521/iBlog_Magazine-SheKnows-FemvertisingFeature.pdf?1429105587

SheKnows Media (n.d.). https://skmfemvertisingawards.splashthat.com/

Sternadori, M., & Abitbol, A. (2019). Support for women's rights and feminist self-identification as antecedents of attitude toward femvertising. *Journal of Consumer Marketing, 36*(6), 740–750.

Sternadori, M., & Abitbol, A. (2022). How male consumers respond to "enlightened manvertising" campaigns: Gender schema, hostile Sexism, and political orientation feed attitudes. *Journal of Advertising Research, 62*(1), 87–101.

Unstereotype Alliance (2020, November 27). UN Women celebrates #NoBagForMe PROJECT 2019-2020 as the first winner of Nikkei Unstereotype Award. https://www.unstereotypealliance.org/en/news-and--events/press-releases/un-women-celebrates-nobagforme-project-2019-2020-as-the-first-winner-of-nikkei-unstereotype-award

Unstereotype Alliance (n.d.). https://japan.unwomen.org/ja/unstereotype-alliance

Windels, K., Champlin, S., Shelton, S., Sterbenk, Y., & Poteet, M. (2020). Selling feminism: How female empowerment campaigns employ postfeminist discourses. *Journal of Advertising, 49*(1), 18–33.

Zawisza-Riley, M. (2019). *Advertising, gender and society: A psychological perspective.* Routledge.

第Ⅴ部

トランスナショナルなメディアの
受容と批判

李　光鎬・李　津娥

　「ディアスポラ」は、元々離散したユダヤ人を指す言葉であったが、近年では様々なエスニック集団からの移民や、留学または就労ビザなどで海外に長期滞在する人たちをも含む概念として広く使われている（李ほか，2021）。今日、ディアスポラの人々は、母国社会とホスト社会にまたがるトランスナショナルな空間で、多元的なメディア環境を活用しながら日常を営んでいる。彼らがどのようにメディアを利用するかは、ホスト社会での安楽な生活や継続的な居住、世代を超えた繁栄、他国へのさらなる移住や帰還など、ディアスポラとしての生き方に少なからず影響を与える重要な要因である。そのため、多くの研究者がディアスポラのエスニックメディアや母国メディアの利用と影響に注目してきた。特に、ディアスポラの母国メディア利用がもたらしうる影響については、①ディアスポラのアイデンティティ形成、ホスト社会への適応、母国との心理的、地理的距離感といった「個人的な次元」から、②子どもの教育や親・子・孫の間の文化的対立・交渉といった「家族・世代的次元」、③ディアスポラ社会の再領土化、母国との同期・同化などの「共同体的次元」に至るまで、様々な位相で検討されてきた（Elias & Lemish, 2011; Cunningham & Sinclair, 2001; 李，2016; Lee & Lee, 2015, 2017, 2021 など）。

　一方で、ディアスポラの人々がホスト社会メディアをどのように利用し、そこからどのような影響を受けているかについては相対的に関心が薄かった。ホスト社会メディアの利用は、ディアスポラやそのコミュニティの安定した生活の構築や社会的適応、そしてホスト社会全体の統合と安定にとって重要な意味をもつ問題である（李，2016）。本章では、この空白を埋める一つの試みとして、在日外国人の大多数を占める在日中国人と在日韓国人を対象に、ホスト社会メディア利用の基本的な実態を確認し、彼らの社会的アイデンティティのあり方やホスト社会への適応、およびホスト社会メディアによる「否定的ステレオタイプ化」に対する批判的認識とメディア利用との関連について検討を行う。

1.　トランスナショナルな文脈における「社会的調整」とメディア利用

　ディアスポラのホスト社会への適応は、長らく、ホスト社会への同化、吸収、統合という主流社会の管理行政的観点で考えられてきた（李，2016）。しかし、「社会的調整」（social adjustment）の概念を基盤にした「異文化調整」（cross-cultural adjustment）の考え方を採用することで、ディアスポラの必要や欲求を中心に据えた、より主体的な適応のプロセスを捉えようとする試みもなされている（例えば Elias & Lemish, 2008）。「社会的調整」とは、「個人が社会的現実や状況、社会的関係に対して効果的かつ合理的に反応できる能力」（Daulay & Rahmawati, 2016, November, p.296）と定義される概念で、トランスナショナルな文脈においても重要な意味をもつ。国境を渡ってたどり着いた新しい環境で、自身の様々な必要や欲求を満たしながら定着するために、ただ単にホスト社会の要求を受け入れ、それに従うだけでなく、利用可能な様々な資源を選択的に活用しながら、快適で安楽な日常を構築するためにホスト社会と交渉していく異文化調整の過程として、ディアスポラの「適応」を捉えることができるからである（Takeuchi et al., 2002）。

　ホスト社会での安定した生活や将来の設計、帰国することになった場合における母国への再適応など、トランスナショナルな空間を行き来するディアスポラにとって、メディアは心理的、社会文化的な適応過程において重要な意味をもつ。しかし、ディアスポラの人々は、日常的にエスニックメディアや母国メディアを利用する傾向があるため、ホスト社会メディアの利用、ホスト社会の人々との交流、コミュニティへの参加が減少し、ホスト社会への適応や統合が阻害されるという懸念が絶えず指摘されてきた（例えば、Markus, 2016 など）。それに対してエリアスとレミッシュ（Elias & Lemish, 2008）は、ディアスポラの人々は、ホスト社会への移住や適応に関わる多面的なニーズを満たすために、母国メディア、ホスト社会メディア、エスニックメディア、グローバルメディアなど様々なメディアをダイナミックに利用していることを強調する。

　彼らは、移民の家族がホスト社会で経験する2つのプロセスとして、「外的統合」と「内的統合」を挙げる。「外的統合」は、ホスト社会の新しい環境に対する社会的、文化的適応を意味する。「内的統合」は、移民の家族が文化的価値を共有し、一体感を形成、維持していくプロセスである。イスラエルとドイツに暮らすロシア系移民へのインタビューから、移民の家族は、ホスト社会への適応と

家族の内的統合というダイナミックなプロセスを成功させるために文化的知識、言語スキル、社会的ネットワーク、経済的資源などの様々な資源を最大限に活用することが必要で、認知的、感情的、逃避的欲求や、社会全体、または家族や親密な社会集団への帰属欲求などの多様な欲求を満たすために、母国メディア、ホスト社会メディア、グローバルメディアなどの様々なメディアを、能動的、目的志向的に利用していることを見出している。

　ホスト社会への適応過程におけるホスト社会メディアの役割について筆者ら（Lee & Lee, 2017）が行った研究では、カナダに移住した韓国系ディアスポラの母親たちが、ホスト社会メディアの利用からホスト社会とつながっている感覚が得られ、その結果として、ホスト社会での生活の充実感が高まっていることを見出した。ホスト社会メディアは、ディアスポラの人々がホスト社会と接触し、つながり、その社会へ参加するための「チャンネル」として機能しているのである。

　ホスト社会とのつながりに関しては、ソーシャルメディアの役割も注目されている。ゴメスら（Gomes et al., 2014）は、オーストラリアに留学する学生たちが、学業や生活上の理由から、国籍や出身地域などを超えた多様なコミュニティをソーシャルメディア上で形成していく過程を明らかにしている。ホスト社会でローカルに形成されるこれらのソーシャルネットワークは、ホーム社会を基盤とした既存のネットワークを補完し、ホームから遠く離れているところにホームのような「場所」を作ることを可能にしていたのである。

2. ディアスポラのメディア利用とその要因

ディアスポラの社会的アイデンティティモデル

　メディア利用行動は私たちの社会的アイデンティティのあり方と深く結びついている。したがって、ディアスポラのメディア利用行動についても、ディアスポラとしての社会的アイデンティティのあり方が一定の影響を与えていると予測できる。

　社会的アイデンティティ理論は、ポジティブな自己概念を前提に、個人が内集団および外集団をどのように認識するのか、そして、そのような認識に基づいて集団間の関係がどのように想定されるのかを説明するものであり、これまで内集団贔屓傾向や外集団ステレオタイピングなどの現象が指摘されている（Brown, 2000）。

　このような社会的アイデンティティ理論を応用する形で、「ディアスポラの社

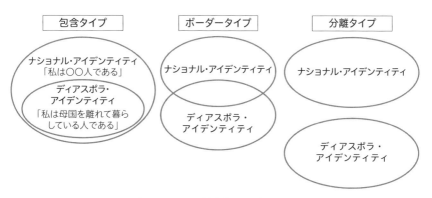

図 12-1　ディアスポラの社会的アイデンティティモデル

会的アイデンティティモデル」を次のように考えてみることができる。まず、ディアスポラの主要な社会的アイデンティティとして、ナショナル・アイデンティティとディアスポラ・アイデンティティの2つを想定した場合、図 12-1 に示すような3つの社会的アイデンティティのあり方を想定してみることができる。「包含」タイプは、ナショナル・アイデンティティが支配的でディアスポラ・アイデンティティはその中に部分的、付随的に包含されている状態を表す。「私はいま母国を離れて暮らしているけれども、母国にいる人々と同じ〇〇人である」というアイデンティティ意識がこれに当たる。母国の人々は内集団として認識される。それとは対照的に「分離」タイプは、ナショナル・アイデンティティからディアスポラ・アイデンティティが分離している状態を表しているもので、「私は〇〇人だけれども、母国を離れて暮らしていて母国にいる人々とはいろいろな側面で違う」というアイデンティティ意識をもっている場合である。ディアスポラとしてのアイデンティティ意識からナショナル・アイデンティティが除外された状態で、母国の人々は外集団として認識される。「ボーダー」タイプは、上記の両タイプの中間に位置する状態を示していて、状況によって「包含」と「分離」のアイデンティティ意識の間を揺れ動いている状態を表している。母国の人々に対する内集団・外集団の認識は不安定である。

ディアスポラの社会的アイデンティティとメディア利用

　このようなディアスポラの人々の社会的アイデンティティのあり方は、メディア利用行動のパターンおよびその利用から得られる満足や結果と関連していると考えられる。

　「包含」タイプの場合は、母国メディアの利用が多くなる反面、ホスト社会メ

ディアの利用は少なく、○○人としての共通の基盤や自尊感情の向上に貢献する
メディアコンテンツを求める傾向が強くなると推論できる。そして、そのような
コンテンツの利用から高い満足感と幸福感が得られると思われる。

　一方、「分離」タイプにおいては、相対的に母国メディアの利用は少なく、ホ
スト社会メディアの利用が多くなると予想される。母国メディアのコンテンツは、
母国の人々とディアスポラとの相違点を見つけ、再確認することに用いられたり、
母国の欠点や問題を見つけ、ディアスポラとして自らが置かれている状況の優越
性を確かめることに活用される可能性がある。この場合、母国の発展や成功は、
相対的剥奪感をもたらし、不快感や敗北感につながることもありうる。

　「ボーダー」タイプの場合は、母国メディアおよびホスト社会メディアの利用
からアンビバレントな経験をすることが予想される。「包含」や「分離」タイプ
の人々がより固定的な選択的接触を行うのに対して、「ボーダー」タイプの人々
は、母国メディアとホスト社会メディアのコンテンツ利用がより流動的になり、
不安定なアイデンティティ意識のため認知的不協和を経験することも増える可能
性がある。

ホスト社会メディアにおける「被他者化」の認識とメディア利用

　ホスト社会におけるエスニックメディアの機能に関して、ジョンソン（Johnson,
2010）は、ホスト社会への「同化」を促進する機能を強調するモデルから、ホス
ト社会における「多元的共存」を促進する機能を強調するモデルに大きく変化し
てきたと論じている。また、ホスト社会における多元的共存を促進するためのエ
スニックメディアの機能として、①文化遺産やアイデンティティ、言語の維持、
②民族的自尊心の強化、③政治的、社会的エンパワーメントに加え、④ホスト社
会メディアが作り出すネガティブなステレオタイプから逃れ安心できる場所の提
供を挙げている。

　つまり、ディアスポラのエスニックメディア利用動機の一つは、ホスト社会メ
ディアに対する「不満」であり、ホスト社会内で否定的に認識されるほど、ディ
アスポラの間でエスニックメディアの利用が増える可能性があるという指摘であ
る。ホスト社会メディアによる外国人やエスニックマイノリティのステレオタイ
プ的描写、他者化の傾向については、多くの研究が一貫して指摘しているところ
である（例えば、Mastro & Behm-Morawitz, 2005; 萩原, 2004; 米倉, 2015 など）。
しかし、こうしたホスト社会メディアの他者化表象に対するマイノリティの成員
たちの認識について検討した研究はあまり見当たらない。

表 12-1　調査の概要

	在日中国人	在日韓国人
調査期間	2021 年 3 月 15 日から 3 月 21 日	2022 年 3 月 15 日から 3 月 18 日
方法	WeChat やメールで中国人留学生および卒業生、社会人のコミュニティに Web 調査への協力を依頼	日本在住の韓国人 Facebook グループや、社会人のコミュニティに Web 調査への協力を依頼
回答数	383 名（男性 128 名、女性 247 名、回答しない：8 名）	315 名（男性 169 名、女性 143 名、回答しない：3 名）
年齢	28.02 歳（*SD*=4.44）	34.98 歳（*SD*=9.45）
学歴	大学院在学・修了（67.3%）、大学在学・卒業（30.8%）など	大学在学・卒業（69.8%）、大学院在学・修了（22.9%）など
滞在歴	5 年 7 カ月（*SD*=47.07 月）	9 年 7 カ月（*SD*=88.74 月）
在留資格	留学（42.3%）、就労（26.6%）、永住（15.7%）など	就労（48.3%）、永住（21.3%）、留学・研修（15.9%）など

3.　在日中国人・在日韓国人のホスト社会メディア批判と（非）利用

　ここでは、これまで述べてきた問題意識や理論的検討をふまえ、在日中国人と在日韓国人のホスト社会メディア利用について筆者らが行った調査の結果をみていきたい。調査の概要は表 12-1 のとおりである。調査票は日本語で作成した後、中国語と韓国語に翻訳して用いた。本章のデータは筆者らの個人的なネットワークやアクセス可能な SNS 上のグループで収集したものであるため、在日中国人と在日韓国人の母集団に対する一般化には注意が必要である。紙幅の制約から、ここではまず両エスニック集団のホスト社会メディアの利用状況を確認した後、在日韓国人のディアスポラとしてのアイデンティティ、在日中国人のホスト社会メディアに対する認識に関する項目の分析結果を中心に紹介したい。[1]

在日中国人・在日韓国人のマスメディアとネット系メディアの利用状況

　まず、在日中国人のホスト社会報道メディアの利用（利用する機器は問わない）について、0（全く利用しない）から 5（非常によく利用する）までの 6 件法で測定した。中点以上の回答者の比率を集計した結果、日本の「新聞報道」（10.7%）の利用率が最も低く、「テレビニュース」（28%）も 3 割弱であった。中国の「新聞」

---

[1]　中国語調査票の翻訳は杜妍（慶應義塾大学社会学研究科博士課程）、韓国語調査票の翻訳は著者らが担当した。分析結果の詳細は、慶應義塾大学メディア・コミュニケーション研究所『メディア・コミュニケーション』No.72, No.73 の論文を参照されたい。

（4.9％）と「テレビニュース」（12.1％）の利用率は日本の報道メディアよりも低い。中国のニュース、そしておそらく日本のニュースも Weibo や WeChat で読まれている可能性が高く、マスメディア系の報道メディアはほとんど利用されなくなっている状況が示された。一方、日本の「ドラマ」（49.1％）、「映画」（41.2％）、「バラエティ番組」（41％）は半数近くが利用していた。母国メディアの利用でも、娯楽に関連するものが多い傾向にある（中国の映画：46.5％、中国のドラマ：39.9％）。

　一方、在日韓国人の場合は、日本の「テレビニュース」（45.7％）、「新聞報道」（30.4％）ともに在日中国人より利用率が高く、韓国の「テレビニュース」（54％）、「新聞報道」（42.5％）など韓国の報道メディアの利用率は日本のそれよりも高くなっている。また、日本の「ドラマ」（30.1％）、「映画」（35.5％）、「バラエティ番組」（30.8％）の利用率は 3 割前後と在日中国人より低く、韓国の「映画」（71.1％）、「ドラマ」（59.4％）、「バラエティ番組」（50.5％）は 5 割から 7 割が見ていた。年齢層や滞在期間などの属性による違いを考慮する必要があるが、韓流コンテンツの豊富さや韓国メディアへのアクセスのしやすさから、在日韓国人は母国の報道とエンターテインメントをかなり多く利用していることが浮き彫りになった。また、日本のメディアについては、エンターテインメントはあまり利用していないが、報道には比較的多く接していた。

　ラマンとハーウッド（Raman & Harwood, 2016）の研究では、回答者の多くが、ソーシャルメディアを利用して、ホスト社会とエスニックコミュニティの両方とつながっていることが報告されている。中国を代表するチャットアプリで SNS 機能も充実している「WeChat」の利用率は、在日中国人回答者の 91.2％ に上っていた。残りの 8.8％ の人の回答は「あまり利用しない」で、「全く利用していない」と回答した人は一人もいなかった。まさに今回の調査対象となった在日中国人は、「みんな」が WeChat でつながっていたのである。同様に、在日韓国人の場合、韓国の代表的なチャットアプリ「KakaoTalk」の利用率は 85.8％ で、「全く利用しない」人は 2 人のみであった。

在日韓国人のディアスポラ・アイデンティティとメディア利用
　在日韓国人のディアスポラ・アイデンティティは、メディア利用パターンとどのように関連しているのであろうか。ここでは、第 2 節で行った「ディアスポラの社会的アイデンティティモデル」の予測をふまえながら両者の関連性を分析してみたい。

まず、各メディアの利用度を元に一緒に利用される傾向のあるメディア同士をまとめるため、因子分析（主因子法、プロマックス回転）を行った。その結果、「日本のエンターテインメントとニュース」、「韓国のエンターテインメントとニュース」、「日韓両国のサブカルチャー系メディア」、「ネット系メディア」、「在日韓国人対象のエスニックメディア」、「日韓両国の新聞・書籍」の６因子が現れた。サブカルチャー系メディア、活字メディアとも、日韓の区別なく一緒に利用されるパターンが現れたのは興味深い。以後の分析では因子得点を用いた。

　次に、在日韓国人のディアスポラ・アイデンティティは、「本国にいる韓国人と在日韓国人は、同じ韓国人でもやはり考え方が違うと思う」、「本国にいる韓国人の日本観と日本に住んでいる私の日本観は違うと思う」、「日本に来て間もない韓国人に会うと話が噛み合わないことがある」、「韓国から来た観光客の行動が理解できないことがある」、「日本での生活が長くなるにつれて、自分の行動や考え方が日本人に似てきたと思うことがある」、「最近は韓国人より日本人と交流する時が落ち着く」、「最近は韓国より日本のライフスタイルが自分に合っていると思うことがある」、「最近は韓国より日本の食事が口に合っていると思うことがある」、「韓国より日本を生活の本拠地にしたいと思うことがある」、「いっそのこと日本人に帰化しようかと思うことがある」の10項目を用いて５件法で測定し、その合計点で尺度を作成した（α = .794, M=32.16, SD=6.68）。平均値と分布状況を考慮し、ディアスポラの社会的アイデンティティモデルで想定した、「低群（包含タイプ）」（n=102）、「中群（ボーダータイプ）」（n=113）、「高群（分離タイプ）」（n=100）の３つに回答者を分割した（表12-2）。

　これらのグループのメディア利用パターンについて検討した結果、おおむね、モデルを支持する結果が得られた。つまり、「分離」タイプ（M= .20）は「包含」タイプ（M=−.23）より、「日本のエンターテインメントとニュース」の利用度が有意に高かった。一方、「包含」タイプ（M= .18）は「分離」タイプ（M=−.30）より「韓国のエンターテインメントとニュース」の利用度が有意に高かったのである。有意傾向（p< .10）であったものの、「ボーダー」タイプ（M= .12）は「包含」タイプ（M=−.16）より「日韓両国の新聞と書籍」を利用する傾向が見られた。

在日中国人の「否定的ステレオタイプ化」の認識とメディア利用

　日本のメディアにおける「否定的ステレオタイプ化」について在日中国人の回答者たちがどのように認識しているのかを明らかにするために、まず、日本のマスメディアにおける「中国」の取り上げ方について、「国内の政治状況」、「日中

表 12-2　在日韓国人のディアスポラ・アイデンティティのタイプとメディア利用パターン

メディア利用	a 低群 (包含タイプ) n=102	b 中群 (ボーダータイプ) n=113	c 高群 (分離タイプ) n=100	F	多重比較 (Bonferroni)
日本のエンターテイン メントとニュース	−.23 (1.00)	.03 (.84)	.20 (.92)	5.398**	c>a
韓国のエンターテイン メントとニュース	.18 (.96)	.10 (.75)	−.30 (.97)	8.394***	a>c
日韓両国のサブカル チャー系メディア	.05 (1.00)	−.09 (.93)	.06 (.84)	0.871	
ネット系メディア	.01 (.92)	.02 (.86)	−.03 (.89)	0.092	
在日韓国人対象のエス ニックメディア	−.03 (.90)	−.02 (.75)	.06 (1.04)	0.283	
日韓両国の新聞・書籍	−.16 (.91)	.12 (.86)	.02 (.86)	2.819[†]	

[†] $p<.10$, ** $p<.01$, *** $p<.001$
注：数値は因子得点の平均値、( ) 内は標準偏差。df はすべて 2,310。
　　ディアスポラ・アイデンティティの得点：a 10〜29 点、b 30〜35 点、c 36〜50 点

関係」、「国内の治安（犯罪、事件、事故）」、「食文化」、「新型コロナウイルスの感染状況」、「科学技術の発展状況」、「自然景観」、「訪日観光客」の 8 項目を挙げ、「全く友好的でない」から「非常に友好的である」の 5 件法で測定した。分析においては尺度得点を逆転させ「非友好的」描写の認識を表す得点として用いた。

　取り上げ方が「非友好的」であるという認識の平均値が中点の 3 を下回っていたのは、中国の「食文化」（M=2.43）と「自然景観」（M=2.59）に対してだけで、その他の項目に対してはすべて、日本のマスメディアの取り上げ方が非友好的であると認識していることがわかった。特に、中国の「国内の政治状況」（M=3.98）、「国内の治安（犯罪・事件・事故）」（M=3.89）に関する取り上げ方が非友好的であると認識されており、「訪日観光客」（M=3.62）や、「中国における新型コロナウイルスの感染状況」（M=3.62）、「日中関係」（M=3.55）、「科学技術の発展状況」（M=3.16）についての伝え方も中国に対して否定的であると見ていた。

　次に、日本のマスメディアが描く「中国」のイメージをどのように受け取っているかを捉えるために、22 の形容詞対を用い、7 段階の SD 尺度でその印象を尋ねた（ネガティブな意味であるほど高い値である。表 12-3）。在日中国人の調査では、全体的に 5 点台の平均値が多く、中国が「否定的にステレオタイプ化」されているとの認識がかなり強い。特に、「静か−うるさい」（M=5.69）、「ルールを守る−守らない」（M=5.57）、「礼儀正しい−礼儀正しくない」（M=5.43）といった項目で、中国のマナーや礼儀などの振舞い方がネガティブに描かれていると感じていた。これらの回答に対して因子分析（主因子法、プロマックス回転）を行い、

表 12-3　日本のマスメディアにおける中国のイメージ（在日中国人対象）

項目	M(SD)
静か - うるさい	5.69（1.13）
ルールを守る - ルールを守らない	5.57（1.21）
整然としている - 混乱している	5.05（1.29）
礼儀正しい - 礼儀正しくない	5.43（1.17）
誠実な - 不誠実な	5.37（1.25）
信用できる - 信用できない	5.31（1.33）
正直である - 嘘つきである	5.28（1.21）
きれい - 汚い	5.01（1.14）
分かり合える - 理解しにくい	5.01（1.29）
安全な - 危険な	4.92（1.38）
細かい - 大ざっぱ	5.07（1.25）
利他的 - 利己的	5.35（1.29）
自己主張をしない - 自己主張が強い	5.36（1.38）
親しみやすい - 親しみにくい	4.75（1.47）
笑っている - 怒っている	5.02（1.20）
優しい - 厳しい	5.43（1.11）
謙虚な - 傲慢な	5.05（1.31）
強い - 弱い	3.08（1.37）
大きい - 小さい	2.51（1.51）
発展している - 遅れている	3.72（1.69）
理性的 - 感情的	4.42（1.24）
穏やか - 気性が激しい	5.00（1.22）

注：7 段階の SD 尺度で測定。
　　項目得点は 4 点が中点で、値が大きいほどネガティブな意味になる。

共通性が 0.4 未満であった「理性的－感情的」（M=4.42, SD=1.24）と、2 つの因子にまたがって高い負荷量を示した「穏やか－気性が激しい」（M=5.00, SD=1.22）を除く 20 項目から、「中国の振舞い方」、「中国の親近性」、「中国の存在感」の 3 因子が確認できた。以降の分析のため、各因子の因子得点で合成尺度を作成した。

　こうした否定的ステレオタイプ化の認識は、ホスト社会メディアの利用を低減させる可能性がある。その点を確認するためまず、日本と中国の各メディアの利用度をもとに一緒に利用される傾向のあるメディア同士をまとめた。因子分析（主因子法、プロマックス回転）の結果、「中国エンターテインメント系」、「エスニックおよび中国の情報メディア系」、「日本サブカルチャー系」、「日本エンター

表 12-4　在日中国人のクラスター別にみたメディア利用パターン

メディア利用	CL1 多メディア 高利用群 （*n*=18）	CL2 メディア 非利用群 （*n*=134）	CL3 日本メディア 利用群 （*n*=120）	CL4 中国エンター テインメント 利用群 （*n*=111）
中国エンターテインメント系	**.79**(.66)	–.66 (.57)	–.11 (.84)	**.79** (.75)
エスニックおよび中国の情報メディア系	**3.53**(.81)	–.22 (.43)	–.25 (.47)	–.04 (.54)
日本サブカルチャー系	**.70**(.91)	–.60 (.56)	**.79** (.91)	–.24 (.60)
日本エンターテインメント・情報メディア系	.22(1.04)	–.71 (.57)	**.82** (.79)	–.07 (.63)
日本ネット系・WeChat	**.60**(.89)	–.79 (.74)	**.60** (.62)	.22 (.62)

注：数値は因子得点の平均値、（ ）内は標準偏差。

テインメント・情報メディア系」、「日本ネット系・WeChat」の5因子が現れた。

　この5つのメディア利用パターンの因子得点に基づいて回答者のクラスター分けを試みたところ、「多メディア高利用群」（CL1）、「メディア非利用群」（CL2）、「日本メディア利用群」（CL3）、「中国エンターテインメント利用群」（CL4）の4クラスターが確認された（表12-4）。つまり、在日中国人は、ジャンルを問わず日本のメディアを集中的に利用する人々と中国のエンターテインメントを多く利用する人々に分かれることが見出された。一方で、日本と中国のどちらのメディアも多く利用する人は非常に少なく、日中のメディアをほとんど利用しない人々がかなりの規模で存在することが明らかになった。

　これらのメディア利用パターンのクラスターはどのような特徴をもっているのかを分析するため、人数の少ない「多メディア高利用群」（CL1）を除外し、検討を行った（表12-5）。まず、否定的ステレオタイプ化の認識が強いほどホスト社会メディアの利用が減少すると予測したのであるが、全体的に否定的ステレオタイプ化認識の得点と日本メディア利用との間にはあまり明確な関連が見られなかった。表12-5に示したように、むしろ「日本メディア利用群」はその他のクラスターよりも、「中国の親近性」についての否定的ステレオタイプ化の認識の平均値が有意に高かった。多重比較の結果ではどのクラスター間でも有意差は見られなかったが、要するに、中国に対する日本メディアの否定的ステレオタイプ化を強く認識しているほど、むしろ日本の様々なメディアをよく利用している傾向があるということである。

　そのほかにも、「日本メディア利用群」は「中国エンターテインメント利用群」と「メディア非利用群」に比べ、いくつかの特徴を見せていた。本国にいる中国人と在日中国人との違いについての意識を調べた「ディアスポラ・アイデンティ

表 12-5　在日中国人のクラスター別にみた関連変数の平均値

	メディア非利用群 (a)	日本メディア利用群 (b)	中国エンターテインメント利用群 (c)	F	多重比較 (Bonferroni)
日本のマスメディアにおける中国のネガティブなイメージ					
1. 中国の振舞い方	-.05 (.94)	.14 (.84)	-.01 (1.02)	1.513	
2. 中国の親近性	-.08 (.91)	.18 (.91)	-.08 (.90)	3.369*	
3. 中国の存在感	.05 (.88)	-.18 (.90)	.05 (.82)	2.823†	
ディアスポラ・アイデンティティ					
4. 日本のライフスタイルが合っている	3.25 (1.03)	3.70 (0.99)	3.23 (1.09)	7.927***	b>a, b>c
5. 日本を生活の本拠地にしたい	3.25 (1.09)	3.69 (1.06)	3.02 (1.16)	11.321***	b>a, b>c
日本生活満足度	5.09 (0.95)	5.50 (1.04)	5.11 (1.18)	5.877**	b>a, b>c

† $p<.10$, * $p<.05$, ** $p<.01$, *** $p<.001$
注：数値は平均値、（　）内は標準偏差。1～3：因子得点、4、5：ディアスポラ・アイデンティティの2項目、5件法で測定。日本生活満足度：7件法で測定。df はすべて 2,362。

ティ」の測定項目のうち、「自分には日本のライフスタイルが合っている」の平均値（M=3.70）と「将来日本を生活の本拠地にしたい」の平均値（M=3.69）が、ほかの2群より有意に高かったのである。また、7件法で測定した「日本生活満足度」の平均値（M=5.50）もほかの2群より有意に高かった（表12-5）。なお、年齢、性別、滞在歴、日常における中国語の使用率、対面およびオンラインにおける中国人の友人・知人率は、3つのクラスターの間ですべて有意差がなかった。

認知的不協和を回避するための「母国」からの「離脱」

　本章では、ディアスポラの社会的アイデンティティのタイプ、およびホスト社会メディアにおけるディアスポラの「否定的ステレオタイプ化」の認識によるメディア利用パターンの違いに注目して検討を行った。

　まず、母国の人々を内集団として認識する「包含」タイプは、母国メディアをより多く利用するが、ホスト社会メディアはあまり利用せず、○○人としての共通の基盤や自尊感情に寄与するメディアコンテンツを求める傾向が強いと仮定した。在日韓国人のデータを分析した結果、「包含」タイプは「韓国のエンターテインメントとニュース」を多く利用し、「分離」タイプは「日本のエンターテインメントとニュース」を多く利用するなど、本章で構想した「ディアスポラの社

会的アイデンティティモデル」の予測を支持する結果が得られた。

　ディアスポラの人々は、自分の母国やエスニシティがホスト社会メディアによって否定的に描かれていたり、「他者化」されていると認識すればするほど、ホスト社会メディアを回避し、母国メディアへより接近すると予想される。そして、このような傾向はディアスポラのホスト社会との断絶をさらに深化させる契機となりうる。調査の結果、在日中国人は、日本のマスメディアにおいて「中国」が否定的にステレオタイプ化されていると批判的に認識していた。「中国の政治や社会」の描写は非友好的で、「中国の振舞い方」や「中国の親近性」も明らかに否定的に描かれていると思っていた。しかし、このような否定的ステレオタイプ化の認識が、日本メディアの回避につながっているだろうとした予測は当たらなかった。この認識がより強い在日中国人は、むしろ中国のメディアを利用せず、日本のメディアをよく利用していることが判明したのである。予想に反して、中国のエンターテインメントを多く利用し、日本のメディアを利用しない人の否定的ステレオタイプ化の認識は相対的に低かった。

　日本のメディアをよく利用しているから日本のメディアによる中国の否定的ステレオタイプ化をより強く認識している可能性は考えられる。それを認識しながらも日本のメディアをよく利用しているということは、それが与えてくれる効用が、否定的ステレオタイプ化による認知的不協和を相殺できる以上に高いからかもしれない。あるいは、母国の否定的ステレオタイプ化による認知的不協和の生起を抑制するメカニズムが別途存在している可能性もある。本章の最後の分析では、中国本土の中国人と在日中国人を隔てるディアスポラの社会的アイデンティティがそのような作用をしている可能性が示唆された。「中国人」に対する否定的ステレオタイプ化は、在日中国人としての「私」に対するものではなく、母国にいる「中国人」に向けられたものである、という「母国」からの「離脱」がこうしたホスト社会のメディア利用を可能にしているのかもしれない。今後の分析においては、このような要因についてさらに詳しくみていくことが必要である。

＊調査にご協力いただいた在日中国人・在日韓国人の皆さんに、記して感謝申し上げたい。

引用文献

Brown, R. (2000). Social identity theory: Past achievements, current problems and future challenges. *European Journal of Social Psychology, 30*(6), 745–778.

Cunningham, S., & Sinclair, J. (Eds). (2001). *Floating lives: The media and Asian diasporas.* Rowman & Littlefield Publishers.

Daulay, D. A., & Rahmawati, A. (2016, November). Social Adjustment in Adolescents with Hearing Impairment. In 1st International Conference on Social and Political Development (ICOSOP 2016) (pp.296–303). Atlantis Press.

Elias, N., & Lemish, D. (2008). Media uses in immigrant families: Torn between 'inward' and 'outward' paths of integration. *International Communication Gazette, 70*(1), 21–40.

Elias, N., & Lemish, D. (2011). Between three worlds: Host, homeland, and global media in the lives of Russian immigrant families in Israel and Germany. *Journal of Family Issues, 32*(9), 1245–1274.

Georgiou, M. (2006). *Diaspora, identity and the media: Diasporic transnationalism and mediated spatialities.* Hampton Press.

Gomes, C., Berry, M., Alzougool, B., & Chang, S. (2014). Home away from home: International students and their identity-based social networks in Australia. *Journal of International Students, 4*(1), 2–15.

萩原滋 (2004). 日本のテレビCMに現れる外国イメージの動向　メディア・コミュニケーション（慶應義塾大学メディア・コミュニケーション研究所紀要），*54*, 5–26.

Johnson, M. A. (2010). Incorporating self-categorization concepts into ethnic media research. *Communication Theory, 20*(1), 106-125.

李津娥・石井恵理子・林さと子・李光鎬 (2021). ディアスポラの言語、メディア、そしてアイデンティティ：日本人海外在住経験者のメディア利用とその影響を中心として　東京女子大学比較文化研究所紀要，*42*, 49–86.

Lee, J., & Lee, K. (2015). Multilingual experiences, media consumption, and transnational identity in a double diasporic context: The case of Korean-Chinese in Japan. *Keio Communication Review, 37*, 27–39.

Lee, J., & Lee, K. (2017). Homeland media consumption of diasporic mothers: The case of Korean migrants in Vancouver. *Keio Communication Review, 39*, 5–19.

李光鎬 (2016).「領土」としてのメディア：ディアスポラの母国メディア利用　慶應義塾大学出版会 .

Lee, K., & Lee, J. (2021). A media geographic perspective on homeland media use and diasporic life: The case of Koreans in Buenos Aires. *Keio Communication Review, 43*, 5–22.

Markus, A. (2016). Australia today: The Australia@2015 Scanlon Foundation Survey. http://scanlonfoundation.org.au/australians-today/

Mastro, D. E., & Behm-Morawitz, E. (2005). Latino representation on primetime television. *Journalism & Mass Communication Quarterly, 82*(1), 110–130.

Raman, P., & Harwood, J. (2016). Media usage and acculturation: Asian Indian professionals in Silicon Valley. *Journal of Intercultural Communication Research, 45*(5), 355–373.

Takeuchi, R., Yun, S., & Russell, J. E. (2002). Antecedents and consequences of the perceived adjustment of Japanese expatriates in the USA. *International Journal of Human Resource Management, 13*(8), 1224–1244.

米倉律 (2015). テレビ番組における訪日外国人、国内在住外国人の表象：地上波民放の「外国、外国人関連バラエティ番組」を中心に　ジャーナリズム＆メディア，*8*, 189–205.

李　光鎬・李　津娥

　人々のメディア利用は、国内のメディアコンテンツだけにとどまらない。特に、様々なデジタル・プラットフォームの登場により、メディアコンテンツのトランスナショナルな流通が爆発的に拡大している今日においてはなおのことである。また、その間、文化帝国主義の議論を呼んでいたアメリカ一極中心の単一な流通構造から、ボリウッドやテレノベラ、日本のアニメや「韓流」などの局地的流行による多極的な流通構造への変化、そして最近においては、韓国ドラマやK-POP の世界的流行に象徴される大衆文化の「逆流」現象なども見られ、トランスナショナルなメディアコンテンツの受容過程に目を向ける必要性がますます高まっている（Athique, 2017）。

　本章では、日本における韓国エンターテインメントの受容に焦点を当て、このようなトランスナショナルなメディアコンテンツの受容過程に見られる「他者化」や「スティグマ化」の現象、そしてそれに影響すると思われる国家間の関係性に関する議論に注目しながら、日本のオーディエンスにおける韓国エンターテインメントの接触状況と態度について検討を行う。

　これまで、外国由来の文化やサブカルチャーを消費し、実践する人の「他者性」が社会的に構築され、否定的なステレオタイプやスティグマが形成・維持されることが確認されている（Lopes, 2006; Yoon, 2019; 松井，2012）。また、韓国のエンターテインメント・コンテンツ、そしてそのオーディエンスやファンに対する評価に関しては、日韓関係の特殊性が影響を与えることが指摘されてきた（Kim et al., 2014）。

　しかし、このような側面に着目し、韓国エンターテインメントが日本でどのように受容され、どのように評価されているのか、また韓国エンターテインメントに対する態度にはどのような要因が関係しているのかを、実証的に検討した研究は少ない。

1. 韓国エンターテインメントの受容とその影響

韓流の受容に関する初期の研究

　日本では、2003 年に NHK で放送された『冬のソナタ』の人気をきっかけに、韓国ドラマや映画の視聴機会が増え、その後、K-POP と呼ばれる韓国の大衆音楽に触れる機会も増加した。これまでの日本における韓国エンターテインメントの消費動向は、『冬のソナタ』をきっかけとした 2004 年から 2009 年までを「第1 次韓流ブーム」、2000 年代後半に韓国の歌手や K-POP が日本に進出し、若いファンが増えた 2010 年から 2011 年までを「第 2 次韓流ブーム」、2012 年以降を「第 3 次韓流ブーム」として区分する見解が示されている（韓，2014）。ドラマや映画に関しては、地上波や BS などのメディアから動画共有サービスへと流通チャンネルが広がり、韓国エンターテインメントに触れることがさらに容易になってきた。また、映画『パラサイト　半地下の家族』がアメリカのアカデミー賞で作品賞を受賞したり、『愛の不時着』などのドラマがコロナ禍の自粛期間中に人気を博し、話題を呼んだ。この時期を「第 4 次韓流ブーム」と呼ぶ見解もある（東京新聞，2020 年 12 月 28 日）。

　韓流ブーム以前から、日本と韓国の相手国に対する相互イメージとメディアの関連については、かなりの研究が行われてきた。これらの研究には次のようなものがある。①メディアが伝える相手国報道に関する内容分析研究（金・崔，1982; 金，1991; Yoon & E, 2002; 李，2007 など）、②メディアの利用と日韓相互イメージの関連性に関する調査研究（原・塩田，2000; 飽戸・原，2000 など）、である。これらの内容分析と意識調査の結果はいずれも、政治や歴史、領土問題などに関する日韓の認識のずれなど、日韓関係の複雑な側面がメディアの内容そのものやその受容過程に反映されていることを示している。

　その後、韓流ブームをきっかけに、日韓相互の相手国イメージとメディアの関連に関する研究は、メディアコンテンツの「発信国」と「オーディエンス」という立場の違いから、新たな局面を迎えた。日本における韓流ブームに関する初期の研究としては、韓国ドラマを視聴する中高年女性を中心としたオーディエンス研究（例えば、平田，2004; 毛利，2004; 林，2005; 長谷川，2007 など）、東京都民を対象に韓流の消費と韓流ブームに対する認識を調べた研究（斉藤ほか，2010）などがある。斉藤ら（2010）の研究は、韓国ドラマに対する共感や俳優の魅力などが、韓国・韓国人のイメージに影響するという先行研究（長谷川，2007 など）と

同様に、韓国ドラマと映画の視聴が、韓国や韓国人に対する見方やイメージの向上に関係していることを明らかにしている。韓流ブームに対する評価においては、「『韓流』ブームは日本と韓国の民間レベルでの交流を促進した」（76.8%）、「『韓流』ブームは日韓関係の改善に貢献した」（48.4%）といった肯定的な評価が多かった一方で、「韓流」ブームをマスコミが大げさに取り上げすぎたとみる人も6割以上に上っており（62.4%）、「『韓流』ブームにより、歴史認識問題など政治的な問題がかすんでしまった」（21.4%）という批判的な認識も2割程度あった。

韓流の受容に関する国際比較調査

韓国では、コンテンツ産業関連の機関などで、「韓流ブランド」の維持と成長を視野に入れたコンテンツの開発とその経済的効果に関する国際比較調査が報告されている。ここでは、2012年以降、韓流の受容に関する国際比較調査を実施してきた韓国国際文化交流振興院による「韓流実態調査」を取り上げる（Korean Foundation for International Cultural Exchange, 2022）。最新の報告書は、2021年11月5日から12月8日にかけて、韓国の文化コンテンツを利用したことがある18カ国の15〜59歳の8,500人を対象に実施したオンライン調査に基づいている。日本のサンプル数は500人で（男性 $n=250$、女性 $n=250$；15〜19歳、20〜29歳、30〜39歳、40〜59歳各125人）、K-POP、ドラマ、食、ファッション、美容などの韓国の文化コンテンツの消費動向、韓国に対する認識、韓国文化コンテンツ消費の波及効果、韓国文化コンテンツに対するイメージなどについて調べている。

まず、韓国から連想するイメージは、「韓国料理」（29.0%）が最も多く、次いで「K-POP」（21.4%）、「韓流スター」（7.8%）、「ドラマ」（7.0%）、「北朝鮮・核」（5.2%）、「美容製品」（4.8%）などの順となった（%は1位として選ばれた割合）。1年前と比較して韓流への関心が「やや高まった」、「とても高まった」と回答した割合は、「自国民の関心度」（22.4%）の側面では18カ国中最も低く、「自身の関心度」（22.2%）の側面でも2番目に低かった。韓国に対する「好感度」（32.6%）、韓国は「友好的国家」（19.6%）といった認識は、調査対象の18カ国の中で最下位だった（%は「そうである」と「とてもそうである」の合計）。一方で、韓流に対する否定的認識は、「そうである」と「とてもそうである」の合計が4割〜5割の国もあったが（インド、オーストラリア、UAE、ベトナム、中国）、日本は3割程度（29.2%）とそれほど高い水準ではなかった。

韓流に対する否定的な認識の要因をみると、「政治的・外交的対立」（39.0%）、「歴史的関係」（29.5%）が18カ国の中で最も高い。その他、「国民性」（27.4%）、

「スターの不適切な言動」（19.9%）、「刺激的・扇情的」（18.5%）、「南北分断・北朝鮮の脅威」（14.4%）、「過度に商業的」（12.3%）、「自国コンテンツの保護」（10.3%）などが挙げられた（％は1位または2位として選ばれた頻度の合計割合）。また、各コンテンツの好感度を阻害する要因として「韓国との政治・外交関係」が挙げられた割合は、映画に対して35.3%、同じく音楽31.8%、ドラマ30.5%、ゲーム25.0%で、18カ国中最も高かった（％は1位または2位として選ばれた頻度の合計割合）。

　韓国文化コンテンツの利用経験者を対象とした以上のような調査から、全体的な傾向として、「韓国」に対する好感度は高くないが、「韓流」に対する評価はおおむね好意的であることがわかった。また、韓流や個別コンテンツに対するネガティブなイメージの背景には、日韓関係が大きく影響していることが示唆された。

2.　韓国エンターテインメントに対する批判的態度

外国文化としての韓流に対する反感：東アジアと東南アジアの事例

　キムとキム（Kim & Kim, 2016）は「反韓流」を、「他の国や地域、あるいはネット空間で見られる韓流に対する否定的な認識、反感、対抗意識、非難などを包括した、韓流に対する否定的な態度」（p.2）と定義する。反感や非難の対象は、コンテンツそのものから、出演者や歌手などのパフォーマー、関連制作者までを含み、ひいては韓国政府も含む。また、次節でも検討するように、自国の韓流コンテンツの消費者にその反感や非難が向けられる場合もあり、その理由や背景も、個人的な趣向の違い、自国の文化と文化産業の利益保護に至るまで多様である。

　ここでは、日本と中国、インドネシアとベトナムにおける「反韓流」を検討した研究を中心に紹介する。まず、キムら（Kim et al., 2014）は、日本や中国での反韓流は、韓流がもたらした悪影響への懸念というより、韓国との関係における政治的な問題から発展したもので、韓流が、利益優先で進められていることへの反発も、反韓流の台頭を招いた要因の一つであると指摘する。また、中国では自国文化産業の保護という論理が反韓流現象の背景にあると分析する。

　一方で、インドネシアとベトナムでは、自国の文化的価値との衝突、若年層を中心としたファン層に対する人々の否定的な認識が反韓流の背景と見られている。キムとキム（Kim & Kim, 2016）は、東南アジアで比較的早い時期から韓国のエンターテインメントを受け入れてきたインドネシアとベトナムで、オンライン上の反韓流に関する記事やブログの情報を分析するとともに、現地の人たちを対象

としたインタビューを行い、反韓流の実態を分析しているが、インドネシアでは、①韓流コンテンツ、特に K-POP とイスラム教や伝統文化の価値観との衝突、②文化民族主義の維持と文化アイデンティティの保護、③韓流コンテンツそのものに対する反感などが反韓流の要因として浮き彫りになった。ベトナムでは、K-POP の熱烈な青少年ファンに対する反感が強く、韓流コンテンツの質を問題にする声が多かった。

スティグマ化されるサブカルチャー

前述したように、韓国エンターテインメントは、トランスナショナルなエンターテインメントの一つとして世界中で人気が高まっているが、一方で、「スティグマ化されるサブカルチャー」としての側面も併せもつ。

ロペス（Lopes, 2006）によれば、こうした大衆文化をめぐるスティグマは、「他者化」によって維持・強化される。つまり、公式または支配的な文化を嗜む人々と、そうでない下位文化を受け入れる人々との間に社会的な区別を作り出し、知性、理性、社会性、成熟度、道徳性、または、中毒的で暴力的行動という面で、下位文化ファンの社会的アイデンティティを汚名化するのである。

カナダの K-POP ファン（Yoon, 2019）、イスラエルとパレスチナにおける K-POP ファン（Otmazgin & Lyan, 2013）、アメリカにおける日本のアニメファン（Reysen et al., 2016）など、サブカルチャーのファンダムに対するステレオタイプの形成やスティグマ化に関する研究のレビューを行っているリーら（Lee et al., 2020）は、全体として、外国由来のサブカルチャーのファンたちは、主流文化から「他者化」され、否定的なステレオタイプや偏見に直面しており、所属集団やコミュニティの中で自分がファンであることの公表を躊躇し、家庭内などの私的空間に閉じこもる傾向があることを示している。

日本の女性韓流ファンをインタビューした金（2017）も、ほぼ同様のことを発見している。日韓の政治的対立を強調するナショナリズムからの圧力と女性文化を通俗化させるジェンダー化されたまなざしを意識したあまり、自身の韓流への傾倒を家庭などの親密な領域内で「私事化」し、隠匿する傾向が見られたのである。

イスラエルとパレスチナにおける K-POP ファンの家族や友人たちは、K-POP が生産的な生活を送ることを妨げているという理由だけでなく、グローバルな文化のヒエラルキーにおいて周辺に位置づけられる国からの文化であるという差別的な意識から K-POP ファンを否定的に捉えているとの報告もなされている（Otmazgin & Lyan, 2013）。

アメリカにおける男性 K-POP アイドルのファンにインタビュー調査を行った
リーら（Lee et al., 2020）は、ファンたちが K-POP に対するスティグマに対処す
るために、ファン同士が集まる「セーフ・ゾーン」以外では「正常」であるよう
に振舞ったり、「手がかりをほのめかして」相手の反応を確かめるなどの方略を用
いていることを発見している。さらには、もっともらしい別の理由を挙げ K-POP
の消費を正当化したり、周囲に K-POP ファンとして見られないように「脱同一
視」（disidentification）を試みたりすることもインタビューの中で語られた。

3. 韓国エンターテインメントの受容実態と批判的態度の要因

　それでは、以上の先行研究をふまえて筆者たちが行った日本における韓国エン
ターテインメントの受容と批判的態度についての調査結果をみてみよう。調査は、
調査会社のモニターを対象とした募集型で行った。調査期間は 2022 年 3 月 7 日
で、対象は日本全国の 15 歳から 69 歳までの 1,800 人である（男性：n=900、女
性：n=900、年齢：M=41.7、SD=15.83、15 歳〜19 歳：11.1%、20 代から 60 代はすべ
て 17.8%）。主な質問項目は、韓国エンターテインメントおよび韓国エンターテ
インメントに関する報道・情報への接触、韓国エンターテインメント全体・個別
コンテンツに対する批判的態度、韓国エンターテインメントの影響知覚、韓国・
韓国人に対する態度などである。

韓国エンターテインメントへの接触

　回答者自身と周囲、日本全体における韓国エンターテインメントへの接触度お
よび接触度の推定を 5 段階で評価してもらった（図 13-1、図 13-2）。「やや当ては
まる」と「とても当てはまる」を合わせると、回答者自身の接触は、「K-POP」
（18.0%）が最も多く、次いで「韓国のドラマや映画」（16.8%）、「韓国のバラエ
ティ番組」（7.7%）の順となった。「韓国エンターテインメントに好感を持ってい
る」回答者は 20.8% であった。「コロナ禍で韓国エンターテインメントに接する
ことが増えた」と答えた人は 1 割を少し超える水準（14.0%）であった。
　性別では、男性よりも女性の方が韓国のエンターテインメントに好感をもって
おり（27.9%＞13.7%）、ドラマ・映画、K-POP ともに、男性より女性の方が接触
していた（ドラマ・映画：22.6%＞11.1%、K-POP：22.6%＞13.3%、表 13-1）。年代
別では、若年層がより好感をもっていて、10 代、20 代がそれぞれ 3 割を超えて
いたのに対し、40 代〜 60 代は 1 割程度であった（表 13-2）。

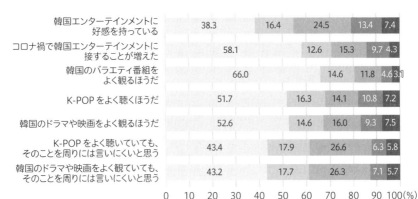

図 13-1　韓国エンターテインメントへの接触（自分）

図 13-2　韓国エンターテインメントへの接触（周囲と日本全体）

　「私の周りには、韓国のドラマや映画を観る人がいる」（36.0%）、「私の周りには、K-POP を聴く人がいる」（31.4%）、「私の周りには、韓国エンターテインメントに好感を持っている人がいる」（30.5%）の 3 項目で推定した周囲の接触率の結果は 3 割程度で、回答者本人の接触率より高い（図 13-2）。

　また、「日本では、最近、韓国のドラマや映画を観る人が増えてきた」（40.0%）、「日本では、最近、K-POP を聴く人が増えてきた」（40.8%）、「日本では、最近、韓国エンターテインメントに好感を持っている人が増えてきた」（30.5%）の 3 項目への回答は周囲の接触率よりも少し高く、4 割前後に上っている（図 13-2）。

回答者自身の接触率が2割に満たないという結果とは対照的である。自分はあまり接していないけど、自分の周りには接している人がいて、日本全体ではさらに接している人が増えているという認識が広がっている様子が窺える。

　韓国エンターテインメントの利用を周囲に公表することへの抵抗感についても尋ねた。その結果、「韓国のドラマや映画をよく観ていても、そのことを周りには言いにくいと思う」（12.8%）、「K-POPをよく聴いていても、そのことを周りには言いにくいと思う」（12.1%）という回答は1割程度と少なかった（図13-1）。自分の周囲にも韓国のエンターテインメントに触れている人がいる場合には、公表しやすくなる可能性がある。そこで、ドラマや映画を観ていると回答した人（n=303）、K-POPを聴いていると回答した人（n=323）を対象に、周囲や日本全体の接触状況の推定と公表への抵抗感との関連性を検討した結果、相関は低かったものの、予想どおり、日本全体でドラマや映画を観ている人が増えていると思うほど（r=－.128, p<.05）、周囲でK-POPを聴いている人が多く、日本全体で増えていると思うほど（周囲：r=－.148, p<.01、日本全体：r=－.186, p<.01）、公表することへの抵抗感は低かった。

　性別では、ドラマ・映画、K-POPともに、男性が女性よりも韓国エンターテインメントに接していることを周囲に公表することに抵抗があることがわかった（ドラマ・映画：15.2%＞10.3%、K-POP：15.0%＞9.3%、表13-1）。年代別では、韓国ドラマや映画の視聴を周囲に公表することへの抵抗感は各年代とも10%〜15%の範囲内で、年代による差はなかった。一方、K-POPを聴いていることを公表したくないという気持ちは相対的に30代で強く（16.3%）、20代で弱かった（9.4%、表13-2）。

韓国エンターテインメントに関する報道・情報への接触と評価

　韓流コンテンツの流入増に伴って、韓国エンターテインメントに関する報道や情報も増えている状況をふまえ、それらの報道や情報への接触についても尋ねてみた。「やや当てはまる」と「とても当てはまる」を合わせて、「韓国エンターテインメントに関する報道や情報を見るほうだ」（14.4%）、「韓国エンターテインメントに関する報道や情報は参考になる」（12.1%）という回答は1割程度と低かった。「韓国エンターテインメントに関する報道や情報は多すぎる」（19.8%）、「韓国エンターテインメントに関する報道や情報は見たくない」（23.7%）という回答は2割前後に上っており、「見る」、「参考になる」という回答より多かった（図13-3）。

韓国エンターテインメントに関する 報道や情報を見るほうだ	46.9	20.4	18.2	10.0	4.4
韓国エンターテインメントに関する 報道や情報は参考になる	46.3	19.3	22.3	8.7	3.4
韓国エンターテインメントに関する 報道や情報は多すぎる	27.6	17.7	34.9	9.8	10.0
韓国エンターテインメントに関する 報道や情報は見たくない	29.8	18.1	28.3	10.4	13.3

□ まったく当てはまらない　▨ あまり当てはまらない　▨ どちらでもない
▨ やや当てはまる　　　　　■ とても当てはまる

図 13-3　韓国エンターテインメントに関する報道・情報への接触と評価

韓流に対する批判的態度

　韓流に対する態度について、まず、韓国エンターテインメントに対する日本全体の評価に対する認識を 5 段階で尋ねた（図 13-4）。「ややそう思う」と「とてもそう思う」を合わせると、「日本人の多くは韓国エンターテインメントが好きではない」（20.1%）、「日本人の多くは韓国エンターテインメントが流行っている状況についてよく思っていない」（18.5%）、「日本人の多くは韓国エンターテインメントが好きな人に対してよく思っていない」（17.0%）との回答は 2 割程度であった。

　次に、個別コンテンツについて、ドラマや映画、K-POP に分けて、量的、質的側面、自国文化産業への影響懸念の観点から、5 段階で評価してもらったところ、「ややそう思う」と「とてもそう思う」を合わせると、「日本の地上波テレビや衛星放送（BS）などには韓国のドラマや映画が多すぎる」（32.1%）、「オンデマンド型動画配信サービス（Netflix、Hulu など）には韓国のドラマや映画が多すぎる」（30.6%）と、3 割程度が韓国のコンテンツが必要以上に流入しているという否定的な認識をもっていることがわかった。

　また、ドラマや映画に関して、「韓国のドラマや映画は設定や展開がほとんど決まっている」（33.0%）という回答も 3 割を占めた。「韓国のドラマや映画は作品性がない」（16.2%）という回答は 2 割弱であった。K-POP に対する批判的態度に関する項目では、「アイドルグループは個性がなく、同じようなグループばかりだ」（38.2%）、「K-POP は、日本で利益を上げることに熱心だ」（37.1%）が 4割弱で最も多い。「K-POP の楽曲にはオリジナリティがない」（22.6%）、「K-POPの楽曲は音楽としてのレベルが低い」（14.8%）、「K-POP のアイドルグループのファッションやダンスなどは、性的な刺激が強い」（19.2%）といった批判的評価も 2 割前後を占めた。

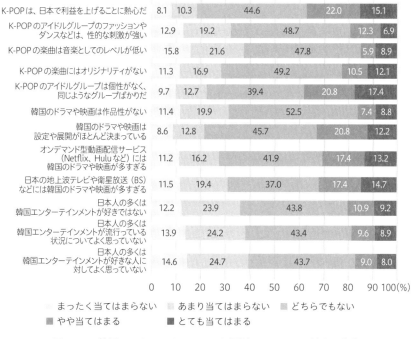

	まったく当てはまらない	あまり当てはまらない	どちらでもない	やや当てはまる	とても当てはまる
K-POPは、日本で利益を上げることに熱心だ	8.1	10.3	44.6	22.0	15.1
K-POPのアイドルグループのファッションやダンスなどは、性的な刺激が強い	12.9	19.2	48.7	12.3	6.9
K-POPの楽曲は音楽としてのレベルが低い	15.8	21.6	47.8	5.9	8.9
K-POPの楽曲にはオリジナリティがない	11.3	16.9	49.2	10.5	12.1
K-POPのアイドルグループは個性がなく、同じようなグループばかりだ	9.7	12.7	39.4	20.8	17.4
韓国のドラマや映画は作品性がない	11.4	19.9	52.5	7.4	8.8
韓国のドラマや映画は設定や展開がほとんど決まっている	8.6	12.8	45.7	20.8	12.2
オンデマンド型動画配信サービス（Netflix、Huluなど）には韓国のドラマや映画が多すぎる	11.2	16.2	41.9	17.4	13.2
日本の地上波テレビや衛星放送（BS）などには韓国のドラマや映画が多すぎる	11.5	19.4	37.0	17.4	14.7
日本人の多くは韓国エンターテインメントが好きではない	12.2	23.9	43.8	10.9	9.2
日本人の多くは韓国エンターテインメントが流行っている状況についてよく思っていない	13.9	24.2	43.4	9.6	8.9
日本人の多くは韓国エンターテインメントが好きな人に対してよく思っていない	14.6	24.7	43.7	9.0	8.0

図13-4　韓国エンターテインメントと個別コンテンツに対する態度

韓流に対する批判的態度の要因

　前述の韓国国際文化交流振興院による調査では、韓流に対する否定的認識の要因として政治的、外交的対立が指摘されていたが、今回の調査では「韓国エンターテインメントの受け入れと、日韓の歴史問題・政治的対立は別問題である」（39.2%）という認識が4割を占めていた。

　性別では、K-POPに対する男性の批判的態度が目立つ（K-POPは「オリジナリティがない」：26.5%＞18.7%、「音楽としてのレベルが低い」：20.6%＞9.1%、表13-1）。ドラマ・映画に対する評価は項目によって男女で方向が分かれ、「設定や展開がほとんど決まっている」という評価は女性が男性より多かったが（38.1%＞27.8%）、「作品性がない」という批判は、男性が女性より多かった（19.1%＞13.2%）。

　年代別では、全体的に年代が上がるほど、ドラマ・映画、K-POPともに否定的な認識が強くなっていた。特に、60代では「韓国のドラマや映画は設定や展開がほとんど決まっている」が4割、40代〜60代では「K-POPのアイドルグループは個性がなく、同じようなグループばかりだ」、「K-POPは、日本で利益

表 13-1　韓国エンターテインメントへの接触と態度（性別）

項目	男性	女性	
接触・好感度			
韓国エンターテインメントに好感を持っている	13.7	27.9	χ^2=84.798
韓国のドラマや映画をよく観るほうだ	11.1	22.6	χ^2=47.674
K-POP をよく聴くほうだ	13.3	22.6	χ^2=31.810
周囲への公表			
韓国のドラマや映画をよく観ていても、そのことを周りには言いにくいと思う	15.2	10.3	χ^2=26.982
K-POP をよく聴いていても、そのことを周りには言いにくいと思う	15.0	9.3	χ^2=30.514
態度			
韓国のドラマや映画は設定や展開がほとんど決まっている	27.8	38.1	χ^2=53.237
韓国のドラマや映画は作品性がない	19.1	13.2	χ^2=35.262
K-POP のアイドルグループは個性がなく、同じようなグループばかりだ	37.9	38.5	χ^2=26.663
K-POP の楽曲にはオリジナリティがない	26.5	18.7	χ^2=26.146
K-POP の楽曲は音楽としてのレベルが低い	20.6	9.1	χ^2=68.764
K-POP のアイドルグループのファッションやダンスなどは、性的な刺激が強い	21.1	17.3	χ^2=30.387
K-POP は、日本で利益を上げることに熱心だ	35.1	39.1	χ^2=28.947

注：すべて df=4、$p<.001$
　　数値は %

を上げることに熱心だ」という批判が 4 割またはそれを若干超える水準に上っていた。

　最後に、韓流に対する批判的態度とそれに影響を与えると考えられる主要変数間の関係性をモデル化し、パス分析により変数間の関係の強さやモデル全体の適合度を検討した。分析に用いた変数と質問項目を表 13-3 に示す。このモデルでは、図 13-5 に示すように、次のような変数間の関係を仮定した。

① 日韓の競争的関係認識は、直接的に、韓流への批判的態度を高める。また、日本のエンターテインメント産業への影響認知を高めることと韓流に対する批判的世論の推定を高めることを通じて、間接的にも韓流への批判的態度を高める。

② 韓国に対する否定的態度は、直接的に、韓流への批判的態度を高める。また、韓流に対する批判的世論の推定を高めることを通じて、間接的にも韓流への批判的態度を高める。

③ 他者に対する韓流の否定的影響の推定は、直接的に、韓流への批判的態度を

表 13-2 韓国エンターテインメントへの接触と態度（年代別）

項目	10代	20代	30代	40代	50代	60代	
接触・好感度							
韓国エンターテインメントに好感を持っている	34.5	32.5	22.2	14.1	14.1	12.5	χ^2=118.372
韓国のドラマや映画をよく観るほうだ	21.0	25.0	14.1	13.4	14.4	14.7	χ^2=57.892
K-POPをよく聴くほうだ	36.0	32.8	17.2	12.5	9.1	6.9	χ^2=195.982
周囲への公表							
韓国のドラマや映画をよく観ていても、そのことを周りには言いにくいと思う	10.0	12.2	14.7	14.4	13.4	10.9	n.s.
K-POPをよく聴いていても、そのことを周りには言いにくいと思う	11.5	9.4	16.3	12.5	12.5	10.6	χ^2=46.452
態度							
韓国のドラマや映画は設定や展開がほとんど決まっている	24.0	32.2	28.8	35.0	33.8	40.6	χ^2=101.620
韓国のドラマや映画は作品性がない	14.5	16.6	14.7	15.3	15.3	20.0	χ^2=73.249
K-POPのアイドルグループは個性がなく、同じようなグループばかりだ	28.0	32.2	34.1	44.4	41.9	44.7	χ^2=88.703
K-POPの楽曲にはオリジナリティがない	20.0	18.4	21.3	25.3	24.7	24.7	χ^2=113.335
K-POPの楽曲は音楽としてのレベルが低い	12.5	15.3	13.8	16.3	15.9	14.4	χ^2=96.014
K-POPのアイドルグループのファッションやダンスなどは、性的な刺激が強い	18.5	20.3	19.1	17.8	18.8	20.6	χ^2=94.634
K-POPは、日本で利益を上げることに熱心だ	27.0	35.0	35.3	40.0	40.6	40.9	χ^2=78.193

注：すべて df=20、p<.001
　　数値は%

　高める。また、韓流に対する批判的世論の推定を高めることを通じて、間接的にも韓流への批判的態度を高める。

④　韓流が日本のエンターテインメント産業に影響を与えるという認識は、韓流に対する批判的態度を高める。

⑤　韓流に対する批判的世論の推定は、韓流に対する批判的態度を高める。

　図 13-5 の分析結果から、これらの仮定は、2022 年 3 月に日本全国のインターネットユーザーを対象に収集したデータにおいては、よく当てはまっている、すなわち、そのような関係が実際に存在している可能性が高いことが実証された。

表 13-3　パス分析に用いた合成変数

変数	項目
韓流批判態度 ($\alpha = .926$)	日本の地上波テレビや衛星放送（BS）などには韓国のドラマや映画が多すぎる オンデマンド型動画配信サービス（Netflix、Hulu など）には韓国のドラマや映画が多すぎる 韓国のドラマや映画は設定や展開がほとんど決まっている 韓国のドラマや映画は作品性がない K-POP のアイドルグループは個性がなく、同じようなグループばかりだ K-POP の楽曲にはオリジナリティがない K-POP の楽曲は音楽としてのレベルが低い K-POP のアイドルグループのファッションやダンスなどは、性的な刺激が強い K-POP は、日本で利益を上げることに熱心だ
日韓の競争的関係認識 ($\alpha = .781$)	様々な分野における韓国との競争は気になる 様々な分野で韓国は日本のライバルだ 韓国の発展は日本にとって脅威的である
韓国否定態度 ($\alpha = .944$) すべて逆転項目	韓国には好感が持てる 韓国に親しみを感じる 韓国人は信頼できる 韓国人は誠実である 韓国人は思いやりがある
韓流批判世論推定 ($\alpha = .931$)	日本人の多くは韓国エンターテインメントが好きではない 日本人の多くは韓国エンターテインメントが流行っている状況についてよく思っていない 日本人の多くは韓国エンターテインメントが好きな人に対してよく思っていない
他者への否定的な韓流影響推定 ($\alpha = .955$)	韓国エンターテインメントは、私と同じ年代の人々に悪い影響を与えている 韓国エンターテインメントは、若い世代の人々に悪い影響を与えている 韓国エンターテインメントは、日本の一般の人々に悪い影響を与えている
日本エンタメ産業への影響認知	韓国エンターテインメントは日本のエンターテインメント産業に脅威的な存在になっている

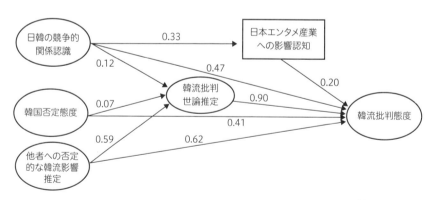

図 13-5　韓流批判態度をもたらす要因モデルのパス分析の結果 [1]

---

[1]　パス係数はすべて非標準化係数で $p < .001$ 水準で有意である。モデルの適合度を示す統計値は、$\chi^2 = 177.88$　$df = 3$　$p < .001$, CFI= .948, RMSEA= .180, SRMR= .058, GFI= .970, AGFI= .787 である。

4. トランスナショナルメディア・オーディエンスの研究に向けて

　トランスナショナルなメディアコンテンツの流通は、今後さらに拡大していくと予想される。外国由来のメディアコンテンツの受容実態がどのようになっていくのか、どのような要因によってその受容過程が影響されるのか、そしてそのようなメディアコンテンツの受容がオーディエンスにどのような文化的影響をもたらすのかは、新たに広がっている社会心理学的なメディア・オーディエンス研究の地平である。特に、国家間関係に関する人々の意識や人種差別的な態度、宗教的価値観、セクシュアリティやジェンダーに関連する文化的規範の違いなど、一国のバウンダリー内で完結する受容過程とは異なる文脈がそこには作用しており、よりスケールの大きい次元で新しい知見が見出される可能性がある。

　日本における韓国エンターテインメントの受容は、この20年ほどの間に大幅に拡大してきた。それに伴って異質なものと規定し、共存を認めようとしない「他者化」への圧力も少しずつ弱くなってきたように思われる。しかし、今でも、1割くらいのオーディエンスが自身のメディア利用を公表したくないと思っているという事実は、韓流の消費に刻まれた「スティグマ」がいかに深いものであったかを物語っている。個人の日韓関係に対する意識、韓国という国への態度、そして日本社会における接触の動向やそれに対する批判的世論の推定などが、韓国エンターテインメントの受容に少なからず関連しているという結果は、たかが一編のドラマやダンスミュージックというエンターテインメントの消費でも、コンテンツの中身一つで決まるわけではない、非常に複雑で微妙な社会心理的過程の産物であることを示している。

引用文献

飽戸弘・原由美子 (2000). 相手国イメージはどう形成されているか：日本・韓国・中国世論調査から　放送研究と調査, *50*(8), 56-93.

Athique, A. (2017). *Transnational audiences: Media reception on a global scale.* John Wiley & Sons.

原由美子・塩田雄大 (2000). 相手国イメージとメディア：日本・韓国・中国世論調査から　放送研究と調査, *50*(3), 2-49.

長谷川典子 (2007). 韓国製テレビドラマ視聴による態度変容の研究異文化間教育の視点から　異文化間教育, *25*, 58-73.

林香里 (2005).「冬ソナ」にハマった私たち：純愛、涙、マスコミ……そして韓国　文春新書

平田由紀江 (2004). まなざす者としての日本女性観（光）客：『冬のソナタ』ロケ地めぐりにみるトランスナショナルなテクスト読解　毛利嘉孝（編）日式韓流：『冬のソナタ』と日韓大衆文化の現在（pp.51-82）　せりか書房

韓秀蘭 (2014). 嫌韓反韓の動きの中でみる韓流ブームの変容：日本で劇場公開された韓国映画のデータを元に　韓国日本語学会学術発表会，104-109.

金圭煥・崔鐘洙 (1982). 韓国の新聞における日本報道　辻村明・金圭煥・生田正輝（編）日本と韓国の文化摩擦（pp.205-238）　出光書店

Kim, I. K., Song, J. E., & Jang, W. (2014). Anti-hallyu in East Asia: The cases of China, Japan, Vietnam and Indonesia. *Korean Journal of Sociology, 48*(3), 1-24.

金政起 (1991). 韓国新聞の対日報道傾向に関する研究　新聞研究，*513*, 130-167.（韓国語）

金懋智 (2017).「韓流」をめぐる女性たちの文化実践：日本女性ファンのオーディエンス・エスノグラフィーを用いて　名古屋大学大学院国際言語文化研究科博士学位論文

Kim, S. J., & Kim, E. J. (2016). Cultural conflicts and characteristics of anti-Korean wave in Southeast Asia: Case studies of Indonesia and Vietnam. *Southeast Asian Studies, 26*(3), 1-50.

Korean Foundation for International Cultural Exchange (2022). *Overseas Korean Wave Survey*（韓国語）

Lee, J. J., Lee, R. K. Y., & Park, J. H. (2020). Unpacking K-pop in America: The subversive potential of male K-pop idols' soft masculinity. *International Journal of Communication, 14*, 20.

李光鎬 (2007). 韓国の TV ニュースにおける日本関連報道の内容分析　メディア・コミュニケーション（慶應義塾大学メディア・コミュニケーション研究所紀要），*57*, 35-48.

Lopes, P. (2006). Culture and stigma: Popular culture and the case of comic books. *Sociological Forum, 21*(3), 387-414.

松井剛 (2012). 文化製品のスティグマ管理としてのグローバル・マーケティング：北米における日本産マンガ出版を事例として　流通研究，*15*(2), 25-41.

毛利嘉孝 (2004).『冬のソナタ』と能動的ファンの文化実践　毛利嘉孝（編）日式韓流：『冬のソナタ』と日韓大衆文化の現在（pp.14-50）　せりか書房

Otmazgin, N., & Lyan, I. (2013). Hallyu across the desert: K-pop fandom in Israel and Palestine. *Cross-Currents: East Asian History and Culture Review, 9*, 68-89.

Reysen, S., Plante, C., Robert, S., Gerbasi, K., Mohepour, I., & Gamboa, A. (2016). Pale and geeky: Prevailing stereotypes of anime fans. *The Phoenix Papers, 2*(1), 78-103.

斉藤慎一・李津娥・有馬明恵・向田久美子・日吉昭彦 (2010). 韓流ブームと対韓意識：韓流との関連で見た韓国・韓国人イメージおよび日韓関係に対する認識　東京女子大学比較文化研究所紀要，*71*, 1-32.

東京新聞（2020 年 12 月 28 日）. 4 次韓流ブーム：世界戦略に注目したい　https://www. tokyo-np.co.jp/article/77042

Yoon, K. (2019). Transnational fandom in the making: K-pop fans in Vancouver. *International Communication Gazette, 81*(2), 176-192.

Yoon, Y. C., & E, G. (2002). Framing international conflicts in Asia: A comparative analysis of news coverage of Tokdo. In E. Gilboa (Ed.), *Media and conflict* (pp.89-115). Transnational Publishers.

付　録

関連調査一覧
● **Web 調査**（2020 年〜 2022 年実施、調査会社フリージー社のモニター会員対象）
（1）「報道に関する意識調査」（川端美樹・李 光鎬）
（2）「テレビ・広告に関する意識調査」（正木誠子・李 津娥）
（3）「政治報道に関する調査」（大坪寛子）
（4）「先端科学技術／ COVID-19 に関するニュース接触」（鈴木万希枝）
（5）「インターネットに関する調査」（山本 明）
（6）「ドラマ視聴とコメントの閲覧・書き込みに関する調査」（志岐裕子）
（7）「新型コロナウィルスに関する意識調査」（李 光鎬）
（8）「広告でのジェンダー描写に関する意識調査」（李 津娥）
（9）「メディアエンターテインメントに関する調査」（正木誠子）
（10）「韓国エンターテインメントに対する意識調査」（李 光鎬・李 津娥）
（11）「先端科学技術に関する調査」（鈴木万希枝）
（12）「マスメディアにおける新型コロナウイルス報道などに対する意識調査」（川端美樹）
● **インタビュー調査**（2021 年 2 月、2022 年 4 月実施）
（13）「当事者が求める科学的リスク専門家」（大坪寛子）
● **在日中国人・在日韓国人を対象とした調査**（2021 年、2022 年実施）
（14）「日本に居住する中国人のメディア利用に関する調査」（李 光鎬・李 津娥）
（15）「日本に居住する韓国人のメディア利用に関する調査」（李 光鎬・李 津娥）

関連論文一覧
● 『**メディア・コミュニケーション**』71（2021 年、特集論文）
（1）川端美樹「科学的問題の報道に対する受け手の批判的態度：新型コロナウィルス
　　報道・地球環境問題報道を例として」
（2）李 光鎬「メディアシニシズムの要因と結果：敵対的メディア認知および「ポスト
　　真実主義的態度」との関連」
（3）李 津娥「広告を避ける心理：インターネット広告の回避をもたらす要因の検討」
（4）正木誠子「テレビ批判行動意図の規定因に関する検討：「メディア影響の推定効
　　果」および「計画的行動理論」の観点から」
● 『**メディア・コミュニケーション**』72（2022 年、特集論文）
（5）李 光鎬・李 津娥・杜 妍「ホスト社会メディアに対する認識と（非）利用：在日
　　中国人に対する調査をもとに」
（6）大坪寛子「政治報道に対する批判：テレビニュースを中心とした敵対的メディア

認知と報道規範意識からの検討」

(7) 渋谷明子・大倉 韻・祥雲暁代・麻生奈央子「ゲームキャラクターへの多様な読み：若いプレイヤーへのインタビュー調査から」

(8) 鈴木万希枝「先端科学技術情報に関するメディア利用の分析：メディアに対する批判的態度の影響」

(9) 山本 明「誤った情報の拡散とメディア・リテラシー」

● *Keio Communication Review*, 44（2022 年）

(10) 大坪寛子　An Exploratory Analysis of Japanese Voters Who Are Reluctant to Participate in Politics

(11) 李 津娥　Empowering Women or Selling Empowerment to Women?: Young Consumers Response to Femvertising in the Japanese Context

● 『**人間と社会の探究**』（慶應義塾大学大学院社会学研究科紀要、2021 年）

(12) 李 光鎬「メディアシニシズムと新型コロナウイルス感染症に対するリスク認知および市民的価値観の関連（1）」91

(13) 李 光鎬「メディアシニシズムと新型コロナウイルス感染症に対するリスク認知および市民的価値観の関連（2）」92

● 『**メディア・コミュニケーション**』73（2023 年 3 月刊行予定、特集論文）

(14) 李 光鎬・李 津娥「ホスト社会メディアに対する認識と（非）利用（2）：在日韓国人に対する調査をもとに」

(15) 川端美樹「新型コロナウイルス報道に対する受け手の批判的意見の分析：自由回答の計量テキスト分析を基に」

(16) 山本 明「YouTube と批判」

(17) 志岐裕子「ドラマ番組視聴とインターネット上におけるコメント機能の利用」

(18) 正木誠子「Twitter に投稿されたマンガ原作ドラマに対する視聴者意見の分析」

学会発表

● 日本社会心理学会第 63 回発表論文（2022 年）

正木誠子「ユーモア志向と享楽志向がバラエティ番組に対する"許容度"に与える影響」

索　引

【あ行】

アイドルゲーム　120
一億総白痴化　152
異文化調整　195
インターネット広告に対する不快感　172
インターネット広告の受容度　168, 175
インターネット広告の不快感　168, 170
エコーチェンバー　103
SNS　101, 104-106, 112
SDGs　180
エスニシティ　206
エスニックメディア　194, 195, 198
炎上広告　181, 186
エンパワーメント　1, 5, 7, 11, 94, 98, 167, 179,
　　180, 183, 186, 190, 198
　　女性——広告　179
太田省一　151, 152
オーディエンス　2
　　クリティカル・——　1, 4
　　能動的——　2, 3
オーバーミラー，C.　166
大宅壮一　152

【か行】

外集団　196, 197
外的統合　195
科学コミュニケーション　51
科学ジャーナリズム　52
科学リテラシー　53
カペラ，J. N.　20, 74-76, 103
カルチュラル・スタディーズ　2, 3
感情的回避　167, 171
感情欲求　186, 189, 190
韓流　208-212, 215-219
　　——ブーム　209
　　反——　211, 212
ギレギ　18
クリティカル・オーディエンス　1, 4
クリティカルシンキング　53
K-POP　208, 210, 212-217
ゲーム　116
　　——キャラクター　121
　　女性向け——　121

攻撃的ユーモア志向　156, 160
広告懐疑　166, 170, 171
広告回避　165, 167, 168, 172, 175
　　——度　172
広告混雑度　167, 168
広告内容との関連づけ　186, 189, 190
広告に対する懐疑的態度　168, 170
公的規範　154
行動的回避　167, 172
声　6, 7, 165
5ちゃんねる（旧・2ちゃんねる）　131
子どもに見せたくない番組　153
コンプライアンス　153

【さ行】

再領土化　194
ジェイミーソン，K. H.　20, 75, 103
ジェンダー　12, 117, 152, 153, 179, 180, 182, 221
　　——意識　190
　　——ステレオタイプ　8, 118, 182, 183, 185, 190
　　——バイアス　179-181
　　——表現　181, 182, 188, 190
　　——描写　181, 183, 186, 190
　　——表象　181
自己効力感　10, 11
社会関係資本　11, 94, 109, 110
社会的アイデンティティ　194, 196, 197, 205,
　　206, 212
　　——理論　196
社会的スキル　54
社会的調整　12, 195
主流文化　212
主流メディア　1, 6, 7, 23
商品フェミニズム　183
情報リテラシー　108-111
女性エンパワーメント広告　179
女性の対象化　183
女性向けゲーム　121
侵入性　166-168, 175
信憑性　105
信頼　72
　　——性係数　25
心理的リアクタンス理論　175

鈴木謙介　133
スティグマ　208, 212, 213, 221
　　——化　12, 208, 212
政治（的）シニシズム　20, 21, 166
政治的有効性感覚　10
セクシズム　118
セクシュアリティ　221
説得知識　168, 175
　　——モデル　167
説得的コミュニケーション　73
選択の共有　24
選択的接触　31
ソーシャルテレビ　132
ソーシャルネットワーキングサービス　101, 102
ソーシャルメディア　101, 103-106

【た行】
代案的メディア　23
第三者効果　9, 10, 72, 181
第三者認知　9, 10
対比効果　21
他者化　12, 198, 206, 208, 212, 221
　　被——　12, 198
脱同一視　213
知識　82
Twitter　131
ツファティ，Y.　23, 73-76, 80
ディアスポラ　194-196, 206
　　——・アイデンティティ　197, 200, 201, 204
　　——の社会的アイデンティティモデル　12, 196, 200, 201, 205
低関与説得モデル　181
デービソン，W. P.　9, 72
敵対的メディア認知　8, 11, 19, 20, 24, 28, 29, 33, 39-46, 72
テレビ離れ　151
テレビ批判　5
電子掲示板　131
同化効果　21
登場人物　118
党派性　20, 28, 29
　　メディアの——　20

【な行】
内集団　196, 197, 205
　　——贔屓傾向　196
内的一貫性　25

内的統合　195, 196
ナショナル・アイデンティティ　197
認知的回避　167, 172
認知的バイアス　22
認知的不協和　198, 206
　　——理論　21
認知欲求　76
能動的オーディエンス　2, 3

【は行】
ハーシュマン，A. O.　6
培養理論　2, 118, 181
場所　196
パス分析　218
パターナリズム　11
バローネ，R. P.　8, 18, 19, 39, 72
反韓流　211, 212
PTA全国協議会　153
被他者化　12, 198
否定的ステレオタイプ化　194, 201, 203-206
否定的なステレオタイプ　212
批判的思考　53
平等主義的（な）性役割態度　186, 190
フィルターバブル　46, 103
フェイクニュース　10, 24, 72, 105, 106, 108
フェミニスト　186
フェミニズム　7, 12, 183
　　商品——　183
　　ポスト——　183
フェムバタイジング　12, 179, 180, 182-184, 186, 189, 190
文化装置　151, 152
文化帝国主義　208
「分離」タイプ　197, 201, 205
ヘイトスピーチ　10, 11
「包含」タイプ　197, 201, 205
防護動機理論　11
ホヴランド，C. I.　73
「ボーダー」タイプ　197, 201
ホーム　196
ホール，スチュアート　3
母国メディア　194-196, 198, 205, 206
ホスト社会メディア　194-196, 198, 199, 203-206
ポスト真実主義　24
ポストフェミニズム　183

【ま行】
マクウェール，D.　2, 3, 7

マスゴミ　18, 27
マンバタイジング　191
メディア：
　——影響の推定の影響　9, 10
　——懐疑主義　74
　——シニシズム　11, 20-23, 25, 28, 29, 74
　——信頼性　70, 73
　——の党派性　20
　——批判　1, 5-7
　——不信　23
　——リテラシー　1, 3, 5, 9, 10, 12, 54, 101, 105-
　　111
　エスニック——　194, 195, 198
　主流——　1, 6, 7, 23
　代案的——　23
　敵対的——認知　8, 11, 19, 20, 24, 28, 29, 33,
　　39-46, 72
　母国——　194-196, 198, 205, 206
　ホスト社会——　194-196, 198, 199, 203-206

【や行】
ユーザー生成コンテンツ　103, 104, 146
UGC（user generated content）　146

【ら行】
利己的動機　21, 26, 27
リスク・コミュニケーション　86-88, 98
離脱　6, 12, 165, 205, 206
リテラシー　105, 106, 108
　科学——　53
　情報——　108-111
　メディア——　1, 3, 5, 9, 10, 12, 54, 101, 105-
　　111
利用動機　108, 109
利用と満足　76
　——研究　2, 3
ロールプレイングゲーム　119

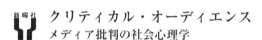

クリティカル・オーディエンス
メディア批判の社会心理学

初版第 1 刷発行　2023年 4 月18日

編著者　李　津娥
著　者　李　光鎬・大坪寛子・川端美樹・鈴木万希枝・山本　明・
　　　　渋谷明子・志岐裕子・正木誠子
発行者　塩浦　暲
発行所　株式会社 新曜社
　　　　〒101-0051　東京都千代田区神田神保町3-9
　　　　電話 (03)3264-4973代・Fax (03)3239-2958
　　　　E-mail：info@shin-yo-sha.co.jp
　　　　URL：https://www.shin-yo-sha.co.jp/
印　刷　メデューム
製　本　積信堂